共在 共情 共生：中国社区美育行动计划

屈波 等 著

GUANGXI NORMAL UNIVERSITY PRESS
广西师范大学出版社
·桂林·

共在 共情 共生
GONGZAI GONGQING GONGSHENG

图书在版编目（CIP）数据

共在　共情　共生 : 中国社区美育行动计划 / 屈波等著. -- 桂林 : 广西师范大学出版社，2023.6
ISBN 978-7-5598-6113-9

Ⅰ. ①共… Ⅱ. ①屈… Ⅲ. ①社区教育－审美教育－研究－中国 Ⅳ. ①G779.2②G40-014

中国国家版本馆 CIP 数据核字（2023）第 105129 号

广西师范大学出版社出版发行
广西桂林市五里店路 9 号　邮政编码：541004
网址：http://www.bbtpress.com
出版人：黄轩庄
全国新华书店经销
广西广大印务有限责任公司印刷
（桂林市临桂区秧塘工业园西城大道北侧广西师范大学出版社集团有限公司创意产业园内　邮政编码：541199）
开本：787 mm × 1 092 mm　1/16
印张：20　　字数：360 千
2023 年 6 月第 1 版　　2023 年 6 月第 1 次印刷
定价：98.00 元

序

百年前，五四一代提出“文学改良”“美术革命”的口号并加以践行，文艺开始破除小圈子化而走向平民；当下，参与式艺术、社会介入式艺术成为关注焦点与热议话题。百年前，蔡元培呼吁“文化运动不要忘记了美育”；如今，美育成为文化战略与学界课题。百年之延续、递嬗与迭代，其中之枢纽与关键，是艺术公共性的认知、建构、重识与拓展。

艺术为何与艺术何为的问题，困扰着数千年来无数的艺术家与理论家，但同时也激发了实践者和旁观者为之思索、行动、评估、再思索、再行动与再评估。这是一个开放的问题，艺术家、公众、机构主事者、批评家、策展人……艺术体制的所有参与人群，皆可也皆应有自己的立场与观点。众人的合声与合力，构成了全球艺术界一道特别的风景。

近年来，四川美术学院成立了艺术与乡村研究院、城市形象设计研究院、艺术与社会创新研究院等创作研究机构，在贵州羊蹬、成渝双城、长江上下游、一带一路沿线等区域持续开展了多项在地高水平公共艺术创作，举办了中国乡村美育行动计划文献展、中国社区美育行动计划文献展、生态艺术季等大规模艺术展演。以数十场介入城市、乡村建设的创造性艺术活动，力推艺术的空间转向，以艺术现场带动社会美育，以艺术实践助推社会创新。

本套“公共艺术与社会美育”丛书，则是从另一维度对公共艺术与社会美育学科方向进行建构。丛书力求从公共艺术与社会美育的理论谱系、发展源流、案例研究等角度建构艺术新的话语空间，既着力国内现场，亦关注域外经验，在跨文化的比较中，梳理百年中国公共艺术生产的形态、结构与逻辑，彰显当下中国社会美育的迫切性与前沿性；立足艺术本体，多向探求，在跨学科的交汇中，梳理与研究当代中国公共艺术与社会美育经验的多样模式与独特价值。

扎根中国现实，表现中国经验，是四川美术学院的学统之一。在国家乡村振兴战略、成渝双城经济圈建设的时代语境中，无论是建设重庆乡村艺术链与全国乡村艺术基地，还是实施城市公共艺术行动计划，以及展开对公共艺术与社会美育中国经验与模式的研究，皆是对新时代新需求做出的积极回应，体现了四川美术学院一直以来的担当精神。在满足公众强烈需求与学科自身发展演替的双重背景下，相信四川美术学院在公共艺术与社会美育学科方向展开的探索，能为当代艺术创作与研究的拓域、深耕贡献川美智慧与中国经验。

焦兴涛

2019 年 12 月

目录

第一章

理论的探索

汇聚各方力量，将行动的空间由线下扩展至线上，用思考的触须探索每个未知的领域。以行动力带动思维力，以实践性辅翼理论性。理论，既为总结，也试图引领，但同时也是思想的实验，让不同的声音都被听见，从而构成关于社会美育的多声部和鸣。

『全美育』模式的探索：以网络虚拟社区美育为例

屈波

朱光潜先生在1940年发表的《美感教育》一文中，将人诗意地比喻为花草，花草“要根茎枝叶花实都得到和谐的平均的发展，才长得繁茂有生气”。文章主要谈美育对成就完美人生的意义——体格强壮且心理方面真、善、美的需要都得到满足之人，是“全人”而非“畸形人”和“精神方面的驼子跛子”，美育、智育、德育，对人生“有同等的重要”。[1]文章最初发表于《读书通讯》杂志，后收入《谈修养》一书，作者拟想的主要读者是青年知识分子，并特意强调，“美育必须从年轻时就下手”，因为“年纪愈大，外务愈纷繁，习惯的牢笼愈坚固，感觉愈迟钝，心理愈复杂，艺术欣赏力也就愈薄弱”[2]。毋庸置疑，培养青年知识分子成为“全人”，无论对他们本人还是整个社会而言都意义重大，但问题是，仅仅关注或重点关注青年的美育，对一个社会来说，是否足够？

一

朱光潜文中谈到蔡元培二十年前提出的“美育代宗教”主张，“似没有发生多大的影响”。[3]此处的二十年前，应是约数，指的是1917年，该年蔡元培在北京神州学会发表演讲《以美育代宗教说》，讲稿被刊载于同年的《新青年》杂志。[4] 蔡氏的主张是否真未发生多大的影响，是一个颇堪寻味的问题。一方面，“以美育代宗教说”因蔡氏社会地位之高和学术影响之大而被民国时期许多学者复述，也成为百年中国现代美育理论建构最重要的起点 [5]，尽管王国维早在 1906 年即已提出“美术”可“供国民之慰藉”[6]；另一方面，晚清以来，在新式学校教育体系中，从蒙学至中学皆开设了美术、音乐等艺术课程，在大学阶段还设立了艺术专门系科甚至专门学校，尤其是艺术专门学校，即使在抗战的连天烽火中依然弦歌不辍，在艰难流徙中坚持培养艺术专门人才。但是，另一方面，诚如朱光潜所论，彼时“在流行教育中，只有智育被人看重，德育在理论上的重要性也还没有人否认，至于美育则在实施与理论方面都很少有人顾及”，这也是无法否认的事实。

经过长达数十年的倡导与实践，美育依然未能取得理想的效果，这一事实未免让人喟叹。美育缘何如此之难？原因颇多，观念的滞后、制度建设的不完善、设备设施的不足甚至匮乏等，皆在美育践行之途中成为种种障碍。就观念而言，大多数人以为，美育于国家现代化是不急之务，在战争境况中更显奢侈；于个人，无关前程而更多属修养范畴之事。彼时的设施与制度，尤其是基础性的设施建成和美育建制状况，也并不尽如人意，鲁迅所设想的为普及艺术而应建的美术馆、美术展览会、剧场、奏乐堂、文艺会等 [7]，并未普遍地成为现实。而鲁迅本人担任的教育部社会教育司第一科科长之职，主管范围就是博物馆、图书馆、文学与美术等。不过，除了上述缘故，还有一个重要原因在于美育畛域的划分。无论是蔡元培、朱光潜，还是鲁迅，所设想的美育对象基本是青年，尤其是青年知识分子，尽管他们在文章中使用了“我们”“国民”等表示全称的词汇。而王国维更是直截了当地将彼时的整个中国分为了下流社会和上流社会，前者宜以宗教鼓起希望，后者，才该用美

熊佛西剧作《冬姑与喇叭》在定县农村露天演出现场

术给予慰藉。[8]晏阳初在定县的平民教育实验吸引熊佛西为农民演出戏剧，以使农民认识到“一个真正高贵的人应具有全国性的国民意识”[9]，算是民国时期一种不多见的尝试。

时至今日，中国当代美育的格局已发生重大改变。就空间维度而言，除了蔡元培所念兹在兹的从幼儿园至大学的学校美育，王国维、鲁迅所关注的社会美育也得以蓬勃发展，在乡村社区、城市社区、博物馆、美术馆与画廊等，不仅开展了无数的项目实践，相关的理论研究也时有推进。可以说，空间意义上的全域都被当下的美育覆盖。由美育的全域，自然引出美育的全龄问题。从作为家庭关注中心的低幼儿童到老旧社区的边缘人群，从忙碌的上班族到闲散的退休老人，都是美育观照的对象，或者说是美育的参与者和合作者。美育的全域与全龄最终指向的，是造就朱光潜所期望的由智、德、美三育合力育养的全人。这种以全域空间为范围，以全龄成员为对象，以促进人的全面发展为目标的美育模式，可称为“全美育”模式。全美育是一种打破空间、年龄、层级等畛域的美育，目标是美育观照对象的塑造与重塑，在此过程中，也需要对人所处环境进行改造，包括物理性环境——美育设施设备的更新和制度性环境——美育理念、机制、方法的优化。

二

当下的美育实践，尽管已经去除各种畛域，展开了全域、全龄的探索，但依然存在着美育空地与飞地，有众多空白点亟待填补。网络虚拟社区的美育即其中一例。毫无疑问，网络世界已成为当下的第二现实。如果说早期网民的网络冲浪主要是为了获取新闻资讯和娱乐休闲，今日的网民则可以通过网络进行获取信息和娱乐之外的交友、购物、办公、学习等诸多活动。如今网络已经具备了几乎所有线下现实生活的功能，在线下全美育实践蓬勃开展的当下，线上的网络虚拟社区美育状况却并不尽如人意，亟须展开实践探索和理论思考。

展开网络虚拟社区美育行动，前提是对网络世界及网络虚拟社区的充分认知。对作为第二现实的网络世界的研究，可以借鉴某些研究现实世界的理论，美籍华裔地理学家段义孚关于空间（Space）与地方（Place）的研究，即一个有效的理论工具。作为人文主义地理学的开创者，段义孚用空间和地方描述人类生活的环境。两者相互定义，空间意味着开放、无差异、运动，地方则稳定、为人熟悉并被赋予了价值，意味着运动中的暂停。[10]以空间和地方的视角观察网络，则可将对网民个人而言漫无边际的整个网络世界视为空间，而网民因为各种机会和缘分而聚在一起的网络社区，应该是对他们而言具有价值的地方。

网络世界中有形形色色的网络社区。国外学者根据不同标准，对共时性存在的网络社区进行了分类。从成员目的的角度，可将网络社区分为交易社区、兴趣社区、幻想社区和关系社区；从兴趣角度，则可分为闲暇社区（业余爱好社区、关系社区和幻想社区）、研究社区和企业社区（商务社区、交易社区和电子商店）；从营利、开放、管制的角度，可分为营利性开放式管制社区、营利性私人管制社区、非营利性开放式管制社区、非营利性私人管制社区、营利性管制空间与非营利性管制空间交叠的社区；而从互动时间角度，则有同步虚拟社区和异步虚拟社区之别等，不一而足。[11]除了这一共时的丰富性外，从历时的角度，亦可见网络社区的多样。仅以关系社区为例，不少资深的中国网民就曾通过博客、微博、微信三种依次出现的媒介与其他网民交流，从而建构起以自我为起点和中心的博客社区、微博社区与微信社区。此外，正如公众在现实世界中会出入于各种社区一样，网民在网络世界亦会参与到不同类型的社区中，而且由于成本低廉、身份可虚拟等原因，网民获得了更大自由度，其可参与的网络虚拟社区类型与数量比现实生活丰富和繁多。对于类型如此多样的网络社区中进出自由度如此之高的网民，该如何展开美育行动？

三

和现实社区美育一样，虚拟社区美育的中心当然是人。同样，在进行虚拟社区美育时不能仅关注人，还需注意其环境，因为按照费孝通先生所论，社区研究是“把社会当做一个完形的整体而分析研究”[12]。相比现实社区展开的美育实践，网络虚拟社区美育不仅需在网民关系、网民与所属社区关系两个维度着力，还需注意线上与线下的交互，即网络与真人的互动，以及线上活动向线下的转移等。

从方法论的角度，关系美学和社区营造作为现实社区美育的有效方法，可在虚拟社区美育实践中运用。20 世纪 90 年代，在国际当代艺术领域出现了一种新型实践，艺术“越来越明确地聚焦于艺术创作在人群中所创造的联系”，成为一种“致力于制造与世界之联系的活动”，“艺术品也因而被定义为关系对象，就像是与无数关系人和无数端点进行协商的几何学场所”。[13]这种秉持关系美学理念的艺术创作，其发生地往往并不在艺术家工作室，其展示地也多在某种社会场景中。中国当代艺术创作中的在地性创作，往往会在不自觉间贴合关系美学的旨趣，焦兴涛发起的羊磴艺术合作社系列项目、靳勒在甘肃天水石节子村开展的艺术项目等，即是如此。这些在地性创作生发的社会场景，与社区有极大的交叉性，其为社区的社会美育带来了方法论的启示，即可用关系式艺术的创作促动社会美育，以关系美学的观念审视社会美育实践的得与失。

社区营造则是基层社会治理的一种方法，该方法源于英国，广泛实践于日韩，后被引入我国台湾地区，现今在中国大陆也大量实践。英国20世纪初的睦邻组织运动是社区营造实践的源头，运动以社会精英人士的志愿服务促进社区居民的互助合作为路径，以期达到社区问题的解决和社区自我发展的目标。20世纪60年代日本的“造町”，则针对城乡传统社区的衰败、破坏和消失的状况，力图通过公众的参与，重现社区活力与可持续发展。现今在中国开始实践的社区营造，通过外在的资源引入和主体介入，结合社区内部的社会关系建构和社会资本培育，形成社区运作实务的关系联盟，培植社区自我生发的持续发展能力。[14] 多方共同合作的艺术活动，为社区微更新提供了一种有效的模式，近年来在上海等地展开的城市有机更新活动中已经得到广泛应用。[15] 这些在现实社区展开的社区营造实践，可为网络虚拟社区美育提供借鉴思路。

四川美术学院在近年来的本科和研究生教学中，展开了多点、多面、多层次的线下乡村美育、城市社区美育行动，在线上的网络虚拟社区也进行了大量美育实践。创作者对网民因共同兴趣、缘分、利益等而聚集在一起的各类型网络社区进行了深度调研，在此基础上以多主体共同参与创作与传播的方式进行网络社区营造，在一定程度上改善了网络社区的环境，提升了网民的美育素养，并有效地促进了线下的人际互动，从而实现了线上线下融合的社会关系修复与关系提升。

以作品《家族档案》为例，创作小组以“家族微信群能否提高成员幸福度”问题为导向，进行了线上线下结合的家族微信群情感诉求调查与访谈，调研促进了家族成员对相互关系的反思。在邀请家族成员讨论创作方案的过程中，小组成员决定将之前预设的表现代际之间数字

《营销有你》哔哩哔哩网站封面

鸿沟的主题转换为凝结共同价值、增强相互认同的虚拟家族档案，在作品中大量使用了家族成员的摄影作品。作品《营销有你》则针对互联网中几乎病态式存在的营销号进行创作。创作小组的灵感来自疫情宅家期间与家中长辈长时间相处中的发现——老人特别喜欢观看传播夸张不实甚至子虚乌有信息的营销号视频。小组决定以综艺节目的形式讽刺营销号现状，以互动形式让观众选择导师，根据观众的选择触发不同结局，而这些不同结局分别影射一类营销号乱象。视频结尾展示调研结果，引发观众反思。视频制作完成后，小组将其发布于哔哩哔哩网站，吸引网民点击观看与评论，以此形成美育的闭环。除此之外，创作者还针对疫情期间社区网络团购的优势与后续发展可能性、疫情期间口罩佩戴的代际与群体差异、网络漫画社区如何优化、网络吃播社区的弊端、对“瓷娃娃”群体的关注、高校网络宠物社区建立、小区业主如何参与小区公共用房的环境设计等具体问题，进行了翔实的田野考察，设计了合理的方案，并在相关网络社区进行了展演，获得了有效的反馈，形成了完整的闭环。

结语

2011 年，杰出的社会学家和哲学家齐格蒙·鲍曼（Zygmunt Bauman，1925—2017）批判彼时用户数量远不如今日的社交媒体让人耗时耗力，以线下稀疏的“亲近感”换取线上大规模的“亲近感”，但获得的却仅只是网络而不是共同体。[16] 不过，社会学家的批判并未能阻挡社交软件的升级与用户量的激增。时至今日，网络世界对每个个体而言都已成为无法回避的存在，几乎每个人都成了多个网络社区的成员。相比现实社区的美育，网络社区美育因网络技术对地域及年龄限制的突破而天然具有一种覆盖全域、全龄的优势。但各种网络社区和现实社区一样，都可能存在先天性的不足或后续发展中出现的弊端，同样需要社区营造，只有这样，虚拟社区才不至于成为一种徒然耗费人时间与精力的无用空间，而是转化或者升级为一种“价值的凝结物”，一个网民熟悉的“地方”。[17] 正视网络世界在当下的极端重要性，研究各类网络社区存在的问题，以关系美学的观念创作艺术作品，进行有针对性的美育，破除畛域，链接网络社区的成员，并实现网民与真人的人际互动，可在一个新的向度展开美育实践，从而更好地实现全美育的目标。

（屈波 / 四川美术学院教授、博士研究生导师）

注释：

[1][2][3] 朱光潜 . 审美教育 [J]. 读书通讯，1940（7）：106–107，109，106.

[4] 蔡孑民 . 以美育代宗教说 [J]. 新青年，1917，3（6）：6–10.

[5] 潘知常 .“以美育代宗教”中国美学的百年迷途 [J]. 学术月刊，2006（1）：116.

[6][8] 王国维 . 去毒篇（鸦片烟之根本治疗法及将来教育上之注意）[A]. 王国维文集（第 3 卷）[C]. 北京：中国文史出版社，1997：25，24.

[7] 鲁迅 . 拟播布美术意见书 [A]. 郎绍君，水天中编 . 二十世纪中国美术文选（上）[C]. 上海：上海书画出版社，1999：10–14.

[9] 晏阳初 . 有文化的中国新农民 [A]. 宋恩荣主编 . 晏阳初全集.第一卷 [C]. 长沙：湖南教育出版社，1989：141–160.

[10][17] 段义孚 . 空间与地方：经验的视角 [M]. 王志标译 . 北京：中国人民大学出版社，2017：4，9.

[11] 徐小龙，王方华 . 虚拟社区研究前沿探析 [J]. 外国经济与管理，2007（9）：11–13.

[12] 费孝通 . 二十年来之中国社区研究 [A]. 费孝通文集（第五卷）[C]. 北京：群言出版社，1999：530–531.

[13] 尼古拉斯・伯瑞奥德 . 关系美学 [M]. 黄建宏译 . 北京：金城出版社，2013：27，138，24。

[14] 尹广文 . 社区营造：一个新的社区建设的理论与实践 [J]. 福建论坛・人文社会科学版，2017（4）：159–164.

[15] 马宏，应孔晋 . 社区空间微更新——上海城市有机更新背景下社区营造路径的探索 [J]. 时代建筑，2016（4）：10–17.

[16] 齐格蒙・鲍曼 . 此非日记 [M]. 杨渝东译 . 桂林：漓江出版社，2013：228–240.

社区问题的艺术展开样本：对《艺术社会学的文化实践》课程的总结

武小川

有一种文化解释认为，艺术涉及“无用之用”和“雕塑社会”两种不同的价值维度，尤其是后者，将艺术视作某种诉诸社会的角色，从艺术自身和价值导向两方面，发挥其作用。

20 世纪 60 年代以来，在全球各地兴起一种强调社会诉求的艺术，包括了基于社区的艺术（Community-Based Art）、合作（协作）艺术（Collaborative Art）、介入艺术（Intervention Art）、参与式艺术（Participatory Art）、对话性艺术（Dialogic Art）、关系艺术（Relational Art）、新类型公共艺术（New Genre Public Art），以“参与”为基础，借助各类媒体、活动与民众进行互动，与传统公共艺术最大区别在于其在地性创作、反物质化、反图像化；在城市社区、乡村田野中重新思考社会空间机制、人群与情感等，通过开放、互动与情感连接，成为解决各类社会和空间危机及主客体分离的重要方式；社会介入式艺术（Socially Engaged Art）更多的是指那种离开艺术机构，在各类城乡现场开展的各类围绕社会工作的艺术项目或开展的某种对话。这些艺术，打破传统的创作方式，改变了艺术家、艺术、观众之间的审美和消费的欣赏关系，用艺术的行动，深入现实生活，以介入、参与、合作为方法，进入社会现场，连通社区群体，以活动性、事件性、对话性、过程性的表达，探索人与人的主体能动关系，开展了各类社会实验。这就是艺术在价值观上的社会转向（social turn），反映了艺术和人、和社会、和机制，以及宗教、文化、政治、经济等方面在根本关系层面上的变化，影响了艺术的基本价值与作用，乃至其方方面面。

2020年新冠肺炎疫情蔓延，非常时期，“艺术有何用”再次成为广泛被讨论的问题，也困扰着每一个从艺者。那么，“艺术”是否能作为一种“能动”性的力量，发挥（社会）作用呢？如果是一种“能动”，如何发挥（社会）作用？是表现，是关心，是观察，是介入，还是参与？其中都藏着各种问题。艺术家为什么要去关注社会？艺术如何能关注社会？艺术作为一种带有自律性的价值系统，能否不断将其价值落脚点，置于其他领域中，甚至冒着自我特性被消解的危险。而艺术（作品）作为艺术家与外界对话的中介，如果以“艺术关注社会”作为一种基本的价值底层，以此来延展艺术，推动社会发展，必然包含艺术自律（远离于目的论和工具论的艺术）和艺术他律（与生活融为一体的艺术）之间的二律背反的双重诉求。

以上这两重背反关系反映的是现代艺术的基本维度，均含有对美学问题的批判与革命，这也是自20世纪初开启的历史前卫主义的中心使命。各类现代主义、达达群体、情境主义国际、贫穷艺术、激浪派、观念艺术等运动，一面在艺术内部开展革命，另一面则直接将艺术与社会的外部关系作为诉诸的重点，那些延绵到不同社会空间中的展演活动，那些颠覆性的宣言，都试图脱离某种艺术自律性的轨迹，外延到社会现实的层面中——事件、活动、表演、项目、过程——成为更多艺术类型的实践，面对“美学等同于他们的三重敌人，形式主义、去脉络化和去政治化，其结果就是美学成了市场和保守的文化阶层的同义词”[1]。美学成为现代之后艺术运动的核心标靶，在朗西埃所谓的“感性分配”中，美学与政治有着异曲同工之妙，随时被解构，随时被反对。

被重新分配的美感经验，在各类以社会为诉求的艺术活动中，在艺术参与社会活动，介入社会问题，发动社会实践下，变得更为具体，并与人的感受、人的经验相关联。

从艺术社会学到社会性艺术

近几年间，艺术社会学对于艺术的认识支撑、实践支撑、传播支撑，也存在不少质疑，当然，更多的讨论立足于社会学与艺术的关系。比如蒋安平的《社会学对中国当代艺术的沉重伤害》就质疑当代艺术借助社会学只完成了浅表化现象描述，“意识与视野都无法超越现实屏障，严重禁锢了他们对于生命与艺术的深层理解与传达”，认为精神层面上的传达很是贫乏。[2] 又如 2015 年传播广泛的网文《求求艺术，放了社会学吧》，也质疑艺术介入社会的价值作用能否真正实现，并批评用社会学的方式开展艺术的实践，是试图用外部学术方法方式，激发艺术既有范式的超越与突破，试图在美术界的生发机制之外，寻求发展艺术的可能性。文章还试图化解某些对社会科学的误解，因为社会学也是“温柔的”，“社会学更像是一种在世俗化时代基于日常实践的修行之道与自我培育之途”[3]。言及至此，其实也不在说明社会科学在人文目标上（也是大艺术的概念）的殊途同归。社会学的方式，对现实的观照、分析，是围绕人、基于人的，而艺术的“社会转向”，更是反映一种“人为”的文化态度，是观察、认知、表达、实践的“言语方式”，而艺术转换的背后系统，是将艺术与社会学纠结在一起，即使所使用“言语系统”不同，但诉诸的目标却也相近，都是对人和社会关系的表达。

娜塔莉·海因里希（Natalie Heinich）在《艺术社会学》中说到，社会学家是艺术家们最好的朋友。

尤其在当下，艺术的概念前所未有地出现如此歧义，艺术的既有价值，已然不再牢靠，更无法界定当下艺术展开的方向，不足以揭示如此复杂与多元的现实世界，不足以揭示如此诡异与分裂的人性。概念的变化，一方面，是艺术自身发展的规律，另一方面，也对应着人类历史性的演变。如果艺术还有一种最核心的属性——对社会与人的揭示，那么，就有必要将其置于社会（学）的维度中，去重新思考并定位其价值与性质。

因此，我提出艺术社会学的文化实践，就是艺术与社会学相互借重，并能针对具体问题，来重新拓展现实认识的维度，并采取多学科、多系统的研究与艺术行动，用艺术来呈现出对社会的新认知，塑造艺术与社会的新关系，寻求新的艺术实践形态。

温迪·葛瑞斯伍德（Wendy Griswold）从艺术社会学的角度，提出“文化菱形”的模型：

艺术品（artistic products）；

艺术创造者（creators of art）；

艺术消费者（consumers of art）；

广阔的社会（the wider society）。

同时分析了这个模型之间的关系，认为：“文化菱形是一种说明性图形，促使人们更

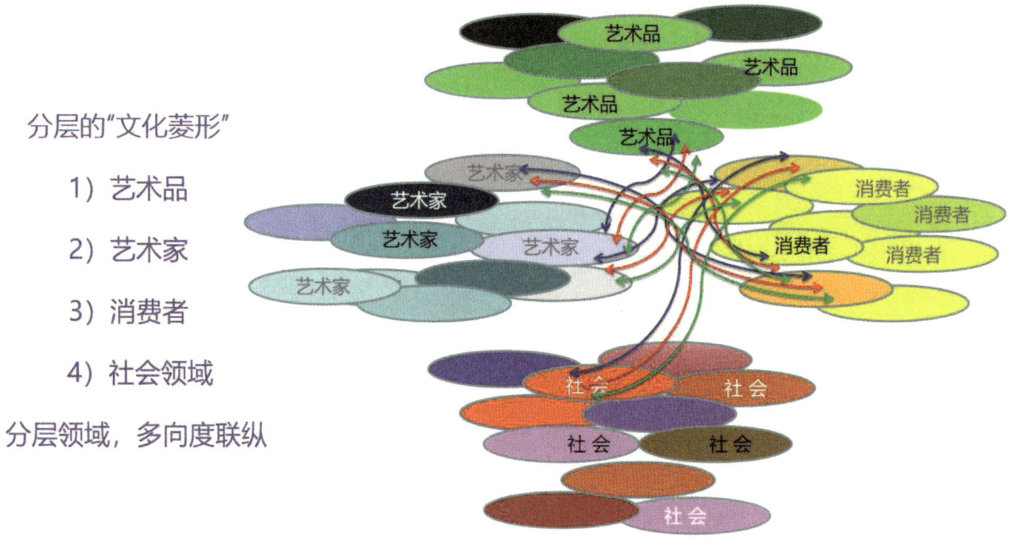

分层的文化菱形

全面地理解文化客体和社会世界的关联……要完全理解一个特定的文化客体，需要先理解四个要点和六条连接线。"

但随着艺术概念的分歧，消费者的分层，创作者的分化，社会领域的分域，传统文化菱形模型已面目全非。我认为，原有四个维度中，又分化成为更多的层级关系。就如，在艺术一级中，类型繁多，观念分化，生态多样，龙鱼杂处，莫衷一是。而这些分级分层之间，又形成无数的小链接，在观念极化的当下，各类艺术之间、受众之间、机构支持之间，这些无数分层的封闭的内在领域，都在寻求某种系统内更大的运行空间、生存空间。

社会之于艺术，艺术之于社会，作用是对向式的。艺术之于社会，是那种温情的，带着人的气质，是感性的，个人化的、具体的、细节的，也是某种身体力行的实践；而分析的、结构化的、定性定量的理性分析、从点及面的，却是社会学的能耐。艺术与社会学，对于双方，可能成为一种新的启发、新的探索、新的实验，成为一种新的超越性的文化实践方式。

而这一类艺术，形态是多样的，是基于社会诉求和艺术突破的，就如黄孙权提出的社会性艺术（Socially Art）：

社会性艺术不是政治艺术，它非以宣言式、事件化处理政治美学或揭露政治阴谋，也非以政治正确与否作为好艺术的判断；社会性艺术不是参与艺术，不是为了对话而对话，它非以解除艺术独特形式的伦理要务为目的，不断强调民主表达（有时候恰恰相反），不是将空间、社区、群体变成再现的客体，成为创作工具的磨炼；社会性艺术也不是十九世纪巴黎的社会艺术(social art)为弱势发声或教条地为社会主义宣称那种资产阶级救赎意识，不是让中产阶级看到贫民或异文化的展示，而是让“他者”有生产/接近/使用艺术的权利，主张接近艺术的权利（The right to art）。社会性艺术乃是基于历史诊断，基于对政治社会过程知识的理解，基于对日常生活的重新获取，基于重新分配所有权，基于田野认识而产生的；社会性艺术是联结的行动，取回主体与经验，对各剧场具有图绘能力，它没有固定方法，它可能是有很多不同的方式去想象，去生产，去实践一种差异关系的再生产。社会性艺术另立（counter-）而非反对（anti-），是社会的对抗而非政治的对抗，主张公共历史就是公共艺术(public histories as public art)，恢复少数人的历史、记忆、习俗与权利，是重写猎物的历史而非重叙猎人的成功，是以便回答约翰·伯格所谓的“艺术为人们伸张的社会权利”为何的实践方式。[4]

定位立足于社会性价值的实现，只是要“包装成艺术的样子”，以得其在更为广泛的现实领域里，产生影响性的社会作用。

教育即艺术

传统的艺术教育，围绕艺术承续，研究艺术规律，是为推动艺术发展而订立的技能与知识的“传习所”，是功成名就的艺术家对青年一代的培育。而现代社会，艺术教育成为一种大规模开展的文化体制。伴随着后现代艺术范式的转型，教育内部的彼此不再是一种封闭性的关系，教育经验或者内涵，如同艺术价值一样，透过展演、讲演、知识资料、技能训练，作为一种艺术的手段，在新的问题面前，重新转换，重新表现，成为去单一化主体，成为多主体凝聚的共同体，使得教育成为社会共同体、学习共同体。艺术，成为教育的目标与过程，也成为人与人和社会建立连接与沟通的纽带，教学过程逐渐被嵌入艺术当中，教育行动也被塑造成某种艺术的样态。

瓜塔里提出的“你如何将教室搬到生活里，宛如它是件艺术作品”。对瓜塔里而言，艺术是生机蓬勃的能量和创造不断更新的源泉，是突变和颠覆的哼唱力量，他铺陈了艺术发展的三重结构，正迈向新的典范，艺术不再向“资本”摇尾乞怜。在这个新的事态里（伦理和美感的典范），艺术应该主张拥有：“相对于其他价值字集的横截性的关键地位，催生主体性的突变形式，为学科体制重新赋予人性。”[3] 艺术即教学，教育即艺术。

自从精英教育全面进入普及化、大众化的教育阶段，高等教育的定位产生巨大变化，普及成为任务，教育的体系化、规范化、机制化成为某种必然，因此，教育内部某种寻求突破固化教育机制，警惕艺术本体形式语言自我繁殖，警惕单一的国际主义风格的一统趋势，这些都使得必须将“教育艺术化”，教育实践本身作为某种艺术形态的探索，作为某种教育突破的尝试，这就是关于艺术的教育，其实是将教育成为艺术本身。

2020 年 9 月，我和任一飞（研三，社会艺术研究）带着实验艺术专业的 21 个本科生，通过为期五周“艺术社会学的文化实践”课程，以本地社区中的问题为核心，进行了研究型实践。这门课程，从 2014 年开始，我每年都为研究生开设，而有时，这种理念在本科的社会实践课程中也有所涉及。而这次全面系统深入地给本科生开设，也是一次有意思的实验教学探索，其目标在于：

以艺术社会学为基础，了解其内涵，理解其方法，在特定的社会空间中，通过田野调研等工作方式，以问题意识为诉求，用社会性艺术的形态，完成项目型的文化实践。

“社区艺术的七种研究”的教学现场

这是一组多重任务，基本上是在三重结构多次循环的维度中开展：

一重社会现场。以社会学、人类学等田野调研的方式，对社会的某类“对象”，进行非介入式的深度的观察、体会、思考、理解；也开展介入式的调查问卷，相当程度上就如“现象学”样的“悬置”既有认识，借助“考现学”的田野调研，重新认识俗常的现实，努力发现背后隐藏的问题，这也是以某种不同凡响的感受力去挖掘与揭示。现场是社会展开的具体环境，离开现场的社会和艺术都是空洞的。

二重问题情境。问题是某种流动的知识组合，是对事实的一种揭示，情境则是现实中某类问题所处于的整体环境的总体描述。从艺术社会学的角度看，在特定的情境中（具体的地方区域、文化种族、社区环境、特定人群、风俗习惯等），才能呈现问题的具体意义，在此基础上重新认识、重新理解，展开对于行动的想象。

三重艺术实践。多次循环的目的在于，多次的社会现场与问题情境的调研分析，使得智性在期间往复循环，多次的社会现场与艺术实践之间的往复循环，多次的问题情境与艺术实践之间的往复循环，理念—要点—问题，在实践（思想观念也是一种实践）中反复推

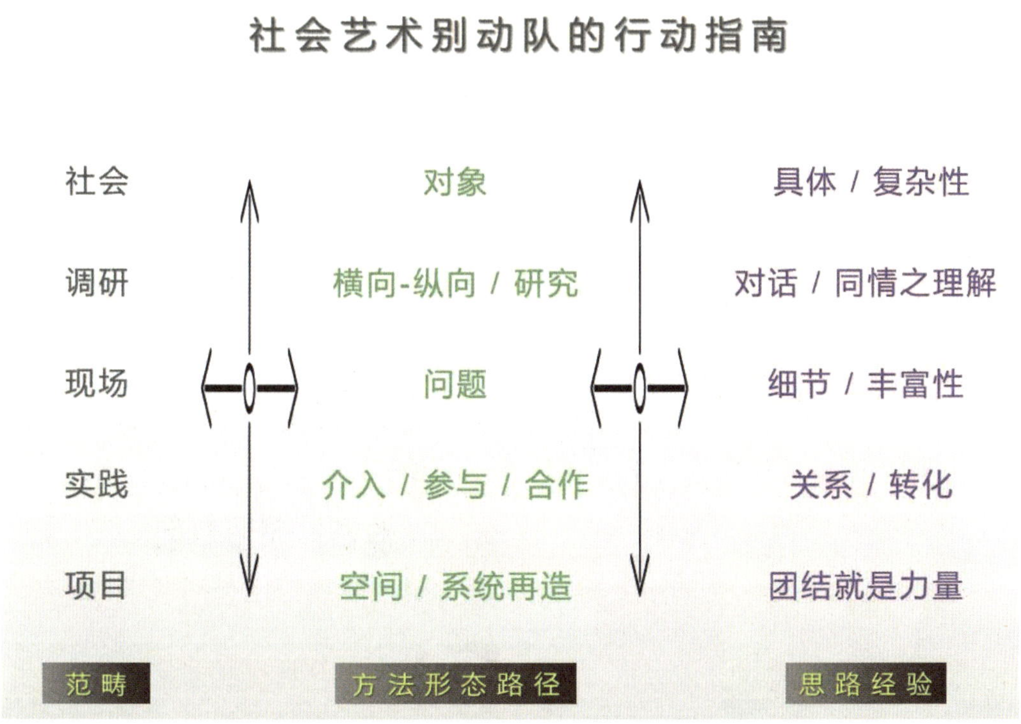

武小川“艺术社会学的文化实践”课程中的方法论，被称之为“社会艺术别动队的行动指南”

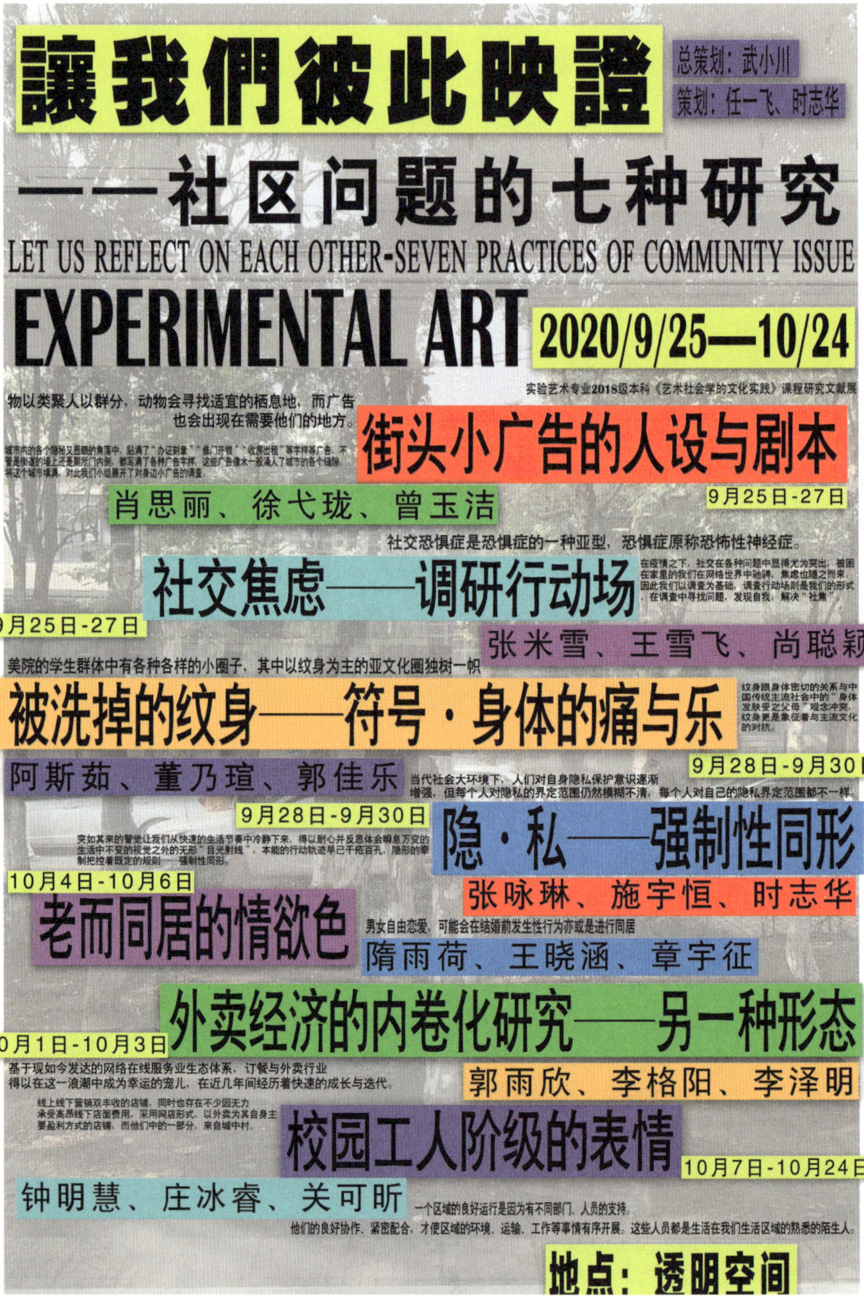

2020 年 9 月 25 日—10 月 24 日，“让我们彼此映证：社区问题的七种研究”展，在西安美术学院透明空间展出

敲打磨，在人的认知、理解、知识、观念的身体力行中，成为一种构建的力量，转换成针对问题而开展实践的视觉形态，形成一种艺术的表达，这可能就是一种艺术实践论。

在具体的实践中，我用三段十五组关键词，来调动对社会性艺术实践方法论的描述。它包括纵向3组、横向5组，代表着理念维度和操作维度，当然，它带有强烈自我艺术教育性质，我称之为“社会艺术别动队”，言下之意在于强调小而精的团队，在共同意志的推动中，为某种艺术与社会的共同目标，借助于实践的行动指南。

纵向1组，包含了社会、调研、现场、实践、项目，其实框定了社会艺术涉及的基本范畴，包括其内容与领域。纵向2组，包括了对象、横向—纵向/研究、问题、介入/参与/合作、空间/系统再造，这一层面，是具体方法、形态、路径。纵向3组，包括了具体/复杂性、对话/同情之理解、细节/丰富性、关系/转化、团结就是力量，涉及思路与经验。

而横向轴中5组关系，其实就是每一层级操作过程的注意事项。横向1组，以社会现实为基本对象，其核心在于要具体化，避免泛泛而谈，应充分理解现代社会的复杂性、歧义性、多样性。横向2组，着手调研，利用路上观察学等田野调查的方式，对于调研的对象，从横向（从现象层面）纵向（历史积累资源认识）来进行研究，在过程中，要能以某种同情之理解的方式，开展广泛的对话，只有如此，才能调动参与的众生主体意识，发挥主体间的能动关系。横向3组，社会艺术的实践核心，在于社会“现场”，现场，是展开问题，铺陈研究，呈现实践之所，包含着整体的内容，而问题又是对于社会现场细微观察的提炼，感受力的把握，是能否体现艺术价值的关键。横向4组，实践，是社会艺术的行动中心，其基本实践形态，包括了介入式、参与性、合作型，转化为了项目型、活动化、交互感的，介于艺术与文化之间的实践方式，在社会关系的转圜中，活化各类社会细微生态。横向5组，社会性艺术多以可实施的综合项目为目标，并以各类空间（包括社区空间、艺术机制中的各类美术馆画廊空间），作为现场工作、调研工作、实践工作的呈现，这些空间，往往成为第二现场、第三现场，对应社会这个第一现场。而社会艺术的实践方式，更多呈现一种“系统化”的再造，文献、调研、现场重建、各类艺术媒介的跨领域表达，其工作方式常常是团队合作的，因此，团结就成为建构艺术文化共同体的基本力量。

现场样本

现场，是社会性艺术中的核心概念，无论作为社会对象存在的环境、情境、人群、行为方式、问题、调研，还是艺术的参与与转化方式，现场都是至关重要的。现场可分为第一现场（真实的社会场景），第二现场（调研成果的抽象化的描述与分析），第三现场及更多（转换的艺术空间、新的社会空间）。每一类现场，都是基于社会问题的调研而提炼的关键词，与社会性艺术的价值指向紧密纽结。

我们在2020年推进社区问题研究的艺术实践，就包含了构建现场、拟态现场、展示（合作）现场三种不同的特性。

样本一：构建现场

“街头小广告的人设与剧本”“社交焦虑——调研行动场”“隐・私——强制性同行”这三组，是以一种对话、参与、活动、表演的形式，构建起一种围绕社区问题而进行的社会实验剧场。

就如对“社交焦虑”的讨论，是基于虽然当下社交工具发达，但“现实中的沟通变得更加困难，而这种焦虑的来源，往往是我们每天接受来自不同群体的各种各样的信息，这些信息一定程度上让我们对现有的生活状态产生了一些怀疑，甚至对自我产生怀疑”。三位小组成员在小树林中制定了一条U型路线，设定带有逻辑关系的6组问题，他们在问，“你会因为自己的身份而产生什么社交焦虑”“网络社会下会产生什么社交焦虑”“你会因速度而产生焦虑吗”，而其中的24棵树则对应为24个答案选项，参与者从在入口处领取一组丝带，并将丝带绑在对应的答案（树上），层层叠叠缠绕于树上的丝带，形成围绕焦虑调研而成的视觉场。

还有三位同学是展开对隐私问题的思考，这源于今年（2020年）因新冠肺炎疫情而起的世界范围的社会防控措施，个体隐私、数据监控、公共利益、集体免疫等话题频出，集体安全还是个人自由，这个看似能“辩证”回答的问题，在具体现实面前如此纷争。三位研究者尝试了一系列的社会行为实验，包括介入式跟踪调研和非介入式的问卷调研，最终，以一种“社区私聊会”的形式，将围绕“隐私”的问题抛入一个由环绕着各类视频影像、研究报告、监控图像构成的场所中。24位参与者，将往往“难以启齿”的私事和看法进行分享。“尊重”“折中”“适度”“选择”“目的”等词汇被他们一一写出来，可以感觉到，隐私这个“极具动荡性的词汇”所包含的困惑，在众人的交流中得以某种释放。

而街头小广告实则是深入蔓延在城市各个角落的“牛皮癣”一样的广告形态，研究者试图找到背后操作这些事情的人和方法。很多街头小广告都是基于社会中普遍存在的不见光的那部分，利用人们“走捷径”“找关系”“占便宜”的心理，比如医保提款、非法借贷、捐精代孕、消分替考等，都是些社会灰色地带。而操作方式，是有着一套以“人设”而定的操作方法，是带有剧本性质的严密话术，其目的就是骗人转账。而三位研究者，“以其人之道还治其人之身”，编织了几个人设和不同的骗贷者反复对话，摸清对方的目的（剧情）、思路（剧本）、话术（表演），以此为线索逻辑，编订对应的剧本和人设，在透明的盒子里，搭建近似于小广告公司的环境，在几天时间中，不断给不同的小广告（骗子）打电话，以骗治骗，以话术对话术，角色互搏，消解、戏弄、娱乐“小广告”背后的机制。

样本二：拟态现场

拟态现场，构建一种如社会现场的问题状态。在“被洗掉的文身”“老年相亲角”的两组调研中，以及之后的艺术转换时，这种拟态体现出某种现场“转译”的过程，将社

“共在　共情　共生：中国社区美育行动计划展”现场四川大学美术馆，2020 年 11 月

会问题挪移到搭建的艺术空间中，用艺术的方式重新搭建起现实问题的第二现场，以一种介乎于“现实主义”的方式，对应现实的复杂性。就如董乃瑄、阿斯茹、郭佳乐三位所做的文身问题，调研缘由是她们认为“文身”是件很酷甚至是有点叛逆的让人兴奋的事情，但随着一个个故事的展开，她们才发现，“文身作为一种个性化的标签，被抹除后带来的不仅是痛感，还使得个体意识的变化。从‘文’到‘洗’，经历‘无—有—无’，以及背后的多重干扰，爱情、家庭、学习、工作等，表象下隐藏的是规则、制度、观念、习惯……洗文身，从伸张个性变为向规则妥协。”这是一个复杂的成熟化的过程，这种成熟，是一种以更为真切和复杂的眼光来看待这个世界。

外卖经济的繁荣是近年来中国互联网社会大发展的一个典型缩影，但其中内卷化的问题，忽然成为近期较为热络的话题，它其实寓意着这样的情状：发展中的事和人，被困在一种反复、无法进一步发展或形成突破的低限度循环中，无法自拔，逐渐失去了新发展的可能与目标。三位同学在调研本地外卖经济的过程中也一波三折，思路和视野被困在诸如家庭作坊、卫生安全、个人努力、算法宰制等既宏大但又是极为具体的生活中。最终，三位行动力突出的同学以一场另类的料理行动，颠覆调研中沉重的系统压力，重新建构出一个透明的私家定制小厨房，就如任一飞所说：“（他们）重构一套理想化的系统，用交换的方式开启了一场有趣的料理行动。诚然，这种理想化的方式无法持续和有效地运营，现实之真实复杂难以仅依托理念改变。但生活需要自醒的力量，这场料理行动就是让每个节点上的人通过交流和沟通相互连接。在此，另一种形态就是重建感受力的过程。”

样本三：展示现场

校园工人阶级的表情，则是更为接近某种社区化表达的，以一种温存的状态，进入自我生活的日常，重新观察那些被忽视掉的现实，那些“熟悉的陌生人”。三位研究者，采取了三种不同的方式。第一种是对整个校工做全面调研，包括他们的组织结构、工作生活等，对所有在校园中的校工进行了拍摄调研访谈，清洁工、校卫队员、厨师、快递员、食堂厨师、售卖员、管理员等，都做了详细的分类，在其中既分析了机制结构运行，又了解了许多具体的人以及背后的故事。

第二种是身份互换，几位研究者选择帮厨工、清洁工进行身份互换，由她们来扮演帮厨工和清洁工，进行日常工作，而由帮厨工和清洁工作为“艺术家”，对她们的工作进行拍摄记录，原计划还请这些校工到大学的教室中参与我们的课程，体会艺术生们面对学业和艺术的过程。第三种是在透明空间中举办展览组织活动，使得这些人从艺术的主角，成为校园的主人，成为新的日常形态。这是一次真正意义的合作，在与最熟悉的“陌生人”互换身份和合作的现场中，关系被重新展示塑造。

交往感性与艺术—社会的双重结局

艺术社会学作为重新架构艺术价值的一种方法维度，艺术实践作为中介，也能成为某种社会建构的力量。在许多社会性艺术、参与性艺术、社会介入性艺术等的案例中，都体现于寻求对社会问题的某种解决，寻求本地社区发展，实现社会进步。毕晓普认为：

这些艺术一肩扛起政治和社会组织涉及新模式的责任，“政治”和“批判”成了前卫艺术的口号，这意味着他们既不信仰艺术作为人类“去异化”的努力的价值（因为现代的艺术和全球市场系统纠缠不清），也不相信民主政治的历程（许多不义和暴行都以它为名）。现在的任务并不是让艺术和伦理一起瓦解，而是要为左派政治运动以及重新注重艺术创造性的否定形式的内在价值设立一个可行的国际联盟。我们必须承认艺术是个和世界重叠的实验活动形式，它的否定性可以作为政治计划之奥援（但不是独立承担设计和执行的责任），更激进的是，我们必须支持既有体制的进步转变，透过观念的横向式渗入，它的鲁莽大胆和艺术想象的狂放不羁有关（时或犹有过之）。[5]

而社会性艺术对于艺术教育中的师生来说，它还锻炼出某种社会的能力，包括交往能力、工作能力、协作能力，这对艺术青年来说太重要了，这是从学习生涯转入职业生涯的必备环节。就如毕晓普认为参与式艺术在和人发生的交集中，会产生双重存在学上的意义：

它既是世界里的一个时间，同时也脱离世界。如实，它可以在两个层次上（对着参与者以及观看者）传达在日常生活里被压抑的种种吊诡，并且诱发出变态的、让人不安的、愉悦的经验，让我们得以重新想象世界以及我们的各种关系。但是要扩及到第二层次，那需要一个中介的第三项（一个物件、形象、故事、影片，甚至是一个奇观），使得这些经验能够紧紧掌握大众的想象。参与式艺术不是拥有特权的政治媒介，也不是奇观社会现成的解答，它和民族自身一样因不确定而畏惧不安；它也不是事先立法的，而是必须在每个特定的脉络里持续执行和检验的。[6]

而这些也呼应朗西埃在“感性的重新分配”这个概念中的“中介”意义，艺术成为在艺术家和受众之间“主体间性”之激化物，而哈贝马斯最为著名的主体间性理念中，作为社会的人与人之间最为重要的是“交往理性”（Communicative Rationality），它所解释的是社会公共事务中人与人的相互达成。而在社会性艺术的参与下，尤其是某些将人与人的活动作为艺术手段的艺术，主体之间动态的感性交往，其实是最为核心的部分，而这才是对主体间互动状态更为精准的描述。在“交往感性”与“交往理性”之间，艺术构建的是围绕人和人之间的互动形态。

时下的艺术形式和社会生活形式，不是将社会美学化，或是将艺术的学科界限完全消解，但是，艺术进入社会、融入生活，会产生“永远会有被遮蔽的可能性”，为了防堵艺术自我毁灭的威胁，瓜塔里建议，所有艺术作品都必须有双重结局，“（首先）把自己嵌入社会网络，它不是占有就是排斥，以及（其次）重新歌颂艺术字集本身，因为它一直有碰坏的危险。”[7] 瓜塔里的“双重结局”一语，是针对跨学科计划的双重存有学而说的：

这类艺术必须踩在双重视域的细绳上，既要面对社会领域，也要面对艺术自身，对它的直接参与者以及后续的观众说话。它必须在艺术社会领域里都有所斩获，最好是挑战且修正我们赋予这两个范畴的种种判断。如果没有这个“双重结局”，这样的计划就可能会成了“寓教于乐”或“教育的美学”。……如果艺术家忽略了双重结局，观众或许会怀疑是否该将瓜塔里的问题改成：“我们如何将艺术作品带进生活里，宛如它是教师？”因此，教学性的艺术计划凸显且确定了在社会领域里的所有艺术实践一个最核心的问题；它们要我们见识关于两个活动领域的假设，并且思索一下，如果我们不断地改造这两个领域，使得它们的实验性地结合在一起，那么会产生什么样的创造性的重叠和不相容。[8]

就如前章所说，艺术在教育中的力量所在，其实是一种相互参与渗入的汇聚，是师生在教育、在社会、在机制中的多主体能动，成为一种激活，成为一种联结，成为围绕“问题”而展开的艺术实践之道，它必然包含了艺术的实现与社会的实现这样的双重诉求，这方是社会性艺术的终极之道。

（武小川 / 博士、教授，西安美术学院副院长）

注释：

[1][5][6][7][8]（美）克莱尔・毕晓普 . 人造地狱：参与式艺术与观看者政治学 [M]. 林宏涛译 . 台北：典藏艺术家庭，2015：44，445，449，448，444，447.

[2] 蒋安平 . 社会学对中国当代艺术的沉重伤害 .[DB/OL].http：//collection.sina.com.cn/ddys/20140926/0901166186.shtml.

[3] 求求艺术，放了社会学吧 [DB/OL].https：//zhuanlan.zhihu.com/p/20170665.

[4] 黄孙权 . 迈向社会性艺术 [J]. 新美术，2013（5）：16–42.

“社区文化中心”转向：当代博物馆的社区美育功能

李龙

长期以来，无论是社会大众，还是博物馆从业者，对博物馆的社会教育功能认知，大致都着眼于历史文化与科学知识传播、思想道德教育等方面，相对忽视博物馆的美育职能。随着博物馆的“社区文化中心”发展，博物馆的美育功能实现需要进行新时代的重新思考。

观众踊跃参观成都博物馆“丝路之魂——敦煌艺术大展暨天府之国与丝绸之路文物特展”

一、博物馆美育的提出

1920 年，针对学生的不正当消遣，著名教育家、南京博物院创建者蔡元培指出："吾人急应提倡美育，使人生美化，使人的性灵寄记（托）于美。"[1]1922 年，在《美育实施的方法》一文中，蔡元培又指出："学生不是常在学校的，又有许多已离学校的人，不能不给他们一种美育的机会；所以又要有社会的美育。"社会美育"从专设的机关起"，主要由美术馆、美术展览会、音乐会、剧院、影戏馆、历史博物馆、古物学陈列所、人类学博物馆、博物学陈列所与植物园及动物园九大类机构来实现。蔡元培所提到的九大类专设机构，大多都可归于博物馆之列。[2] 从此意义上说，美育是博物馆的一项重要职能。

然而直到百年后，我国当代博物馆的美育职能发挥仍然没有达到令人满意的程度，博物馆美育潜力仍然巨大。2020 年，中共中央办公厅、国务院办公厅印发了《关于全面加强和改进新时代学校美育工作的意见》，要求统筹社会资源，有条件的地方和学校每年组织学生现场参观 1 次美术馆、书法馆、博物馆，让收藏在馆所里的文物、陈列在大地上的文化艺术遗产成为学校美育的丰厚资源，让广大学生在艺术学习过程中了解中华文化变迁，触摸中华文化脉络，汲取中华文化艺术精髓。这里包含了两方面的话语背景，一是美育是博物馆的重要职能，二是博物馆美育工作仍有待提高。

这里，有一个问题需要提出思考，为什么博物馆美育职能发挥不尽如人意？首先是一个概念的问题。博物馆对于美育一词的使用度不高，其背后的逻辑就是博物馆只是在传统的"教育"理念下兼及美育。在博物馆行业语境中，"教育"或者"社会教育"是一个相对定式的概念，其适用范围更广。简单地说，"教育"包含"美育"，博物馆教育更多还包括有历史文化、自然科学、宣传思想等方面的内容。这种理念差异明确出现于国内各种政策文件之中。以教育部与国家文物局联合下发的《关于利用博物馆资源开展中小学教育教学的意见》为例，其主要针对的问题是博物馆教育资源供给和中小学校教育教学需求之间的有机融合，博物馆教育功能发挥途径、方式拓展和创新。这个纲领性文件所使用的话语同样是"教育"一词，而没有明确提出过"美育"概念。当然，这个问题在欧美博物馆也同样存在。几乎任何一座欧美博物馆，都拥有自己的教育使命。比如说纽约大都会博物馆，针对其藏品，它的教育使命就是促成对这些作品的理解。相对来说，科技类博物馆会更多关注于教育职能。芝加哥菲尔德自然史博物馆甚至直接把它自己界定为教育者，"我们激发好奇与理解"，同教育的使命是直接相关的。

其次是理念变化过程缓慢。需要指出来的是，绝大多数博物馆教育的主要目标导向是实现情感价值观教育。随着认识的不断变化，当前的博物馆教育更多开始引入“学习”的概念。欧美博物馆界对于博物馆教育更多使用的就是“学习”一词。这不仅是词汇的变化，更是理念的变化。教育强调灌输性，就是博物馆去教给观众或者说让观众接受某种观念、文化知识。学习则要求的是主动参与到体验过程中去，它涉及一些自己的知识理解力和价值观能力的提高。学习是一个主动的过程。观众主动去学习，通过学习来刺激内心的一些东西来得到艺术方面与价值观方面的提高。学习的概念与美育较为接近。对国内大多数博物馆来说，虽然逐渐开始提倡探究式学习，但是“教育”理念似乎仍然根深蒂固，甚至仍然没有转向“学习”引导，这必然对美育存在着一定的忽视。

总体上，博物馆的“教育”“学习”“美育”功能实现，在实践层面是相近的，其差异更多体现在思想认识方面。美育实际上就是对美感的培养过程，虽然主要依赖于个体的感觉，但是其基础却是实实在在的客观对象。关于博物馆美育，有学者指出，它“就是使客观对象（陈列展览）通过人（观众）的感觉（在博物馆的具体环境中，主要是指人的高级审美感官中的视觉）而产生美感”[3]。我们到历史、艺术类博物馆参观，其实就是去欣赏“美的历程”，欣赏到的就是一部鲜活的艺术史。从古至今的文物与艺术，都是各个时代对“美”的理解的结晶。从原始的岩画、壁画、石器、陶器到现代艺术品，博物馆都可以收藏、展示。这些文物与艺术品，蕴含着丰富的文化和美的信息。特别是它们的美不是简单的感官刺激，而是有意义的、有价值的、无功利的，是能够绵延文化、滋养心灵、哺育社会、创造未来的美。[4]

当然，除了陈列展览，博物馆还有其他诸多美育实践手段，概括起来主要有导览讲座、教育课程与教育活动等类。以成都博物馆、成都中国皮影博物馆为例，博物馆每两年举行一次皮影木偶艺术精品展演季，邀请全国知名的皮影、木偶艺术专业院团来馆进行展演，并与观众进行近距离互动。2018 年、2020 年两次活动均是场场爆满，特别受到小朋友欢迎。在展演活动策划之初，首先是要对演出的剧目提出要求，演出之中还要求必须加入互动。博物馆策划这个活动要达到的目标是什么呢？与皮影、木偶剧院商议的时候，博物馆都会提一个东西，就是让木偶皮影艺术能够在小朋友的记忆中留下痕迹，能够在他们人生的某个时刻产生出特别的情感共鸣。这显然不是一种传统式的灌输式教育。至少从思想认识层面，它更倾向于引导观众去感知、认识。我们认为，这种活动也是一种美育，是在博物馆

2018 年度成都博物馆、成都中国皮影博物馆皮影木偶艺术精品展演季活动现场

固定的陈列展览之外的美育方式扩展。

二、社区文化中心与社区美育

随着博物馆学的不断发展，对于博物馆的认识也在不断发生着巨大变化。一个典型的变化或者是趋向特别值得注意。在博物馆将教育作为第一功能同时，博物馆的“社区文化中心”转换特别引人注意。与之相适应，博物馆的社区美育职能必须予以重点关注。这亦是当代中国博物馆飞速发展过程中必须重点思考的内容。在博物馆建设热潮过程中，特别是中小博物馆，其教育功能必然只能聚焦于社区，才能实现可持续发展，保证运营质量。

2007 年，在奥地利维也纳召开的第 21 届国际博物馆协会（ICOM）代表大会对博物馆的定义进行了修订，首次将“教育”作为博物馆的第一功能予以阐述。博物馆的职责是“为教育、研究、欣赏的目的征集、保护、研究、传播并展出人类及人类环境的物质及非物质文化遗产”。在传统认知中，博物馆首先是一个收藏场所。博物馆四大职能分别为保管、研究、展览、教育。过去居于末位的教育职能，现在已经成了第一职能。

博物馆职能变化的背后，是其关注中心的变化，即是从藏品中心转变为公众中心。欧美博物馆发源于亚历山大大帝把许多珍贵艺术品和稀有古物交给他的老师亚里士多德进行保管研究。公元前 3 世纪，亚历山大城诞生了最早的“博物馆”。这座博物馆的功能主要就是收藏和研究。近代意义上的博物馆，是在 17、18 世纪的时候才发展起来的。大英博物馆建立之后，博物馆的功用开始发生一些变化。大英博物馆最早建立的时候其实也是给我们的一些学者、专家来做研究使用的。后来，它慢慢发展，也开始做一些展览，就有另外一个概念，即看得见的艺术史的概念开始出现了。博物馆开始做展览，就是要将它收藏的文物展示出来，供我们公众观赏。但是，在很长一段时间里，欧美博物馆即便开始了做展览，它的服务对象还是集中于受过良好教育的，中产阶级及以上的人群。

20 世纪以后，博物馆逐渐开始产生较大变化，开始关注教育。当代欧美博物馆的服务对象向更具代表性的民众及本地社区转移。这又带来了另外一个变化。博物馆从“独立的专业单位”向“所在社区的文化中心”转向。[5] 从前高冷的博物馆较多是作为一个荣耀的存在，主要作为专业的独立机构开展研究工作，与社会大众的直接联系相对较少。但是现在欧美的博物馆，特别是中小博物馆，其功能导向几乎都是建成为社区文化中心。顾名思义，其主要服务对象定位为其所覆盖社区的居民。因此，作为社区文化中心的博物馆，其最重要的职能就是开展社会美育，也可以说是社区美育。

博物馆已成为学生研学重要场所

到今天为止，无论是“独立的专业单位”，还是“社区文化中心”，抑或说是历史博物馆、遗址博物馆、艺术博物馆、自然科技博物馆等分类说法，博物馆首先仍然必须是一个实体，有固定的场所，坐落在某座城市、某个地方，并与其所在地区形成一定的社会关系。用社区概念来说，博物馆必然与其所在社区发生某种联系。抛开行政级别概念，博物馆的社区范围包括自己所在城市。游客通过参观博物馆，与博物馆发生链接，形成了一个松散、短时的“社区”。但是，它不具有较强的文化属性，以外来者身份表达某种需求，相对不是博物馆社区美育实践的主要受众。当前，由于自媒体社交平台的兴起，博物馆通过自己的官方微信、微博、抖音等网络平台，还建立起了特殊的网络社区，这个社区可以突破空间的局限，对博物馆社区美育工作提出了更高的要求。

三、博物馆社区美育开展的机制建议

李泽厚认为，人的审美能力分为三个层次：一是悦耳悦目，二是悦心悦意，三是悦神悦志。“悦耳悦目”指的是“人的耳目感到快乐”，它是“非常单纯的感官愉快”，但“也已是包含着想象、理解、情感等多种功能的动力综合”；“悦心悦意”指的是“通过耳目，愉悦走向内在心灵”的状态，是“审美经验最常见、最大量、最普遍的形态”，“精神性”“社会性”更为突出，多样性、复杂性更为明显，更加具有意义；“悦志悦神”大概是“人类所具有的最高等级的审美能力”，是“在道德的基础上达到某种超道德的人生感性境界”。[6]人的感性本身不同于动物，也不同于机器，它是可以教育或者美育的。作为审美的第一层次，悦耳悦目的美感形态实际上实现的就是感官的人化。

博物馆美育与社区美育实践，核心是创造“美的历程”，最直接的是为人们构建一部鲜活的艺术史。同时，博物馆还必须努力构建出良好的观展环境，并不断为观众生产出新的知识。这些知识可以是释展方式的变化所产生的新体验，也可以是藏品、展品与艺术品文化与美的内涵挖掘而产生的新刺激。任何一成不变或者缺少变化的东西，都会使感官迟钝。文物藏品虽不可再生，但是博物馆仍然可以通过展陈方式或者释展方式的变化，为观众营造出新的审美内容。由于社会环境的极大变化，知识呈现出极大的膨胀性。博物馆的美育与社区美育实践还必须注意到几个方面的融合与跨界。

一是场域融合。美育是一个系统，还是一个开放的生态系统。学校、家庭、社区应该是三位一体的。博物馆美育实践应该是学校教育与社区教育相结合的，传统与现代相结合，科技与艺术相结合，理论与实践相结合的。同时，博物馆还必须整体思考社会美育的场域载体融合，具体的就是要系统推进博物馆、美术馆、剧院及其他公共文化空间的美育功能实现。“博物馆进社区、进学校”与“流动博物馆”等，实际上要实现的目标就是打通各种场域，把博物馆美育内容直接放置到特定社区之中。目前，博物馆积极推出的“教育课程”，也是为了打通各种场域，最终实现博物馆课程与学校课程的双向融合。

二是跨界融合。社区美育工作不能只是公共文化或者公共美术机构的单方面努力，需要各行各业的共同努力，其中既有我们专业的艺术从业者，还有民间艺人、社区居民、志愿者，以及政府机构、社会团体等。其所涉及的专业门类则要求更多，至少应该包括美术、戏剧、舞蹈、工艺美术、非物质文化遗产与教育学、社会学等专业门类。如此多的专业门类，仅凭博物馆、美术馆等个体机构显然不能胜任，必然需要实现跨界的合作，形成社会的共同合力。

三是语境融合。每个行业，甚至每个人都拥有自身特有语汇，博物馆也不例外。博物馆社会美育与社区美育相关语汇与教育行业就存在明显的差别。因此，博物馆美育实践还

走进城市商业公共空间的博物馆

要特别注意与教育部门，特别是中小学的语境融合。除了思想与方向的一致之外，最重要的是话语的统一。例如，如果博物馆美育较大脱离了教育系统的学习目标，其必然不能激发教育部门的积极性，甚至会让学校、学生产生出负担之感。如此，必然产生抵触，何谈美育工作开展呢？

参加博物馆教育活动的小朋友

四是注重在地性。社会美育、社区美育不能脱离社区的传统与环境，不能脱离现实生活。博物馆不是单纯的旅游景点或者景观，它存在的价值前提是人文的。博物馆只有深度融入其所在社区，真正成为城市、社区的博物馆，成为城市、社区文化中心，才有可能实现其教育与美育功能。因此，博物馆还要特别注意充分利用特色化地方美育资源，将在地优势转化为美育优势。

总之，对当代博物馆来说，在“社区文化中心”价值导向下，从美育或者社区美育角度出发，最根本的，还是要努力把自身平台化，实现各种“美”的资源的凝聚，从而为社会、社区提供更加丰富的美育资源与空间。博物馆社区美育开展，有一个基本的定位，那就是博物馆应该是社区美育的一个平台。即是说博物馆不能再是过去那种高高在上的教导者，而应该是一个公共的社区空间，观众可以在这个空间中自由地“学习”。在这里（包括博物馆美育进校园、进社区等），观众是主动的学习者，他们能够充分自由、自主地去欣赏美、感受美、发现美、创造美。在这里，博物馆不是简单引导参与者画个画、做个手工，也不是简单地办个展览、开个讲座，而是充分调动个体多重感官参与文化体验，形成独特的创造性的美的体验。

（李龙 / 研究馆员，成都博物馆皮影木偶部主任）

注释：

[1] 蔡元培 . 对于学生的希望 [A]. 蔡元培教育论著选 [C]. 北京：人民教育出版社，2017：299.

[2] 蔡元培 . 美育实施的方法 [A]. 蔡元培教育论著选 [C]. 北京：人民教育出版社，2017：415–416.

[3] 成建正 . 博物馆的美育职能初探 [A]. 陕西博物馆学百年论文集 [C]. 西安：三秦出版社，2014：28.

[4] 罗向军 . 论博物馆美育功能的实现 [J]. 文物春秋，2015（5）：57–61.

[5] 郑奕 . 博物馆教育活动研究 [M]. 上海：复旦大学出版社，2015：1–2.

[6] 李泽厚 . 美学四讲 [M]. 北京：生活 · 读书 · 新知三联书店，1989：154–172.

创意地方营造下的情境建构

薛璇

一、概念的提出

“创意地方营造”的概念是由两位学者马库森和尼科德摩斯[1]受美国国家艺术基金会委托，于2010年写作的一本白皮书中提出的，它包含了三个特点：（1）跨部门合作和多方参与；（2）以地方为导向；（3）以文化艺术活动为核心。这个概念的指涉非常广泛，既包含了社区艺术，也容纳了在地的文创产业，它的目的是建构一种地方发展范式，以取代之前的创意城市理论。

与早期的创意城市相比，创意地方营造“将话语权从吸引创意阶层转移到围绕社区发展和地方利益的问题上”。首先，它非常注重社区的内生力量，认为文化和创意应该来源于社区中的人，并将其作为一种资产最大化。其次，创意地方营造更直接地解决社会不平等的问题，尤其是在扩大公民参与度和避免弱势群体的流离失所的问题上。最后，扩大艺术家和艺术在社区发展中的作用。创意地方营造将艺术置于社区发展的中心。艺术家要用艺术和文化架起多方利益相关者间的桥梁，形成整体合作的地方营造。

国际上有关于创意地方营造的研究非常多，从定义、公共政策、实践到评价标准，建构起一个多学科的对话平台。但是在中国语境下，相关的讨论还是散布在“文化主导的城市更新”“社区营造”“社会参与式艺术”等不同的方向，彼此之间缺乏对话。将它们纳入创意地方营造的概念下，可以提供一个更加结构性的视角，重新思考艺术和文化在社区发展中的作用，并促进交流对话。创意地方营造不是作为社区建设的一种依附物而存在，而是作为一种文化生态有机地在地生长。它的核心是创造一个地方。因此非常关键的两个问题在于：当代社会的地方是如何被定义的？人们又是如何通过艺术和文化来创造地方？

二、何谓地方

在古罗马，人们相信每一个独立的存在都有它的守护神，Genius Loci，即“场所精神”[2]。20 世纪 60 年代，随着人文地理学的兴起，一些学者[3]从人的主体视角重新阐明了地方的意义：地方感不是物理环境的内在价值，而是取决于人在时间和空间当中的经历和体验。在传统社会，因为流动性不强，人和土地的关系有着非常强烈的根植性。人们会赋予地方一套稳定的秩序，而呈现为一个内在一致的世界。但是到现代社会，宗教祛魅，个体流动，每个人都处在漂泊和居无定所的状态。过去的那种根植性是无法再适应当代社会的个体了。每个人都得在行动当中去寻找自己的归宿。马克思主义地理学将地方描述为社会建设的画布，而地方感是通过“反复的社会实践”产生的。在这种观念下，人与地方之间的关系被人与人之间的关系取代。近十年来，“地方作为集结”的说法在城市研究中被广泛讨论。受德勒兹和瓜塔里的启发，达维将地方解读为一个集结体，“其属性来自于各部分之间的相互作用”[4]。它强调社会—物质互动，调解了现象学和社会建构主义的对立。

三、情境作为方法

基于这种认识，我特别关注一类以行动为主导的创意地方营造。它并不直接致力于城市环境的营造，而是通过不断建构艺术情境来制造相遇，促进公众的参与。这种行动和事件导向的营造方式非常值得重视，因为它回应了现代社会对地方的不同理解。我以广州竹丝岗社区的扉美术馆为例来说明这类创意地方营造的情境建构方法。

竹丝岗社区位于老广州城的东边，是民国时期的第一个示范社区。尽管有着丰富的历史遗存和文化资产，这个社区随着时间的推移逐渐衰败，显示出基础设施不完善、公共空间不足等问题。自 2017 年起，扉美术馆作为一家扎根于竹丝岗的艺术机构，发起了一系列在地的艺术活动，旨在激活社区公共空间，促进人与人之间的关系。

扉美术馆艺术情境的典型工作方法是对城市空间的策略性挪用，这是一个象征性的声明，以重新夺回进入城市的权利。同时，它也回应了扉美术馆提出的以艺术营造（Artecture）作为方法的概念。艺术营造旨在整合建筑和艺术，它“不只是一个局限在红线内的建造，而是使用者和日常生活息息相关的一个在地艺术的营造过程”。在这个过程中，情境是一个由物质、人和意义三方构成的涉身化场域，将一个日常空间转化为一个事件性的艺术场所。

从 2017 年 12 月到 2020 年 3 月，扉美术馆在竹丝岗附近共制作了 130 个艺术情境。每个情境都发生在社区的一个具体地点，如菜市场、口袋花园等。这些场所在社区中发挥日常功能，同时将艺术情境的观看与之交织在一起。

艺术场地的选择不是随机的，而是与特定地点的物质或社会条件联系在一起：一些艺术家被那些不为人注意的空间形式吸引，如无用的楼梯、被拆除的建筑留下的花纹地板，并考虑如何改造以实现社会互动；另一些艺术家则强调与居民的合作，直接将他们的生活空间作为情境建构的场所。占领场地是为了重新发现生活环境，挖掘其中的独特价值。此外，它使艺术能够与公众在日常生活中相遇，并促进公众的密切参与。

嵌入的情境并不总是与它们所处的有界空间相联系。在某些情况下，情境是自治的，脱离了日常生活。它们被安置在场地中，但与场地没有什么关系。情境的观看也主要是被动的。它们的公共性仅仅是由于它所在场地的开放性和可达性。为了从艺术的内部制造地方感，必须在情境和场地之间建立联系。它试图通过调动物质、意义和人的元素来加强现场的人与环境、人与人之间的联系，从而实现涉身化的相遇。情境和场地之间的联系主要体现在两个方面。第一，情境通过整合物质与场地，邀请观众参与其中。第二，情境通过作为社会中介，协调场地中的社会关系。这两者不是相互排斥的，而是互相补充。我用宋冬的两件艺术作品《无界之墙》和《长街为》来说明这一点。

《无界的墙》是一段 105 米长的 U 形墙，环绕在扉美术馆所在的亿达大厦周围。之前，这里是一面混凝土围墙，将美术馆与周围的环境分隔开来，像是南面的农林菜市场，西面的民国历史建筑等。宋冬认为：“这地方藏龙卧虎，我想能不能通过一件作品把这些都纳入进去。我想通过建一个围墙，把周边的生活、社区的特征吸引到围墙这里。同时通过围墙消除围墙的界限，围墙就是隔阂，我想建一座沟通的围墙。”[5]《无界的墙》由大小不一的老旧木窗拼凑而成。在其内部，1682 盏吊灯悬挂在顶部，773 件日常物件，如水壶、面盆、照片、书本放在地上。其中有超过一半的物品是由社区居民捐献的，呈现了他们的个人身份和社区居民的集体文化记忆。艺术家在室内的顶面、内面和底面安装了镜子。在灯光的映照下，满眼繁花似锦。墙内陈列的物品随所处环境的不同而变化主题。人们从南侧开口进入，首先会注意到各种烹煮用具，锅、碗、瓢、盆，这与一墙之隔的菜市场形成

无界的墙（来源：扉美术馆）

对照。西墙段与一栋民国建筑毗邻，其室内则放置了各类书籍，记录过往的历史。北墙段陈列了玩具和娃娃，与附近的幼儿园遥相呼应。这些物品的独特布局邀请人们去欣赏他们的生活环境。

《无界的墙》建成后，成为一个巨大的城市磁铁，吸引人们来到这个地方。U 形墙与大厦之间的消防车道向公众开放，经过美术馆的人们可以沿墙绕行一圈，边走边看，这几乎改变了社区居民的日常行走路径。同时，艺术家沿着 U 形墙和建筑之间的消防车道做

了另一件艺术作品《长街为》。许多老式的木床首尾相接，摆成一条“长龙”。一些不同样式的小凳子散落在木床周围。人们可以自由地使用这些家具：或是睡在木床上，又或是坐在凳子上，再或者把床当作吃饭的桌子。将床的定义模糊化是这件艺术作品希望传达的意义之一，也是对“无界”这个主题的呼应。更重要的是，《长街为》补充了《无界的墙》所缺失的部分，即创造一个停顿，为人与人的会面创造可能。段义孚在他的《空间与地方：经验的视角》一书中把空间看作是运动的，把地方看作暂停。“在运动中的每一个暂停都

长街为（来源：扉美术馆）

使区位可能被转换为地方。”这些散落在地上的板凳和木床向路过的人们发出了友好的邀请，于是人们就有可能在这个空间里停留、交往。此后，扉美术馆还发起了一系列的活动，与社区的人们互动，如电影放映、舞蹈、春节宴会等。正如居民们所说：“这让我们想起了小时候，人与人之间的亲密。”

扉美术馆的情境建构一直在强调场地的特殊性。场地首先是一个地点，然后包含了特定的物质和社会条件。通过对场地的去领域化，嵌入的情境旨在制造人与人、人与环境的

相遇，并进一步唤起对话和交流，作为一种表达性的力量在日常中发挥作用。三个关键特征用以描述与场地共生的非自治艺术情景。第一，情境是异质性的。这源于艺术既来自生活又超越生活的基本品质。情境类似情境主义者提出的“建构的情境”的概念，它指的是“生活的一个时刻，通过集体组织一个统一的氛围和事件的游戏来具体和故意地建构”。这样的时刻是一种断裂，它传达了一个社会乌托邦的革命理想，以对抗被动的消费奇观。第二，情境是在地的。它不是从真空中出现的，而是对不断变化的环境做出反应，包括其有形和无形的元素。艺术家必须进入生活场域，将情境编织进去，这通常伴随着即兴的成分。第三，情境是连接性的。情境是制造会面的中介，旨在唤起个人表达的意识，它建立的关系是与现实生活相联系的。

据统计，一共有 49 个节点曾被用于情境建构。它们分布在竹丝岗社区的地面空间和亿达大厦的垂直空间。一些特定地点的艺术作品，如《无界的墙》《金句》《环卫工人创作的艺术》等，都是长期性被放置在场地，与人们互动。其他艺术情境大多是短暂的。它们在短时间内占据场地，然后被移除，场地也随之恢复了往常的生活。扉美术馆会有选择性地在几个之前发生情境的节点插上带有“无界博物馆”字样的灯箱，作为标记。此外，有几处空间节点被反复挪用，而成了不定期的展览场地。像菜市场、口袋花园、消防通道、底层结构柱和车库电梯，这些节点一方面兼顾了日常生活中的功能，另一方面也允许异托邦的弹出式呈现。在时间的延续性当中，艺术情境与日常生活既相互区隔，又互相生产，经历着反复去辖域化和再辖域化的过程。我以美术馆旁边的菜市场为例，说明艺术情景与日常生活之间存在的共生关系。

菜市场与美术馆一墙之隔，但在过去是完全没有联系的两个世界。2018 年 3 月，美术馆的馆长何志森老师带领学生在菜市场完成了一场营造的风景工作坊，以思考制造社会连接的情境建构策略。菜市场富于人间烟火气，其背后却饱含摊贩谋生的艰辛，他们是城市里常常被遗忘的人。何志森老师的工作坊要求学生与摊主一起工作、一起生活，这种日常的相处是进入且深入理解场地社会—物质关系的开始。起初摊贩对这些学生的意外闯入感到反感，课程一度停滞不前。而转折发生在一次暴雨后，菜市场被水淹了，学生小马主动帮助摊贩们一起抢搬货物，减少损失，这让摊主们非常感动，慢慢和同学们打开了心扉。在与摊贩的共处中，马同学想到为菜市场的每一位摊主拍摄一张手的照片，并借此机会与他们交谈手背后的故事：那些劳动留下的伤疤，写在手上的字，戴在手腕的镯子……每一个印记都引出一段往昔的回忆。工作坊最后一天，四十四位摊主的手被拍成照片在《无界的墙》上展出。摊主们借着“看手”的机会纷纷前来参观，大家喜笑颜开，攀谈甚欢。这是他们人生第一次走进美术馆，也是第一次知道了彼此的名字和故事，此前的十几年大家各自忙于生计，甚至连话都不曾说上几句。

三个月的工作坊以情境为社会中介，建立起人与人之间的连接。建筑学学生抛弃了从形式和功能出发的物质空间建造，转而思考重建社会空间的可能。首先，日常的相处是支撑情境构建的基础，它在情境之外建立了参与者的信任机制。如果没有小马在下雨天的鼎

营造的风景工作坊（来源：扉美术馆）

力相助，后面的故事都不会发生。其次，情境作为介质的能力是通过挪用在地的日常语言来获得的。这需要学生摆脱自己的专业话语，深入具体的生活之中，为建构平等对话寻找恰当的媒介。通过给每一位摊主的双手拍照，个体过往的生命经验得以再现，与摊主产生共鸣。这同时为构建对话和交流提供了场域，建构起菜市场的社会空间。

到第二天展览结束，摊贩们领回自己的“手”，并在菜市场开始自发布展。他们把照片郑重地挂在摊位营业执照的旁边，作为一份有尊严的身份声明。路过的顾客感到新奇有趣，不禁打探起其中的故事。这时的菜市场已经成为一座美术馆，而摊贩即艺术家。他们以一种日常生活的实践创作自己的作品，并延续了菜市场社会空间的再辖域化。辛塞波指出：“菜市场几乎看不到建筑师的专业痕迹，体现更多的是菜市场的人们通过对特定时空的理解来打开他们日常生活的努力。”[6] 这一种情境建构引发的日常生活中的自体行动才

是获得地方感的关键。

在工作坊结束之后，何志森老师依然保持着与摊主们的联系和交往。去菜市场和摊主聊聊天，帮他们做点事，成了他日常生活的一部分。他还建立了一个微信群，取名“市场一家人”，摊主们先后加入，互相熟识，并在日常的工作交往当中建立了融洽关系。值得注意的是，菜市场作为一个稳定的物理场所，它和摊主本身就存在一层锚固的人地关系，菜市场也因为摊主们之间的涉身化相遇提供了条件。因此，工作坊的情境建构所调适的社会关系更有机会在日常生活中延续下来。在笔者探访菜市场的时候，注意到摊主们时常一起聚餐，卖豆腐的阿姨拿一点豆腐，卖鸡的阿姨切一边鸡，卖猪的阿姨贡献一些排骨，大家一起烹饪、分享。这一套自发生产的生活习惯被社会关系的连接催化，其本身已经包含了与个人身份表达相关的文化语言。而吃饭带来的接触和交流生产出一个开放的共同体，以展开更多的共同行动。

小结

创意场所营造是相对创意城市的概念被提出的，它注重社区的内生力量，并将文化艺术置于社区发展的中心，以提高生活质量，鼓励公民参与，促进社区韧性。以行动为主导的创意场所营造通过建构情境来制造人与人、人与环境的相遇。情境是异质的、在地的、连接的，但其本身的符号性并不足以构建一个地方，而是需要协调日常空间的生产，将情境中的社会关系和自我意识延伸到日常的实践当中，并生产出社会文化和自我表达的地方意义。这个过程并不是一蹴而就，而是在时间当中逐步形成的，情境建构和日常空间生产也因此表现为互相生产的共生关系，并由艺术家和居民构成的开放关系网络来协调。这样，地方不再是物理环境的固有属性，而是一个集结体，通过不断的连接和行动来形成自身。它是一个过程，处在不断的形成和变化之中，其背后表征的是人们照看他人，也照看自己的努力。

（薛璇 / 新加坡国立大学建筑学博士候选人）

注释

[1] MARKUSEN，A. and NICODEMUS，G. A. Creative Placemaking（white paper）[R].Washington，DC：Mayors' Institute On City Design，National Endowment for the Arts，2010.

[2]NORBERG-SCHULZ，C. Genius Loci：Towards a Phenomenology of Architecture[M]. Academy Editions，1980.

[3]TUAN，Y. F. Space and Place：The Perspective of Experience[M]. Minneapolis：University of Minnesota Press，1977.

[4] DOVEY，K. Becoming Place[M]. New York：Routledge，2010.

[5] 张莉，宋冬 . 我在哪儿，哪儿就是博物馆 [DB/OL]. https：//www.sohu.com/a/209583522_149159.

[6] 辛塞波 . 为什么“菜市场美术馆”只有提名没有获奖？[Z]. 未刊稿，2021.

公共艺术在网络空间的延伸：以阿玛利亚·乌尔曼作品《卓越与完美》为例

钱冲

公共艺术作为面向大众的艺术，其公共性不仅体现在作品呈现于非博物馆、美术馆等公共场所，还体现在它与观众之间建立的互动关系。公共艺术与观众的互动主要体现在公共艺术预设某种参与的功能，便于观众主动参与其中。参与是观众与作品建立关系的最主要手段，参与性也是公共艺术最主要的特性之一。

而随着互联网的广泛应用，公共艺术的参与性在网络空间获得了一种新的可能。自 20 世纪 90 年代以来，以互联网作为媒介的网络艺术作品便逐步取得发展。[1]21 世纪至今，网络艺术已渐趋常态化。网络艺术的发展得益于互联网构建出的不同于现实的网络空间，以及智能手机、电脑等设备普及后用户的广泛参与。网络环境的完善使艺术拥有了新的展示空间，同时也形成了新的观看方式与参与方式。[2]

阿玛利亚·乌尔曼（Amalia Ulman）的作品《卓越与完美》体现出网络公共艺术的某种倾向，展示了网络公共艺术发展的某种方向。2014 年，阿玛利亚·乌尔曼以社交平台照片墙（Instagram）为展示场地，通过虚构的图像叙事，在互联网观众的参与下完成了自己的艺术。在此期间她收获了十万粉丝。乌尔曼以这种方式改变了传统的互动模式。此外，乌尔曼的这件作品体现出网络公共艺术不同于现实中在地公共艺术的大众性与功能性，揭示了公共艺术在网络空间的新特点。基于此，本文以 2014 年阿玛利亚・乌尔曼的网络艺术作品《卓越与完美》为例，从参与性、大众性、功能性及网络公共艺术面临的问题四个方面对网络公共艺术加以阐述。

一、另类参与性

公共艺术是一种建立关系的艺术，参与性是公共艺术最根本的特性。公共艺术通过建立作品与观众之间的关系来传递作品的信息。博瑞奥德认为，这种关系的建立产生了独立于现实生活的空间，这是公共艺术的意义所在。将现实生活中的人与艺术联结，从而构建出与现实生活不同的空间，以使人远离现实中被资本控制的机械化的生活。[3] 这类似福柯“异托邦”的概念。异托邦是“在真实场所中被有效实现了的乌托邦”[4]，是某种精神状态和精神境界。艺术的参与性正是沟通“异托邦”和现实生活的通道。观众通过与艺术的互动、参与的方式进入这种空间，接受艺术带来的感化和影响。

对公共艺术而言，身体的在场十分重要。观众的参与必须通过身体的在场与作品进行互动。这种互动便是进入“异托邦”的方式。换句话说，作品与观众产生的关系使观众可以进入“异托邦”之中。这种关系是连接现实空间与“异托邦”的桥梁。若是身体无法在场，艺术与观众之间的关系便无法建立，也就无法形成“异托邦”的精神境界。因此，观众身体的在场成为关键。在这种关系模式中，身体的在场建立起作品与观众之间的关系，

《卓越与完美》局部 1

关系的建立开启了“异托邦”的精神境界，“异托邦”的精神境界直接作用于观众的精神和认知。其中观众的身体只是联结作品与观众认知的中介，身体只关乎在场性，其本身不会受到“异托邦”的影响。

网络空间中的公共艺术，也需要建立作品与观众之间的关系，即由作品与观众建立关系所产生的独立于现实空间，也独立于网络空间的精神上的“异托邦”。关键在于互联网作为区别于现实的生态系统，观众的身体不可能在场。此时身体的在场性需要一种另类的方式来实现。在麦克卢汉看来，媒介可以是人类任何部位的延伸：衣服是肌肤的延伸，住房是体温调节系统的延伸，代步工具是双腿的延伸。[5] 我们对某些媒介的高度依赖使得媒介犹如器官一般成为人类身体的一部分。而当今人们对互联网的依赖则毫无疑问地可看作互联网成为人的延伸，成为人类 “另类身体”的一部分。对传统的公共艺术而言，身体的在场是建立关系的必要条件。而作为“另类身体”的互联网，其本身便是网络公共艺术的载体，相对于网络公共艺术而言具有天然的在场性。基于此，在网络公共艺术中，作为“另类身体”的互联网代行了身体作为中介的功能，在网络公共艺术作品与观众的认知之间建立关系，从而开启了网络公共艺术的“异托邦”。因此，公共艺术在网络空间的延伸，在建立关系的基本模式方面并没有改变，唯一改变的是连接二者的中介。“另类身体”在网络公共艺术的观看中成为关键。

“另类身体”带来另类观看体验。传统公共艺术的参与指定了一个固定的时间段，即从观众到场至离场的这段时间内。因此传统公共艺术的参与往往是一次性的参与，通过一次体验便能完成与公共艺术的互动。而互联网作为另类身体的在场则无须考虑时间的因素，互联网这个“另类身体”对网络公共艺术而言是持续性的在场，因此观众的到场时间便拥有了极大的自由。以乌尔曼的作品《卓越与完美》为例，乌尔曼在三个月的时间内逐步完成了这次艺术创作，时间成为作品中十分重要的维度。在现实生活中很少有人可以持续性跟进式地参与一件作品的互动，而这种历时性的互动方式在网络公共艺术中获得了可能。互联网的便利性让观众可以随时随地观看作品，实现碎片化的观看方式。而碎片化的观看方式不仅减少了观众的观看成本，也让作品在时间这个维度上拥有更多的阐释空间。而这对观众的影响也是持续性的。

由此可见，网络空间中的公共艺术作为传统公共艺术的延伸，与传统公共艺术具有相同的作用模式，身体媒介的另类化转变是支撑该模式运转的关键。借由“另类身体”带来的另类体验为网络公共艺术提供了时间维度的探索。但这种转变不影响公共艺术作用模式的内核：艺术与观众建立某种关系，生成于关系之上的“异托邦”的精神境界作用于观众的认知与精神。

二、基于互联网的大众性

大众性是公共艺术的最基本特征之一。公共艺术在公共的社会空间中与观众产生交集，是一个对观众开放的场域，以邀请的姿态呼唤观众的参与。[6] 而以互联网为媒介的网络大众性则呈现出一些新的特点。互联网观众参与性的强度决定了作品与观众建立关系的强度，基于互联网的大众性则决定了该关系网的广度。同时，网络公共艺术的大众性也在一定程度上决定了观众是否能有效地参与其中，这是网络公共艺术完成其逻辑自洽的重要特性。

公共艺术的大众性可以追溯至博伊斯“社会雕塑”的概念。所谓“社会雕塑”就是指：“一切由人类构造、发展、创制的事物， 以及一切具有生长能力并处于不断变化发展之中的思想成果， 它们共同从本质上造益于人类的生活。”[7] “社会雕塑”通过艺术的日常化让艺术接近大众，通过大众的参与来构建艺术的乌托邦，从而通过关系的建立来缓和日常生活中渐趋冷淡的人际关系。因此，公共艺术的大众性构建于去权威化的逻辑之上，追寻一种艺术场域中的平权关系，即“人人都是艺术家”的思想。艺术品只有走下神坛，才能与大众产生实质性的关系。公共艺术在网络空间的延伸依旧承袭该逻辑，力求通过网络空间的平权关系来建立作品的网络大众性。当下网络空间中存在的权力关系，与信息传递密切相关。信息的传递者与接受者构成了一对权力关系。个体被动地接受繁杂的信息成为常态，因此网络公共艺术需针对此种现象构建信息平权的乌托邦，来瓦解网络空间信息单向传递的关系，由此使人们从网络权威中挣脱。在阿玛利亚·乌尔曼的《卓越与完美》中便呈现出一对互联网的权力关系——“网红”与“粉丝”。“网红”作为信息的传递者，“粉丝”作为信息的接受者，

《卓越与完美》局部 2

二者间信息的传递是前者向后者的单向传递。因为前者具有信息的权威性，可以轻易地影响到后者，而后者传递出的信息则很难对前者产生实质性影响。乌尔曼的作品正是要我们警惕这种信息单向传递存在的危机。乌尔曼通过图像叙事构建了虚拟的“网红”身份，获得了十余万的粉丝群体，在建立了大众性基础后，揭示了这个身份的虚假性，实际上是对这种互联网权力关系的解构与否定，呼吁观众保持对权威的警惕，在接受信息时保持自我的判断力，不被权力关系裹挟。乌尔曼对网络权力关系的解构，同时也是对她自身作品权威性的解构，因此她的作品没有呈现一种封闭的姿态，而是在打破她构造出的网络幻象后接受来自观众的质疑和批判，由此体现出一种敞开的大众性。

此外，网络公共艺术大众性的构建依赖于以网络空间为载体的独特传播模式，这种动态的传播模式不同于传统公共艺术的静态表征。[8] 此时，大众性成为网络公共艺术传播的重要特征。网络空间中艺术的传播并非整体性的传播，承载的信息越多，传播的成本也就越大。因此，网络公共艺术在传播时，并不能传达完整的信息。在传播过程中，作品总是借由某个链接来进行传播，而链接所能承载的图文信息十分有限。由此链接附带的信息成为象征整体作品的符号，承载着网络公共艺术的基本信息，而艺术深层次的含义则被淡化与削弱，甚至消失。[9] 乌尔曼的作品在传播时，因其作品体量的庞大而只能选取其中的部分图像作为完整作品的代表，这些具有代表性的图像成为象征着整件作品的图像，由部分指涉整体。而需要注意的是，符号化只发生在传播过程中。一旦艺术完成这种传播呈现于观众面前，且观众有意去了解时，符号则会向观众展开，呈现出完整的作品信息。[10] 此时作品与观众仍然可以建立某种关系，作品的深层次意义也将逐渐显现。随着观众对这些符号的深入了解，观众与符号间关系的深度建立，符号便可以重新使作品信息趋于完整，向观众传递作品完整的含义。而这种符号化的传播，也成为网络公共艺术大众性的重要体现。正是因为这种传播，网络公共艺术才得以在更广的范围内与更多观众建立关系，从而扩大作品在网络社会的影响力。但是，互联网的传播往往不能还原作品的全貌，作品的传播将不可避免地产生意义的损耗。观众未必会完整地观看乌尔曼发布的所有图像，只能片面地了解某一部分图像，降低了作品的艺术特征。因此观众对作品的理解可能局限于作品呈现出的表象，而不能探知其深层次的意义。

因此，网络公共艺术的大众性一方面继承了博伊斯“社会雕塑”的理念，在网络空间中形成了可供大众参与的场域。这个由网络公共艺术生发而成的大众场域在作品与大众之间形成平等的权力关系，并让大众在该场域中暂时挣脱互联网权力关系的桎梏，是公共艺术在网络空间构建的另类乌托邦。另一方面，网络公共艺术的大众性又可以借助互联网的传播模式进一步生效，通过互联网传播进一步扩大大众基数，建立更广泛的大众关系网。其大众性不仅意味着参与观众的基数，也意味着作品本身影响力所辐射的范围，同时又是网络公共艺术介入观众日常生活的重要路径。

三、广域的功能性

网络公共艺术的参与性决定了网络公共艺术与观众之间关系的强度，大众性则决定了作品影响力辐射范围的广度。在此二者的合力作用下，网络公共艺术的功能性得以阐发。网络公共艺术作为公共艺术的某种延伸，必然承袭了公共艺术的主要功能；同时作为一种全新的趋势，也必将拥有新的可能。

网络公共艺术的功能性首先体现在其社会批判功能。在《关系美学》一书中，博瑞奥德用“社会穿透度”的概念来描述关系艺术与社会影响力之间的关系。[11] 有学者将此概念理解为“艺术品具有跟其他人类活动产物完全不同的特殊质量”[12]。换言之，社会穿透度是作品具有的不同于现实生活，却又揭示生活中某种关系的某种特性。由此网络公共艺术实现艺术对某种社会现象的批判，由此批判构成的社会影响力便成为作品的“社会穿透度”。例如，乌尔曼《卓越与完美》的社会穿透度就体现在其对于“网红”乱象的揭示，通过艺术手段对网络虚拟身份掩盖下的“网红”泛滥现象进行揭示和批判来完成其社会批判的功能，并由此为观众建立起与之相对应的问题意识，让观众在之后面对类似现象时可以保持警惕，从而不至于被主流文化乱象的洪流裹挟。

《卓越与完美》局部 3

其次，网络公共艺术具有网络美育功能。无论现实空间抑或网络空间都面临图像泛滥的困境。图像泛滥埋没大众的审美，导致大众迷失于网络主流文化之中，无法区分其良莠。[13]

在此境况下，网络公共艺术的社会批判功能进一步生发出网络美育的功能。网络公共艺术的批判为观众建立起问题意识，促进了观众对网络空间中的自我与个体身份的认知。观众通过对自我认知的重构来明确自身之于网络空间中的定位，通过自我性的保存，在观众自身与网络文化之间设立某种隔断，使观众能够有判断、有选择地接受网络文化。《卓越与完美》通过虚构网络名媛的身份让观众认识到网络空间中个体身份的可塑性，以及屏幕前后个体身份的虚拟性。这为观众还原了网络空间中真实的个体，同时重塑了观众对网络空间中的自我认知，从而让观众与网络主流文化保持一定的距离，从图像泛滥的洪流中脱离出来，由此提高观众对网络主流文化的警惕，也因此提高了观众对网络主流文化的审美判断。

最后，网络公共艺术还拥有媒介探索功能。网络公共艺术摆脱了传统公共艺术使用的媒介，通过网络图像以及网络运行机制来对自身进行构建，其媒材从实物转向虚拟信息的集合。因此，网络公共艺术负载着网络空间中媒介探索的功能。乌尔曼的艺术立足于网络的交互性，是网络公共艺术可供借鉴的模式之一。互联网发展的多样性决定网络公共艺术拥有巨大的可探索空间。网络公共艺术以何种形式阐释自己存在的合理性，以及如何确立自身的独特性将自身和其他网络艺术形式区分开，都依赖于媒介探索的功能。网络公共艺术的发展正是对其互联网媒介运用的探索，媒介探索功能是其发展现阶段自持的特性。

由此可见，网络公共艺术功能的有效性不仅局限于网络空间，还通过其对人的作用进而对现实空间产生实质性的影响。网络公共艺术与现实社会的关系并非相互独立的平行关系，而是枝与叶般的共生关系。网络公共艺术的产生必须建立于某种社会现象之上，并且最终会对该社会现象进行功能性的反馈，以此实现艺术介入社会的功能，为社会的发展提供养分。

四、问题与反思

网络公共艺术作为互联网时代网络艺术发展的一种趋势，必然拥有诸多的可能性，但作为未成体系的艺术探索，也会面临许多问题。乌尔曼作品《卓越与完美》具有鲜明的参与性、大众性和功能性，她的艺术为公共艺术在网络空间的延伸提供了一种可能的参考。但其中也有一些问题值得我们反思。

首先是艺术与观众之间基于互联网而形成的关系。这种关系与传统公共艺术相比，是否足够可靠。网络公共艺术在本质上依旧是一种关系艺术，因此，作品与观众的关系尤为重要。网络公共艺术相比传统公共艺术，最大的差别在于身体的在场性。网络公共艺术悬置了在场，以网络作为中介使作品与观众产生联系。这种身体不在场导致观众的直觉不能直接地和作品产生联系，在观众与作品的关系之间隔了一层透明的壁障。[14] 因此这种非直接的观看可能带来感知的部分缺失，同时也限制了网络公共艺术的发展空间。

其次，博瑞奥德认为，关系艺术最重要的作用之一是要通过建立作品与观众的关系来架构一个微型的乌托邦，由此让观众在这个乌托邦中摆脱现实中资本主义的干扰。[15] 而以互联网作为载体的网络公共艺术，其存在的环境本身就受到资本过多的干涉，甚至公共艺术本身在脱离了在地性与场馆的庇护后，在互联网环境中更容易受到资本的摆布。因此网络公共艺术在其关系的强度问题上值得反思。另外，关系艺术旨在通过艺术来改善人与人之间渐趋冷漠的关系，而网络公共艺术通过网络与观众互联，其关系的建立更多的是作品与观众二者之间的双向关系，而观众与观众之间关系的建立则难以涉及。且网络空间中的人际关系不同于现实中的人际关系，网络中个体的虚拟性让作品与观众产生的基于网络的关系网无法对现实人际关系产生实质性的影响，由此更加可能导致现实中关系的疏离。

最后，在观众接受度方面，如乌尔曼的《卓越与完美》，为了获取更多的受众，艺术需要与网络主流文化相结合。但这种结合存在一些隐患。一方面网络主流文化代谢更替频繁，网络公共艺术与之结合实际上是将自身与网络主流文化同化，因此在某种主流文化的热度消退后，与之关联的网络公共艺术的影响力也将随之消散，这样网络公共艺术的影响力无法持久。而这样的网络公共艺术非但不能有效改变网络主流文化的乱象，反而会让自身被网络主流文化裹挟，丧失其批判性。因此，网络主流文化如何把握大众性与网络主流文化之间的界限，是网络公共艺术需要思考的问题。

结语

乌尔曼的作品《卓越与完美》通过其独特的参与模式、传播模式与功能性体现出一种与公共艺术相似的存在模式。这种以互联网为媒介与展示空间，并与观众建立关系的艺术模式为公共艺术在网络空间的延伸提供了可能性与可供参考的案例。网络公共艺术与传统公共艺术在其宏观模式上具有一致性，但在作品存在空间、媒介属性等微观方面存在差异。因此可将这种艺术形态看作公共艺术在网络空间的某种延伸。

网络公共艺术的产生是互联网环境逐步发展完善的必然结果。网络空间作为现实空间的延伸，必然会在其中产生某些现实空间因素的投射。网络公共艺术与传统公共艺术也是这样一种投射关系。但网络公共艺术尚未形成完整的体系，只是一种网络艺术发展可能的趋势，因此更多的是对现有公共艺术的补充与共同发展，而不是公共艺术的新阶段，更非历时性发展后新对旧的替代。同时，网络公共艺术作为另一个空间的某种新趋势，尽管未形成完善的体系与方法，尚处于探索阶段，但已经呈现出多种功能性以彰显其存在的意义。网络公共艺术将艺术与人的关系从现实空间延伸至网络空间，扩大了公共艺术的范畴，为公共艺术的发展提供了新的可能性和路径。

（钱冲 / 四川美术学院 2020 级艺术学理论研究生）

注释：

[1] 管乐 . 探析网络艺术的进程——从“网络艺术”到“后网络艺术”[J]. 传媒论坛，2020，3（13）：6-7，9.

[2] 宋钢（刚），宋伦宸 . 线下艺术与线上艺术：当代艺术的新秩序 [J]. 当代美术家，2019（03）：56-59.

[3]（法）尼古拉斯・博瑞奥德 . 关系美学 [M]. 黄建宏译 . 北京：金城出版社，2013：10.

[4] 延永刚 . 建构当代艺术表征范式的一种尝试——波瑞奥德的“关系美学”思想述评 [J]. 北方论丛，2016（06）：75-80.

[5]（加）马歇尔・麦克卢汉 . 理解媒介 [M]. 何道宽译 . 南京：译林出版社，2019：25.

[6] 黄时进 . 论科学传播受众的网络时代特征——基于布尔迪厄场域理论的视角 [J]. 学术界，2008（02）：79-83.

[7] 周博 . 公共艺术价值何在 ?[J]. 读书，2014（09）：100-106.

[8] 纪君 . 探析融媒时代传媒艺术之大众参与性 [J]. 传媒论坛，2020，3（01）：37-38.

[9] 郭鸿 . 索绪尔语言符号学与皮尔斯符号学两大理论系统的要点——兼论对语言符号任意性的置疑和对索绪尔的挑战 [J]. 外语研究，2004（04）：1-5，80.

[10] 李思屈 . 当代传播符号学发展的三种趋势 [J]. 国际新闻界，2013，35（06）：24-31.

[11]（法）尼古拉斯・博瑞奥德 . 关系美学 [M]. 黄建宏译 . 北京：金城出版社，2013：47.

[12] 金影村 . 参与性艺术的困境：关系美学与关系艺术的批判性解读 [J]. 艺术设计研究，2020（04）：111-115.

[13] 杨光影 . "精致劣质图像"的生产与"虚拟社区意识"的形成——论抖音短视频社区青年亚文化的生成机制 [J]. 中国青年研究，2019（06）：79-86.

[14] 季晓峰 . 论梅洛 - 庞蒂的身体现象学对身心二元论的突破 [J]. 东南学术，2010（02）：154-162.

[15] 尚杰 . 空间的哲学：福柯的"异托邦"概念 [J]. 同济大学学报（社会科学版），2005（03）：18-24.

品牌以公共艺术为媒介的社会美育价值延伸：以香奈儿流动艺术馆为例

艾璐

一、品牌与艺术联动的形态建构

品牌与艺术的联动早已不是新奇的事物，它们的合作常出现在当代各大传播媒体上，纵观历史，我们也不难发现由商业赞助艺术所创造出来的辉煌成就。保罗·斯特拉森在其著作《美第奇家族——文艺复兴的教父们》中表示："没有美第奇家族，佛罗伦萨的文艺复兴运动将不会发生。"[1] 美第奇家族是意大利银行世家，他们资助了众多欧洲艺术巨匠，其中包括盛期三杰。我们不能单纯地说是他们造就了文艺复兴的伟大艺术史，也不能保证在这一赞助过程中，他们没有以金钱的力量干预艺术家的创作，但于他们自身而言，正是由于他们的艺术活动，在如今我们观看到的艺术史中，才有了关乎他们的记载和历史重要性。

如今，关于品牌与艺术的联动也早已成为品牌重要的营销策略，每个品牌都在构建或强化属于自己的品牌文化内涵，借用艺术为攻略，正好弥补当下大众对物质和精神情感的双重需求。品牌确定自身与艺术联动的形态尤为重要，这是根据其品牌调性、价值导向、实力背景以及消费群体定位所建构起来的。目前，普遍存在以下三种形式：

（一）拿来主义：经典艺术图像的机械复制

达·芬奇的蒙娜丽莎神秘微笑，草间弥生充满迷幻的波普视觉图像，以及当代涂鸦之父凯斯·哈林的涂鸦等，这些经典的图像都曾被众多调性参差不齐的品牌直接复制运用在自己的产品上。这是当下最直接且廉价的联动形态方式，不需要更多的创新和成本。对消费者而言，的确产生了对图案非常直观的视觉感受，但也可能仅此而已，这还需建立在大众对这些经典图案有一个预认知的基础之上。因此，选择的图像必须是大众熟知的，且被普遍认为是艺术经典代表的。但是对这些图像的复制运用并没有让大众有更深层次的关于其品牌美学内核的体会，更不会引导大众去探究图像深意。

（二）主题再创作：基于品牌调性的艺术创作

邀请艺术家基于品牌调性的艺术再创作是一些有背景以及实力支撑的品牌可以选择的联动形态，特别是邀请声望较高的当代艺术家为其产品进行视觉创作，利用艺术家的艺术造诣和名声为品牌造势并为产品增加艺术感。对艺术家而言，品牌的流量也为其增加了曝光量，或是得到高昂的报酬，这看似不失为一种对艺术家和品牌都两全其美的商业联动模式。不过，很多艺术家都会谨慎合作，因为此时的艺术创作就沦为消费时代下的商品，艺术品就此逃脱不了被当作商品复制的命运。这种形态的建构有助于商品价值的提升，大众在购买一件增添了艺术标签的商品时，感受到其价格标签的提高，会使得艺术标签化，而这种标签化对大众影响更多的是消费行为与欲望，即20世纪法兰克福学派的代表鲍德里亚提出的，消费时代的到来，并不会去刻意感受艺术带来的独一无二的美，更谈何完全弥补当下大众对于精神情感的需求。

就香奈儿品牌创始人而言，她与那个时代了不起的艺术家都保持着密切的联系，尽管这样，她也只是从那些试图改变那个时代美学秩序的艺术家身上获取灵感[2]，并未达成过真正意义上的为其品牌再创作的合作。西班牙超现实主义大师达利曾将自己的一幅名为《麦穗》的油画送给香奈儿，画面上是一棵独株麦穗。之后，在香奈儿服饰纹样及纽扣等配饰设计中，都能看到麦穗的影子[3]，她还将“蒙德里安效应”所倡导的形式美运用到其品牌服饰的经典套装、手袋、表饰中。[4] 香奈儿曾以自己的热爱和鲜明独特的审美创作影响着20世纪上半叶的抽象艺术。[5]

（三）艺术赞助：向推动公共艺术带来的美育价值的转向

与传统的商业对艺术单方面的慈善资助不同，品牌以文化与艺术的面貌参与公共艺术的赞助，构建了一个全新开放的审美场域，是商业与艺术互动性的联动形态。品牌通过联动公共艺术的方式持续与公众交流，优化品牌自身的形象和价值体系，艺术仍以一种纯粹的展示形式，进入一个有足够包容性的空间场域，接受大众的审美关照。

在此，以香奈儿流动美术馆（Mobile Art Pavilion for CHANEL）为例，一个由品牌引发的艺术创新将建筑师、艺术家和品牌经典元素以艺术的方式糅合起来，并以公共艺术空间的形式呈现。该艺术馆是英国建筑师扎哈·哈迪德（Zaha Hadid）应香奈儿时任艺术总监卡尔·拉格斐（Karl Lagerfeld）的邀请设计的，该艺术馆以香奈儿品牌经典菱格纹手袋为

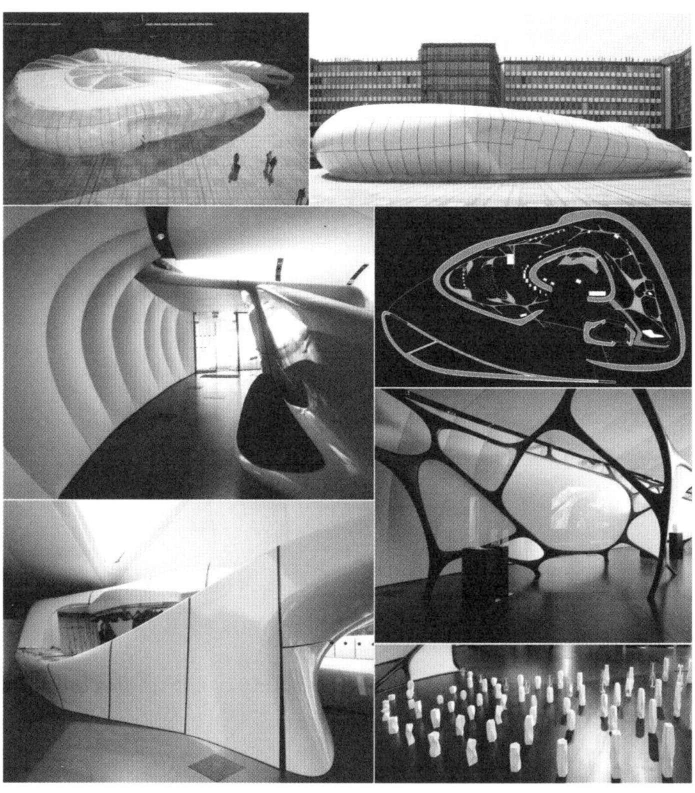

香奈儿流动艺术馆场景

创作灵感[6]，基于其最重要的公共艺术展馆形式语言，被认为是建筑艺术与奢华时尚品牌的完美结合。它是为香奈儿在三大洲举办的“流动艺术”展览计划所设计，从香港、东京到纽约，最后永久落户巴黎，艺术馆一路都在重塑自我，诉说其在不同场域的艺术语言。在整个流动展览过程中，它向大众展出包括丹尼尔·布伦（Daniel Buren）、小野洋子（Yoko Ono）以及威姆·德沃伊（Wim Delvoye）等约20位艺术家的作品，最终香奈儿将这座艺术馆捐赠给阿拉伯文化中心，用来展出来自阿拉伯国家的优秀设计师、艺术家和建筑师的作品。对大众来说，这个建筑本身就是一座公共艺术作品，其所蕴含的艺术带来的美育价值和品牌文化将随着时空的变化得到无限的延伸。

二、如何界定品牌行为推动了公共艺术的发展

以上我们讨论了品牌与艺术联动的形态，不可否认的是，品牌会基于自己的营销策略和长远利益，借用艺术为攻略，为自己的品牌造势，这是基于商业运作的背景决定的，但同时，也可能被称为一场赞助式的艺术活动。在此，我们以讨论香奈儿流动艺术馆的建立为例，来界定品牌行为活动是如何被定义为推动公共艺术的发展。

（一）品牌赞助的价值导向

被称为“当代文艺复兴代表”的卡尔·拉格斐在开启流动艺术馆项目时说：“艺术是艺术，时尚是时尚，建筑是建筑，不要混为一谈。” 2007年，流动艺术馆首次亮相威尼斯艺术双年展，卡尔说出选择扎哈·哈迪德为此次项目设计师的原因：“哈迪德是第一位能够舍弃‘后包豪斯’的主流审美观的建筑师。她的设计就像伟大的诗篇，她的想象力是无穷无尽的。”[7]由此可以看出，关于流动艺术馆的建立，卡尔并没有将其看作是一个纯粹的时尚营销活动，从社会学的角度言说，他也是这件艺术品的创作者，从构思到呈现，他始终坚持以符合当代美学发展的艺术审美为准则，并“指挥”这件艺术品从亚洲“起航”，“驶向”北美，他想要全球所有重要的“中心城市”都成为这件艺术品的落脚点，使更多的人都能为这件艺术品的艺术语言感到惊叹。卡尔以个人对艺术态度的绝对坚持，以香奈儿的商业实力为背景，创立了品牌赞助公共艺术的完美典范。

我们不敢断定品牌的赞助初心是否百分之一百为了推动公共艺术的发展，毕竟在以商业为背景的视角之下，品牌发展不可忽略，但是赞助者的初心是其实施某个行为活动的最

终价值导向，从某种意义来说，赞助初心是赞助者精神意志的体现，构成了公共艺术的社会价值核心。各个品牌的视野影响着其自身的社会活动，最终形成的价值意义也有所不同。

（二）提供公共空间作为大众交流场域

香奈儿流动艺术馆的最终归宿在巴黎塞纳河岸边的阿拉伯世界文化研究中心旁，阿拉伯文化世界中心建于 1981 年，被认为是阿拉伯世界文化在巴黎的一个陈列橱窗，它被定义为一个公共文化建筑，其公共职能融合了展览、竞赛、表演、会议和讲座空间。将香奈儿流动艺术馆落地于此，标榜了其与阿拉伯世界文化研究中心一样的公共性，也将提供一个公共空间来帮助推广多元文化的交流活动，并将以主人的身份展示来自阿拉伯国家具有天资的设计师、艺术家以及建筑师的作品。

“公共艺术”的首要条件在于“公共”，如果品牌赞助的艺术只为其品牌自身服务，不能被划为公共艺术的范畴，只有在社会空间，呈现为大众开放、交流、互动的姿态，才能进入公共艺术讨论的视野。

（三）满足公共大众的精神审美需求

香奈儿流动艺术馆产生于最先进的数字模型工具，从外部环境构成来看，通过扭曲并起伏的外形，它表达着造型线条与形式逻辑的集合，并与一旁让・努维尔（Jean Nouvel）那有序并重复的建筑形成强烈的冲撞感，形成了一个多文化碰撞交融的审美空间。从自身内部建筑结构的形态来看，其既包含概念上的随意性，也具备为大众需求服务功能上的考虑。流动的几何形体和有机的线条组成了一个流动且充满张力的空间，这里充满了光线与黑暗的对立，内部与外部的对立，自然与人工的对立。起伏的表皮与流动的体积汇集一点，不断重新定义着每个展示空间的品质与感受，同时也引导着参观者的行径路线。[8] 无论是从自身的建筑形态，还是从外部环境结构的碰撞，香奈儿流动艺术馆都满足了大众多元化的观看审美需求，引导大众去审视文化的碰撞和历史的延续。

社会发展至此，体现了人类发展的精神文明艺术，满足了大众审美，引发大众深思，是社会不同权利意志在不同阶段构筑的精神存在形式。公共艺术以大众的需求为前提，是具有审美价值的存在物。那么，满足大众的审美需求，是公共艺术的核心所在。

三、以公共艺术为媒介赋能品牌美育价值的延伸

“公共艺术就是生活在这个充满了人类的感知、设想和生活的城市空间中的艺术。”这是勒菲弗尔对公共艺术的定义。在公共的空间中创立的公共艺术，是一种社会文化的价值表现，包含了我们对空间的感受、意识的认识以及情感的认同。在此，仍以香奈儿流动艺术馆为例，浅谈公共艺术在当代文化美学维度，以及品牌在公共艺术的助力下其美学价值的建构和社会美育价值的延伸。

（一）当代公共艺术的文化美学维度

随着当代公共艺术的繁荣以及实践的推进，公共艺术早已不只是一件作品，而是介入社会生活、大众文化的一种途径，其早已融入我们的时代、文化、生活，公共艺术的文化美学维度也必然呈现出时代的表征和发展。公共艺术作为社会空间中的文化构筑物，是有其价值导向的[9]，它不仅以审美客体的形式呈现，而且是一种包含多种文化美学内涵的构筑物[10]，具体表现在：

1. 权力体现

一直以来，公共艺术中都隐含或直接表现出某种宗教、政治或其他权利的意识形态[11]，是贯穿古典公共艺术到现代公共艺术的一个具有普遍性的主题。古有夏朝皇帝铸鼎，使民知神奸；西方有凯旋门、方尖碑，象征战争与权威。不只是古典公共领域中的公共艺术如此，即使是在实现了现代民主政治的国家中，公共艺术仍是一种主流权利的体现。

2. 形式自律

公共艺术是大众的，但并非等于娱乐化的大众艺术，当商业品牌向公共艺术抛出赞助的橄榄枝，公共艺术可通过联动的形态消解精英艺术的壁垒，但并不等于泯灭了艺术的严肃、高雅和神圣。不管是城市艺术景观还是公共艺术，就如同所有有价值的艺术一样，最根本的还是在于超越，建立有时代意义的美学秩序。在文化和美学变得多元或多样的当下，公共艺术始终以创造性的艺术形式和自律性的审美表现存在。

3. 美育功能

公共艺术不同于其他艺术品，其根本在于塑造共享的公共空间，象征着一种文化的福利以及审美的民主。审美构成了艺术最基本的社会功能，公共艺术则构建了一个大众审美

的精神场域，即社会美育功能。

（二）公共艺术助力品牌美育价值的延伸

当代公共艺术以其多元化的美学维度，介入品牌内核，助力品牌美育价值的延伸，其体现在如下几个方面：

形式自律：品牌美学价值体系的建构。基于品牌的视角下，如果通过与公共艺术的联动，使其与快时尚这个概念有明确的区分，品牌也将构建一个永恒的、超越时空的、关于艺术的美学价值体系。品牌通过其赞助的公共艺术，使大众对其品牌的文化、历史、风格的整体联想生成一种美感体验，为大众提供审美需求和情感上的满足，形成以美学为核心的价值体系。品牌的价值体系体现了其社会责任的担当，建立在公共艺术形式自律之上，无形中被赋予了社会美育的责任。那么，社会美育是品牌美学价值体系建构的实践，是大众对其建构的艺术形式的感知反馈。

香奈儿品牌作为时代美学的先锋者，一直以质疑的态度审视主流审美。以其经典2.55菱格纹手袋为创作灵感，联合建筑艺术创立流动艺术馆，是向大众展示其不流于世俗，尊重内心审美价值体系的完美表现。观者在这个场域中，感受到其品牌的独特美学，和艺术给予个体的精神疗愈。香奈儿不投入迎合大众审美的快时尚伪艺术，而是以联动公共艺术的形式奠定其品牌历史占据的古典地位，维系其品牌的美学形式自律。

美育功能：大众观看视角的转向。当一个品牌进入艺术的空间后，大众的观看视角会根据品牌的艺术活动而转向。其产品的商品使用价值被减弱，大众会带入更多的审美视角，大于消费视角来审视产品的艺术感，在此过程中，品牌的社会美育价值得到提升。海德格尔称世界没落的本质表现在“诸神的逃遁，大地的毁灭，人类的大众化，对一切具有创造性和自由东西怀有恨意的猜疑”[12]，世界的没落就是对精神力量的一种剥夺，是精神的消散、衰竭。正是由于大众作为存在的主体，对精神有所需求才会有文艺景观的兴盛，而公共艺术的发展以及品牌美学价值的传递推动了大众的视角从单纯的、世俗化的、追求感官的愉悦向崇高价值转向。

在社会学视野下，艺术被认为是一种集体活动[13]，香奈儿作为创建流动艺术馆这个公共场域的艺术赞助人，在它选择为提升其品牌调性而注入艺术的力量时，途径有很多种，然而赞助公共艺术的方式是在社会这个大的集体范畴内最能体现其社会功能的一种，构建了一个大众审美的公共精神场域。社会学家贝克尔认为“每一件作品，以及每个艺术家的一组作品，都邀请我们进入一个世界”[14]，艺术品不是独立的，在其构建的精神世界中，观者与物产生互动，实现了艺术作品的最终完成。那么香奈儿流动艺术馆作为一个基于品牌活动建立的公共艺术场域，为物、场域、观者开辟了一个与流动艺术馆的背景或灵感来源相融合的审美观看视角，特别是其中庭的空间设计也被认为有效实现了艺术的集体体验特性。

权利体现：用公共艺术传递品牌时代精神。“高层次的品牌，包含有形价值和心理价值。”源自雷斯特·约翰逊对品牌拔高的认识。如今，品牌的价值定位早已不能简单地从使用价值出发，其具有的无形的社会价值往往会给品牌本身带来更高层次的市场，而这里的社会价值在于品牌通过公共艺术形式，构建了一个大众审美的公共场域，传递了时代人文精神。公共艺术的叙事功能构成其普遍性的主体，品牌作为时代的产物，通过公共艺术的方式持续与公众交流，传递符合时代发展的人类文明进步的时代精神。

香奈儿流动艺术馆呈现了自然环境与人工系统的严谨结合，运用了彼时前沿的科学技术，艺术馆的有机贝壳状的形式设计向全世界传达了其品牌设计对自然界有机物所做的推敲。[15]其品牌发展至今，始终与社会趋势相关联。一战后，法国劳动力短缺，女性投入生产劳动中，这是对女性自身价值的一种肯定。香奈儿作为一个解放女性思想的先驱，将男性专属服饰款式和面料进行剪裁，运用到女性服饰中，将男女平等观念传递给法国各阶层女性，鼓励女性更加勇敢地去追求自我价值的实现。[16]

四、品牌推动公共艺术和社会美育共同发展的天生优势

艺术与商业经济的发展并不是完全的“平衡关系”，具体来说，艺术作为人类特殊意识形态，与社会经济发展并不是完全同步的，物质生产水平高、经济繁荣，并不一定能带来艺术的繁荣与高水平。马克思就曾以古希腊时期为例，古希腊开创了历史上第一个艺术繁荣盛况，并影响了整个欧洲之后几个世纪的艺术发展，但之后的物质生存发展的提高，也未能使古希腊艺术获得更进一步的繁荣。因此我们认为并不是经济的发展带动艺术的繁荣，这两者相互之间并没有直接的转换关系，但是在此我们探讨以公共艺术为媒介，可能会达成某种程度上的平衡发展。如经济繁荣发展，商业有剩余的价值介入对公共艺术的赞助之中，基于当代艺术的多元化和包容性，这种商业与艺术联动形态的建构和发生，对当

代公共艺术的实践发展有所推动，也成为大众建构一个美学生活时代的基础。那么，探讨品牌具有的推动公共艺术和社会美育共同发展的天生优势，成了公共艺术反向联动的价值标准。

（一）艺术基因根植于品牌文化

选择赞助公共艺术的方式是一个并不会给品牌直接带来经济利益的联动形态，这取决于一个品牌内部文化是否根植了艺术基因，将传递艺术力量看作是其内在发展的原动力。如果品牌创始人或团队是在艺术的启发下创立了品牌的文化，是跟随艺术的发展延伸了其品牌的时尚，这些拥有艺术基因的品牌的长存，对于大众的审美性消费才具有一定的积极作用。

香奈儿作为全球奢侈品牌的中坚力量，其创始人香奈儿女士少时就追求一种混合着简约、庄重和奢华的美学，她同当时伟大的时代艺术先驱都保持着密切的往来，如毕加索、考可多、斯特拉文斯基等人，在他们艺术的影响下，将艺术的基因根植于其创立的品牌调性中，造就了法国女人的优雅、独立、自信、自由的信念。她在 1910 年最初的创作中就深受 20 世纪掀起的“美学革命”的影响，她的突破也深深影响了今天与未来的时尚，正是由于艺术给予她的无限智慧和灵感，才让我们看到今天作为艺术赞助人的香奈儿集团为公共艺术添砖加瓦。

（二）品牌流量带来的美育价值更大化

在消费社会中，一个拥有众多消费群体为基础的品牌，其流量是不可估量的，那么其品牌动态的曝光热度也是极高的。品牌与公共艺术的联动，会以品牌新闻动态的方式被不同领域媒体报道，以此带动公共艺术在不同媒介维度的延伸发展，并以此吸引更多大众视角的观看，使其社会美育价值得到更大的发挥。

香奈儿曾多次挑战主流审美，以耳目一新的形式吸引各阶层的女性，跨越了一个世纪的积淀与发展使其在欧洲品牌历史发展中无疑占据着举足轻重的古典地位。香奈儿精神以电影或书籍的形式传承下来，早已成为品牌流量的载体，被冠以香奈儿之名的流动艺术馆也因此拥有天然的流量关注，使其在香港、东京以及纽约等的“停驻”得到极大的关注，发挥在各个空间场域的美育价值。

（三）提供的多元化审美空间的对话

在某种程度上，品牌赞助公共艺术的形式具有更广泛的包容性，打破了以往政治权力对公共艺术的垄断。接受不同意识形态的艺术家和艺术作品，扩展大众的观看视野，也为更多艺术家和艺术作品进入大众视野提供了一个精神文化场域和艺术家表达自我意识情感的机会。

香奈儿女士在那个女性被物化的时代，是解放女性于牢笼般裙撑的精神领袖，她始终作为呼吁个性解放的时代引领者，推动女权运动的发展，肯定女性自身的价值。她作为女权主义的先锋，其时尚产业推动女权运动的发展，香奈儿的艺术活动也具有代表和肯定女性价值的精神意义。正是因为在那个长期教导女性要克制的时代，香奈儿的突破成规和反叛使她也曾遭受质疑和孤立，这使她赞成情感需要表达，不公平的叙事秩序需要打破，所以一个多元化，更具包容性的审美空间是社会和大众始终需要的存在。

结语

当下，已经有越来越多的品牌选择赞助艺术展为其品牌造势，虽然引起了社会大众的审视，但由于其并没有为公众文化提供公共空间传播服务，因此还未进入公共艺术讨论的视野。人类的历史文化发展脉络庞大，每一个品牌的历史发展都追随着时代中权利话语导向，赞助公共艺术的发展为大众构建一个多元化、开放、包容的审美场域，使不同地域文化、意识形态得到彰显，是商业参与艺术、共筑大众美学时代的互动形态。公共艺术对商业的反作用也通过一种“时代精神”“潜移默化”得以影响，其助力品牌美学价值体系的建构，以及对推动大众观看视角的转向拥有巨大的能量。

（艾璐 / 四川美术学院 2020 级艺术学理论研究生）

注释

[1]（美）保罗·斯特拉森 . 美第奇家族 [M]. 马永波，聂文静译 . 北京：新星出版社，2007（06）：82.

[2][3][4][5] 解曼 . 20 世纪设计与艺术视角下的香奈儿 [J]. 中国民族博览，2016（01）：175，180.

[6][7][8][15] 扎哈·哈迪德事务所 . 香奈儿流动艺术展馆 [J]. 包志禹译 . 建筑学报，2008（09）：72.

[9][10][11] 李建盛 . 论公共艺术与城市文化的矛盾性 [J]. 北京社会科学，2013（05）：82，150，150.

[12]（德）马丁·海德格尔 . 形而上学导论 [M]. 王庆节译 . 北京：商务印书馆，2015：43.

[13] 卢文超 ."艺术—社会" 学与 "艺术—社会学" ——论两种艺术社会学范式之别 [J]. 东南大学学报，2016，18（02）：126.

[14]（美）霍华德·S. 贝克尔 . 艺术界 [M]. 卢文超译 . 南京：译林出版社， 2014：58.

[16] 张嘉慧 . 时代审美观念的变化对 Chanel 品牌建立时期设计的影响 [J]. 品牌研究，2020（01）：13，12.

公共性与同理心：公共艺术如何介入残障人士生活

孙欢

现阶段大多数城市中的公共艺术品都是一种自身形象的建构，缺乏一种责任，呈现出的价值仅限于大众的审美体验，这类公共艺术品的作用目前看来是比较浅显的，很大程度上是为了满足大众的视网膜神经。随着社会的高速发展，一些公共艺术品渐渐与人类的社会生活联系在一起，慢慢去影响他们，这类公共艺术品试图通过形式的趣味性以及与观众的互动性，除了愉悦大众审美，还希冀将社会的某一问题暴露在公众视野中，以得到大众的重视，从而得到解决这些社会问题的方法。

一、残障人士的社会生活现状

我国 2011 年记录的残障人士数量高达 8296 万人，这个数量有多庞大呢？德国在百度百科上的人口数量是 8129 万，法国截至 2015 年的人口总量为 6680 万人，而我国的残障人口数量竟然超越了一个中等规模国家的人口总数。

但是，就是这么一群占我国人口总数百分之六的人群，在平常生活中我们却很难发现他们的踪迹。那么问题来了，他们到底去哪了呢？带着这个问题，我查阅了相关的资料，发现我们在平常生活中之所以很难发现这一群体，是因为他们有着固定的聚集地点，例如城中村或者是一些比较落魄的偏离市中心的小街小巷子里。

既然他们一直都存在于城市中，与城市同呼吸共命运，那为什么我们在公共场所很难见到他们呢？通过调研，我发现一个最主要的原因就是被歧视，没错，这个词可能有点刺眼，但确实是残障人士不敢或者说是害怕走进公共空间的最主要的原因。因为被歧视，导致他们就业受阻；因为被歧视，导致他们出行困难；因为被歧视，也使他们害怕面对公众的目光。

二、艺术介入残障人士的生活

上帝给人关了一扇门，就会给他打开一扇窗。这句话其实也透露出要辩证地看待事物，例如有些人视力不太好或者根本看不见，那么他的听力功能就会比一般人强一些；有些人精神上有缺陷，情绪上不能完全自我管理，那么这类人的艺术天赋往往较为出众。但不管如何，残障人士在情感上表现出来的往往都是自卑、敏感、孤独等特点，这就导致了一些很小的、容易被人忽略的事情，在他们的眼里被放大，甚至会滋生出否定自己、悲叹命运不公的情绪。

残障人士的这些情感特点导致了与正常人相处时容易产生很多误会，会让人感到不适，久而久之就导致了正常人不愿与其沟通，甚至出现歧视的现象。慢慢地，残障人士与社会公众之间的距离逐渐疏远，这个问题长时间得不到解决就形成了今天这个局面，即里面的人不愿出来，外面的社会大众不愿进去。

艺术治疗成为新的治疗手段已经是大势所趋，在国外有很多的艺术介入治疗的案例，这里我们要提出一个医学、心理学意义上的名词，叫作心理移情、投射。这是如今最常见的艺术治疗心理疾病的方式，而这种方式一般以绘画的形式进行。在专业人士的引导下，患者在绘画中可以画出令自己不舒服的画面或者说画出让自己有安全感的形象，两种看似完全相反的方式却都可以起到舒缓心理压力的效果。

在艺术治疗领域还有一个词，叫作“聚焦取向艺术治疗”。所谓“聚焦取向艺术治疗”，是一位美国心理学家简德林创立的艺术治疗法，其主要是通过成员之间相互分享、倾听故事，在一种集体状态下进行的心理慰藉。例如在对一位 64 岁患有癌症的女性进行治疗时，第一周成员之间相互自我介绍，有一个循序渐进的过程，增加彼此的亲近感、熟悉感。同时让成员在画布上随意画出想象的画面。第二周成员之间就要介绍自己的画面内容。第三周患者体验着自己的癌症疼痛，并根据治疗师提供的任务清单进行“腾出空间”的练习，学习着将疼痛暂时放到一边，这个阶段不需要进行绘画表达，而是在笔记本上记下自己的冥想过程及集体分享过程。第四周是最后一周的治疗，主题是“我从团体中获得什么／我想携带什么”，思考后对其进行绘画表达。这位病人画出了记录其集体分享过程的索尼CD机、休息的椅子、工作台、任务清单、要读的书单。随后她又改变了主意，在画中去掉了工作台、任务清单和要读的书单，只留下索尼CD机、休息的椅子，并在其上方用英文写着“安全之所”。我想绘画与聚焦正充当着她的安全之所。[1]

三、公共艺术与城市的黏合：以《梦——我新生的耳朵》为例

《梦——我新生的耳朵》是中国美术学院学生曾佳的一件公共艺术作品，这件作品荣获了林风眠创作金奖，受到了广泛的好评。而这件公共艺术品的创作是作者根据助听器的原理来创作的，可能很多人都不了解助听器，其实助听器能很大程度上帮助听障人士解决无法接受外界信息的问题，但是助听器有一个弊端，那就是你听到的声音并不是能选择的声音，而是离助听器最近的声音，而且说话时要近距离大声说，听障人士才能听见，尽管如此，接收到的声音也是那种嘈杂刺耳的声音。因此，作者便想通过助听器的原理来创作一件公共艺术品，使人们真正了解听障人士，能与听障人士走得更近一点。

作品创作灵感源于曾佳编造的一个故事，在那个故事中，一个男孩做了一个梦，梦中脑袋长出了一个类似喇叭的东西，其实就是助听器。他听到长了两个脑袋的树在召唤自己，那棵树叫男孩靠近它，跟它交换秘密，男孩靠近树的一个脑袋说了自己的秘密，然后走到树的另一个脑袋旁边，听这个脑袋将其他的秘密告诉他。在交换秘密的过程中，其实是表达了男孩述说和倾听的美好愿望。

作品选在了中国美术学院湖边实施，用木头等材料做了一个小男孩的模样，男孩的脑袋是一个长方体

曾佳《梦——我新生的耳朵》局部 1

盒子，盒子的顶端装有视频播放器。[2] 当人们走近这个小男孩的时候，发出的任何声音都会直接影响小男孩头上的视频播放器，这就体现了听障人士会极其容易受到周围声音环境的影响的特点。同时在旁边的树上也安装了两个视频播放器，类似耳朵的模样，代表了倾听和述说这种的基本功能。对普通人来说，这是毫不起眼的两种基本功能，但是对听障人士来说，这却是梦寐以求的。人们可以向树的一只耳朵说秘密，再走到另一只耳朵旁边，就可以听到作者事先准备好的一段语音。

作品通过跟大树交换秘密，将大树比喻成一个现实生活中的人，人们可以与之交流，代表了述说和倾听的两个动作，类似童话故事，将大树拟人化，整个过程是富有趣味的，可以使人更有兴趣去接触这件作品，这正是作者的高明之处。同时这件作品十分注重社会

曾佳《梦——我新生的耳朵》局部 2

曾佳《梦——我新生的耳朵》局部 3

大众的参与性，强调人们去体会听障人士通过助听器接收声音的方式、过程，这也许也是公共艺术相较于其他艺术的优势之一吧，可以带给观众沉浸式的体验，更为直观地感受公共艺术所要传达的思想。作者通过促使观众参与其中从而触发公共艺术的趣味性，在这个过程中参与性和趣味性相互影响，相当于一个良性的有机循环。

利用助听器的原理，让观众体会到听障人士戴着助听器时接受外部声音的情况，将其具象化。可能以前大家对听障人士这类群体的认识是片面的，缺乏关注的，但通过《梦——我新生的耳朵》这件作品，社会大众对这类特殊群体的认识更加深入，更加留意起他们的社会生活状况。可能这正是曾佳创作《梦——我新生的耳朵》最根本的原因，她将这件公共艺术品赋予了新的社会使命感。

四、公共性与同理心在公共艺术中的呈现

相较于用艺术品表达创作者内心的价值取向和情感抒发，公共艺术更多地可以看作是一种个体意志的承载，它的功能定位或者说是艺术价值必须要满足一定的社会需要，要么满足人的视觉感官，要么起着传播历史文化价值导向的作用，当然，最重要的还是揭露或者说是警示某种社会现象，我觉得这是公共艺术品最重要的功能属性。

目前城市中存在的大多数公共艺术作品都需要反映某种社会现实，引导公众价值观的正确塑造，不仅仅是作为艺术家情怀表达、抒发的载体，更重要的是要有一定的社会责任感，说白了，就是公共性使得公共艺术品担负起了如此多而且重要的社会任务。

其实公共艺术的同理心并无非常明显的属性，而是需要在公共性的前提下衍生出来，也就是说，只有当公共艺术品发挥它的公共性的时候，才能讨论它的同理心。所谓同理心，顾名思义其实就是将心比心，换位思考。社会大众以前对残障人士可能并不太理解，也不了解他们的基本情况和窘境，而通过公共艺术将两个毫无关联或者说是关联不大的事物联系在一起，拉近彼此之间的关系，进一步了解这类人群的基本状况后，就会激发人们的同理心，促进双方的共同发展或者和谐共生。

结语

综上所述，我认为在关于残障人士这个问题上，可以通过公共艺术品这种方式来增强

社会大众对这类群体的重视，即发挥公共艺术品的公共性和同理心，将二者的关系再推进一步。最开始我从残障人士的生活现状切入，从残障人士的外部生活环境和个体内部的心理特点入手，介绍他们的基本状况，然后试图引入艺术治疗的手段，想要通过艺术，对他们的生活产生影响。接着层层深入，提出公共艺术品与城市的黏合，并以《梦——我新生的耳朵》为例，通过这件公共艺术品引导大众近距离了解听障人士的基本状况，从而唤起同理心，使得这类特殊群体得到关注。

（孙欢 / 四川美术学院 2020 级美术史论与批评专业研究生）

注释：

[1] 尹丹 . 直面疾病：艺术疗愈的三个代表性思路及案例 [J]. 美术观察，2020（08）：23-25。

[2] 曾佳 . 连接性——公共艺术于残障人士社会生活中的角色 [D]. 中国美术学院，2017：20。

地方性在乡村美育中的核心地位：以重庆渝北区牛皇村为例

彭祖帅

国家乡村振兴的战略正在如火如荼开展，而在这一大的政策环境之下又有各种的乡建模式。在借鉴日本乡建模式的基础上，我国各地区也开展了艺术乡建，而艺术乡建的首要目的是促进乡村发展，同时还有其更深层次的目的，便是以艺术为媒介，实现乡村美育。在开展乡村美育时，我们应注意的是，我们不是用艺术的本体论思想促进艺术的发展，而是要在吸收当地地方性知识的基础之上，以当地文化传统为源泉来进行再创造，艺术要为当地的老百姓服务，而不是借助乡村这一公共空间来展现自己的作品。笔者以三个部分来阐释地方性知识是乡村美育的核心这一论题，第一部分主要梳理乡村美育这一概念，第二部分主要谈论文化——即地方性知识，对于当地的重要性，第三部分主要通过笔者亲身参与的牛皇村项目来论证文化的重要性，希望通过叙述，说明文化遗产对当地美育的重要性。

一、艺术乡建和乡村美育

艺术乡建现在变成了一个流行词，我们可以在互联网看到“艺术介入乡村”“艺术融入乡村”“艺术参与乡村”，在这里，我们应该明确其主体应是乡村，而我们只是借用了艺术这一形式来建设乡村，但是其主体依然是当地村民，而不是依靠艺术家天马行空的想象力，以自身的艺术修养强迫村民接受自己的那一套审美，这是最关键的。虽然艺术乡建之前就在小部分地区有发展，但是其真正的确立是国家颁布的乡村振兴的政策，2018 年，中共中央、国务院发布的《乡村振兴战略规划（2018—2022 年）》指出："实施乡村振兴战略是传承中华优秀传统文化的有效途径。中华文明根植于农耕文化，乡村是中华文明的基本载体。乡村振兴，乡风文明是保障。实施乡村振兴战略，深入挖掘农耕文化蕴含的优秀思想观念、人文精神、道德规范，结合时代要求在保护传承的基础上创造性转化、创新性发展，有利于在新时代焕发出乡风文明的新气象，进一步丰富和传承中华优秀传统文化。"[1] 从政策层面上，将建设社会主义新农村作为重大历史任务，"美丽乡村""特色小镇"也成为乡村振兴的具体方法。正是依托于这一大的政策背景，艺术乡建才得以在全国各地的乡村开展起来，在今天已经成为一种重要的艺术现象。

在文脉上，艺术乡建和 20 世纪 30 年代梁漱溟、晏阳初等人的乡村建设有着某种承继关系。孙振华教授将艺术乡建分为五个模式：

（1）游牧、采风式的艺术乡建。这类艺术介入乡村与高校教学相关，它们并不固定在一个地方，而是根据每年的教学安排，游牧式地寻找合适的场所。

（2）融入式的艺术乡建。这是一部分艺术家真正融入乡村，长期驻扎，他们主要的工作是结合乡村的实际和村民互动，进行当代艺术创作。

（3）定点、周期式的艺术乡建。这类艺术乡建没有采用游牧的方式，而是采用定点的方式，建立长期联系，周期性地开展活动，这也与高校教学相关。

（4）机构、据点式的艺术乡建。这种方式是因陋就简，在乡村建设"美术馆""工作坊"之类的机构，面向村民、服务村民。

（5）构筑、营造式的艺术乡建。即通过空间营造，改变乡村环境和居住条件，修建公共设施。[2] 这里面包括了我们所熟悉的渠岩的许村和青田计划，左靖的碧山供销社等，这些都是艺术乡建的模式，他们大都是由艺术家发起，对当地乡村进行建设。

而我们提到的乡村美育，则大致是按照梁漱溟、晏阳初先生这一乡村文脉在新时期进行乡村美育的进一步探索，梁漱溟认为乡村教育之于农民有着至关重要的作用，乡村建设不能完全依靠外在力量，主要依靠自力，即农民要有意识地进行自救，要心甘情愿投身到改善自身、建设乡村的实践中去，这属于思想上的觉醒，只有思想觉醒了才能心甘情愿地主动去做，因此实现“农民自觉”是乡村建设的首要任务。为了“推动社会，组织乡村”，他建议推行新的教育制度，即村学和乡学制度，在村建立村学，在乡建立乡学，他还通过一套完整的乡学须知条例，让大家规范行为、各尽义务。乡村教育的作用，从短期看是为了救济乡村，从长远看就是为了改造社会。梁漱溟推出的教育制度涉及文化、精神、伦理、道德、行政、社会等多个方面，他设计的教育内容包括基础的文字读写和科学常识普及，并选拔学习时间有四年以上的青年开设高级班，对他们进行重点教育，进一步将其培养为乡村干部。他还举办农业展览会，推广新良种和新技术。梁漱溟通过这些“建设”和“教育”方案，来促进乡村文化发展，救济乡村。[3] 在这里，最主要是依靠民主知识和知识分子对整个乡村进行现代化建设，其中就涵盖了文化建设。梁先生当时在北碚区开展建设，他们把北碚区所有的地名都改了名字，比如北碚区的静观、柳荫等，念起这些名字都能感受到中国古典美学。梁先生他们虽然开展了乡村建设，但美育只是其中一个很小的方面，具体谈美育这一概念的则主要是蔡元培先生。美育一般指现代美育，如果要追溯它的历史，一般会追溯到 1912 年蔡元培任国民政府教育总长时提出的“新五育”，其中非常明确地增加了“美感教育”，这是现代美育的开端。蔡元培的美育思想受到美学思想的影响，中国的传统美育紧密地将美育融合于日常生活的教化和道德之中。因此，这种美育思想是自发地融入和呈现出来的，不是有意识的美育教育。现代美育教育是受到德国古典美学思想产生有意识的美育思想的影响。康德美学有一个非常关键的因素，也是蔡元培反复提到的，就是无功利心。蔡元培讲的现代美学仍然指的是道德上的完善。现代美育和传统美育还有一个区别，就是通过各种有意识的途径将美学思想或美学观念融入普通大众之中，而不是小范围、小众的。我们现在所谈的美育主要是现代美育，它所涉及的范围很广，主要是从城市到农村，在农村的美育是具有滞后性的，它主要是沿着大众传媒这一路径一步步往下，乡村美育这一问题有待进一步解决，即如何将其产生的影响从历时性转向共时性。正是在国家这一大的政策环境之下，越来越多的人将目光投向乡村，开展乡村美育的行动。

虽然美育有很多方面，但是毋庸置疑艺术对于美育是占有绝对的地位，美育最主要是人的审美教育，通过艺术的熏陶，提高人们的感受力，陶冶人们的精神生活。以艺术为媒介，让人们能够体会、感受到其中的美，让人们的日常生活审美化。在城市化的今天，乡村仿佛成了一个被人们鄙夷的地方，乡村中的人也似乎忘却了自己日常生活的美，通过艺术我们可以激活人们对乡村的再认识，让乡村中的人们也具有文化自信，让他们能幸福地生活在他们赖以生存的土地之上。

二、文化遗产与地方性知识

随着各国遗产保护运动的开展，人们越来越认识到文化遗产的重要性，相较于物质文化，其实对乡村而言，非物质文化遗产更加重要，它不是一个实体，而是记忆，是一种当地人的生活方式。在这一地区长久生活之下，产生了地方性知识，它们是当地的文化。但是随着经济的全球化，以及城市化迅速发展，许多当地特色的文化已经消失殆尽。伴随着旅游开发，我们发现每一个村落的同质化越来越严重，缺少辨识度，人们接受同一套价值观，人们对美的独特感知力也在慢慢消失。乡村美育不是乡村建设的工具，而是要让人们有归属感和存在感，为其自身所特有的文化感到骄傲。

我们在对牛皇村的田野调查中发现了许多有意思的事情。比如那些上了年纪的奶奶依然在一小块地里辛勤地工作，邻居之间在田地里有说有笑地工作。我们访谈了一个奶奶，问她当地有没有文化，她说没有。但是其实是有的，他们那种乐观向上、勤劳工作、邻里之间的和谐友爱就是一种文化，可以将其概括为家园亲亲。通过查找他们的家谱，我们发现在几百年前他们是各个地区的移民，共同来到此地生活，并且在这耕地稀少的丘陵地区，依然保持着那种勤劳乐观的精神，和自然亲密和谐地相处。包括牛皇村这一地名的由来，官方的说法是为了吸引游客，将其与皇帝的故事挂钩，说明朝的皇帝曾流落至此，当地村民对他很好，离开的时候大家才知道他是皇帝，为了纪念他改名为牛皇村。其实并不是，我们通过查阅县志发现，这是因为当地原来曾发生疫病，当地人请来牛王神进行供奉，后来疫病消除，人们将这个地方改为牛皇村，这个地名就蕴含着人们渴望地方平安的美好祝愿。但是随着时代的变迁，只有年纪稍大的人才知道这个文化内涵，而对当地的小孩而言，更愿意相信的是那一套官方建构的故事。原来的故事里面不只是故事，还包含着当地的文化价值观，这便是地方性知识，是一种文化遗产。

根据联合国教科文组织《保护非物质文化遗产公约》（Convention for the Safeguarding of the Intangible Cultural Heritage）的定义，非物质文化遗产包括口头传说和表述，包括作为非物质文化遗产媒介的语言；表演艺术；社会风俗、礼仪、节庆；有关自然界和宇宙的知识及实践；传统的手工艺技能。非物质文化遗产指各族人民世代相承的、与群众生活密切相关的各种传统文化表现形式（如民间文学、民俗活动、表演艺术、传统知识和技能，以及与之相关的器具、实物、手工制品等）和文化空间（即定期举行传统文化活动或集中展现传统文化表现形式的场所，如歌圩、庙会、传统节日庆典等）。文化遗产已不像我们通常理解的那样是一种物质形态，它有非物质的层面，同时联合国的终极目标便是家园遗产：我们是"人类家庭"（包括过去、当下和未来世代的人类），我们的家园是地球，为了我们和睦、幸福地生活在美好的家园里，我们需要制订一些"家规"来达到这一和睦家庭、守护家园的目的，要让家庭成员互相尊重，互帮互助，共同经营和保卫"家居"（陈设着每个家庭成员的历史、成就、记忆）和家园（自然生态系统及我们相关的种种知识、互动模式）。正是在这种地方性知识的构建之下，才让我们能深切体会到家园这一概念，它是我们每个人赖以生存的基础。同时，我们还必须警惕，在经济全球化和城镇化的今天，如果一味地去追求，则易于导致人们地方感丧失，特别是当它与全球化在意义上相对峙的时候，地方感已成为一种新的表述，因此备受关注。地方感经常被理解成个人或群体与其居住区域（本土的或借居的，包括他们的住房）之间的感情纽带。但是被赋予的意图不仅仅是此类居住区域，对大多数人来说，还必须构筑一些重要的空间区域来形成一个生活世界。[4] 正是这种地方感营造了我们的认同感，并维护了我们与他者的差异性。

文化遗产和地方性知识指涉的范围很广，它包含一个地区生活的方方面面，所以我们在艺术乡建的时候，需要去激活地方性知识，将当地人们所认同的文化融入艺术之中，只有这样才能被当地居民接受。

三、艺术融入乡村

按照孙振华关于乡建模式的分析，牛皇村的乡建模式应是属于第二种，即融入式的乡建——艺术家真正融入乡村，长期驻扎，他们主要的工作是结合乡村的实际和村民互动，进行当代艺术创作。在项目的前期，我们开展了大量的田野调查，将牛皇村这一地区，包括业缘、神缘、血缘关系都做了大致的梳理，理解了当地人在空间上的关系。在项目中期，艺术家也在自己的创作中开展了自己的田野调查，去收集素材。

牛皇村村居艺术项目有五个板块：观影步道、纤维艺术馆、新媒体艺术馆、油画馆、景观艺术项目。观影步道是结合中国传统的土牛经：原来农耕社会在春天有鞭春牛的习俗，按照传统的天干地支法，根据年份以及牛的部位涂上相应的色彩，期望风调雨顺、年年平安。而观影步道则将这一形式活化，通过套色木刻的手法将牛的图案用投影的方式表现出来。传统文化中有大传统和小传统的区别，大传统是整个农耕文明所适用的，比如我们常说的二十四节气，而所谓的小传统则是当地特色的信仰体系，牛这一意象在牛皇村本身就很重要，而土牛经又综合了农耕文化的一些特色，最终将其通过观影步道进行呈现，村民们在晚饭后散步时可以欣赏这些艺术作品，让人们在休闲中有一种美的感受。

认同和接受。文化是一个地方的根，我们不能将其轻易割裂，乡村美育的核心也不是以精英阶层的傲慢姿态让当地人们去接受外来的那一套价值观，而是要以一个平等视角与他们进行对话，那样美丽的乡村才能真正建立起来，乡村美育才能够落到实处，让老百姓能为自己的文化感到骄傲，真正认同艺术家为当地创造的作品。油画馆通过照相写实主义的技法再现当地人生活的场景，且将老房子作为一个展示空间，真实地再现人们的生活场景，唤起了人们的记忆。

观影步道

新媒体艺术馆是通过新媒体装置，通过声光电，让人们能够切身感受从春耕到丰收三个场景的不同变化，通过艺术的形式将人们不曾在意的场景提升到更高的层面，实现日常生活的审美化。

景观艺术项目

由手工艺专业的老师负责的纤维馆通过传统的编织这一技法展现了老屋的梦，有一间老屋是当地村民原来生活的地方，艺术家将老屋里面的老物件原封不动地保存在那里。同时邀请当地村民一起创作，将他们珍贵的东西都放进老屋，作为一种永久性的展示，这不仅使房子变成了所有者的记忆，也变成了村民的集体记忆。艺术家们将当地村民自身的文化融入作品之中，村民在这些作品中找到了属于自己的东西，作品更有了人情味，其不仅是对村民的价值实现，也将美融入自己的生活之中。

对于牛皇村的艺术项目，我们不是文化游牧，而是以人类学的方法对其进行参与式观察，与他们积极生活、共同建设美丽乡村。在长期的田野调查中，我们发现逢年过节、喜事等活动，大家都会聚集在一起打莲箫。这是用竹棍串着铜钱，发出有节奏的声音，然后大家聚集在一起边唱边跳。但是牛皇村的莲箫有当地的特色，其融入了当地的方言和句子，适合大家围坐在一起边跳边唱，充满娱乐性，同时也是大家一起的娱乐活动，作为将当地联结成一种共同体而存在。虽然随着时代的发展，这一特色的方式已被遗忘，在城市化过程中，人们更愿意请乐队来进行表演，但那纯粹只是一种欣赏活动而缺乏共同的参与感。于是我们组织了一次文艺活动，邀请大家一起来玩，村民和我们共同唱跳，有位叔叔说他终于又找回了原来的那种家园亲亲的感觉。在我看来，只有与当地文化结合，美育才能真正被大家接受、认同。

结语

费孝通先生说过，从基层来看，中国社会是乡土性的。这个“土”不带贬义，它根植于几千年来的中国文化传统。但是在现代，“土”成为贬低别人的话，是一种自上而下的鄙视。人们追求那些看起来现代的东西，而忽视了自己的文化之根。艺术在很多人看来也是一种精英阶层的事物，但其实它需要与传统，与地方发生关系才能真正被时代赞美，依托于艺术乡建的乡村美育亦然。艺术只是一种形式，只有理解了乡村的文化传统再进行的创造才能被大众接受，美育的作用才能被真正发挥。对于牛皇村的案例，我也只是从目前的情况进行分析，但其中还有很多需要探讨的地方，比如艺术家在创作中带有的艺术个性，如何转化为当地村民能理解的形式。在我看来，村民的主体地位是第一要义，所有创作都需要秉承这一原则，也只有保有其地方性，才能确保其独特地位，维护文化之根。

（彭祖帅 / 四川美术学院 2020 级文化遗产专业研究生）

注释：

[1] 葛秀支 . 艺术乡建何为 [N]. 中国美术报，2020-12-14（008）.

[2] 孙振华 . 艺术乡建的路径和问题 [N]. 中国美术报，2020-12-07（006）.

[3] 张慧慧 . 乡村振兴视角下梁漱溟乡建理论研究 [J]. 南方农机，2020，51（14）：93-94.

[4] 彭兆荣 . 我国的城镇化建设与文化遗产保护的关系 [J]. 西北民族研究，2014，4（04）：118-126.

新媒体视域下博物馆在社会美育中的发展探究：以北京故宫博物院与《上新了，故宫》为例

舒玉婷

朱光潜曾在《谈美》一书中提出，人性本来是多方的，需要也是多方的。真善美三者俱备才可以算是完全的人。人所异于其他动物的就是与饮食男女之外还有更高尚的企求，美就是其中之一。[1] 美育即美感教育和审美教育，目的是帮助人们树立正确的审美价值观，具备感受美、认识美、鉴赏美的能力，形成正确分析和理性判断的能力。1917 年，蔡元培在北京神州学会发表演讲，首次提出“以美育代宗教”说。而博物馆因其公益性与教育性成为社会美育必不可少的前沿阵地。

一、开放的缪斯神殿

（一）博物馆的起源及其职能

博物馆一词来源希腊语“Mouseion”，原意为缪斯的神庙。在古希腊神话中，缪斯是掌管艺术和科学的古代文艺女神的总称。公元前 3 世纪，托勒密·索托在埃及亚历山大创建了一座缪斯神庙用来珍藏从各地搜集而来的文化珍宝，这座神庙被世界公认为最古老的博物馆之一。

工业革命后，富有起来的资产阶级富豪将自己所收藏的奇珍异宝、历史文物和艺术品放置于博物馆，用以彰显自己的财富和地位。1753 年，

英国收藏家汉斯·斯隆爵士去世后，依据他的个人意愿，将其所收藏的各类文物珍宝捐赠给国家政府，同年大英博物馆成立，对所有民众免费开放，标志着国立公共博物馆的出现。博物馆对民众免费开放意味着其藏品的历史价值和文化价值不再仅是统治阶级所独有，博物馆的教育职能有了存在的基础。

1964年，国际博物馆协会成立时的章程中提出：博物馆是指为公众开放的美术、工艺、科学、历史以及考古学藏品的机构，也包括动物园和植物园。随着社会的不断发展，博物馆的职能也在不断延伸。1974年，国际博物馆协会第十一届大会通过的章程明确规定：博物馆是一个不追求营利的、为社会和社会发展服务的、向公众开放的永久性机构，为研究、教育和欣赏的目的，对人类和人类环境的见证物进行搜集、保存、研究、传播和展览。1984年，在意识到公共教育的重要性后，美国博物馆协会将其确定为博物馆首要职能。2007年，国际博物馆协会再次修订《国际博物馆协会章程》，将教育列为博物馆功能第一项。

如何面向大众发挥博物馆的教育职能是博物馆运营中不可忽略的一部分。博物馆应当承担起社会美育的责任，提高公众审美素养，构建文化社会。这也是为什么需要加强博物馆审美教育的原因。

（二）博物馆传统社会美育方式

博物馆丰富的藏品是实现社会美育的物质基础，博物馆中所收藏和陈列的艺术品，包括绘画、雕刻、音乐等，这些都是培养美感的重要素材。

博物馆的传统社会美育是通过对展品的陈列来实现的，与其他美育的手段相比，其最重要的优势就是直观性。将实物直接展现在观众眼前，比其他任何文献资料和图像资料都更加有感染力。直观的、外在的美是事物传达给观众的第一观感，这种对美的感知不需要太多的科学知识做铺垫，而是需要人们拥有发现美的意识。博物馆展品的陈列为人们感知这种美感提供了充分的机会和最佳的形式。除此以外，博物馆的陈列语言具有强烈的融入感，使艺术品与受众能够真正连接起来。[3] 场景复原作为博物馆最常用的陈列语言，将展品置于原始创作环境当中，使观众有一种强烈融入感，展品的艺术内涵就更容易通过“感情移入”传达给观众，让观众对展品的时代性和艺术性都有更深刻的感受。

（三）博物馆与文博类综艺节目

文博类节目是以节目内容为定义标准所划分出来的电视节目类型。文博指的是“文物”和“博物馆”，文博类节目指的是以展现文物和博物馆为主题和节目内容的电视节目。将其按照节目类型可以分为新闻、纪录片和综艺。

1972 年，对湖南长沙马王堆汉墓的新闻报道是我国文博类节目的开端。第二类是纪录片，纪录片的纪实特征与文博内容的审美需求高度匹配，仅以故宫为例，2005—2020 年就有《故宫》《当卢浮宫遇见紫禁城》《我在故宫修文物》《如果国宝会说话》等十几部相关纪录片。早期文博类综艺以文物鉴赏为主要内容，例如《国宝档案》等，其受众群体因为知识的专业性主要是文物界、历史界和收藏界的相关人员和爱好者。[4]

2016 年 3 月初，国务院发布《关于进一步加强文物工作的指导意见》，明确要求“大力发展文博创意产业”。加之审美文化向传承和弘扬中国文化传统偏移[5]，古典文化传统元素在当代审美文化生活中的作用越来越重，自此，以北京故宫博物院为主的各大博物院与中央电视台及地方电视台陆续联合推出了《国家宝藏》《上新了，故宫》等诸多新型文博类综艺节目。

新型文博类综艺改变了过去鉴宝类节目着眼于文物的物质价值的状况，尝试以更加贴合大众的方式阐释文物的文化价值，打破了文博类节目原有的受众限制，满足了全社会尤其是年轻群体的审美需求，让更多观众能够通过电视媒体感受文物和其背后的文化内涵，使博物馆的社会美育职能得到进一步的发挥。

二、古为今用：《上新了，故宫》对故宫文化的传播

（一）《上新了，故宫》节目概况

《上新了，故宫》是北京故宫博物院和北京卫视从 2018 年联合出品的文化季播节目，目前播出至第三季。节目旨在通过故宫文化元素的再创造来吸引更多的年轻观众对我国传统文化的关注，领略我国的文化风采。节目采用了“文化探秘 + 文创运营”的模式，在节目的第一、第二季中，每一期以发布不一样的文化探索任务，由固定的嘉宾担当文创新品开发员，带领一位飞行嘉宾联合专家一起探寻北京故宫博物院的文物及其背后的历史故事，寻找故宫文创产品的历史脉络和文化元素，以设计师设计故宫文创产品提供素材为主线，辅以让观众更加深刻了解故宫文化的微情景再现历史剧。

节目的拍摄大多取景于故宫的未开放区域，嘉宾和观众在故宫工作人员的带领下寻找文化线索，通过工作人员的讲解和以故宫御猫为原型的“御猫说”拟人化旁白，帮助嘉宾和观众更好地理解文物及文物背后所蕴含的文化。节目一经播出就引起了广泛关注，获得了口碑、收视双丰收。

《上新了，故宫》御猫说拟人旁白

（二）《上新了，故宫》与社会美育

《上新了，故宫》对故宫文化的展现不是停留于介绍文物上，而是贯穿于整个节目的内容中。

节目制作以呈现故宫文化为核心。在字幕的选择上，采用了黄色为主体基调。“黄色”为紫禁城的主色调之一，紫禁城皆以红墙黄瓦为主。此外，在传统“五行”文化中，黄色是“土”的对应色，在金木水火土五种元素中，“土”居中位，古人也认为“黄色”是正色，代表中央地位，具有尊贵的意思，是紫禁城的代表性符号之一；字幕周边的图案也选自故宫内的各种文化符号元素。在为观众传递信息的同时，给人以视觉上的愉悦，让观众在潜移默化当中感受故宫文化的美。

《上新了，故宫》历史情景短剧

《上新了，故宫》通过史料与专家的讲解，结合合理的推测，以情景历史剧在历史长河中的不断穿梭，生动演绎文物背后的故事。人物所穿的衣物、所用的物品、所处的环境设置，都是根据史料或图像真实还原的。以图为例，此场景为《上新了，故宫》第二季第10期的历史再现情景剧中，杨颖所饰演的清宫妃子身着蓝色冬季常服。清朝的统治者除了沿用了黄色代表皇权的古制，也保留了本民族的颜色偏好。无论是从制度还是个人喜爱的角度，蓝色在清朝服装史上都占据一席之地，从织染局的官方统计来看，靛青的使用远超过其他染料。[6] 除此以外，杨颖所饰妃子采用了清代的圆满髻且一耳三钳。一耳三钳是满族的传统文化，满族的女孩皆一耳穿三孔，戴三钳。[7]《上新了，故宫》让观众在通过情景剧的演绎了解到历史背景的同时，也领略到了我国传统文化在服饰、配饰、礼仪等方面的魅力。

除了视觉上的审美，《上新了，故宫》在配乐的选择上还坚持“三独立一完整”的原则，要求画面、配乐、声音在彼此服务的同时，也能够各自成为完整的部分，形成故事闭环。马雪阳作为《上新了，故宫》第二季的音乐监制，一共打造了四十余首专属节目的背景音乐，例如展现国宝或紫禁城整体风貌时音律气势恢宏，御猫拟人化讲解时音调轻松愉悦，在讲述文物历史事件时随着故事的起承转合时而轻快时而抒情时而厚重。乐器的选取和演绎方式的呈现，都是音乐团队与制作团队深入沟通后的结果。在宣传曲《青春六百年》中编曲采用了西方乐器与我国传统乐器相结合的方式，歌词上也主要凸显故宫的特色，包括众多文化意象，例如琉璃瓦、神兽角等，旨在给予观众在听觉上的审美体验。

《上新了，故宫》不仅是博物馆通过电视媒介聚焦于文物进行知识普及的节目，更是通过节目的诸多方面，从视觉、听觉的角度给予观众以美感的体会，提高观众的审美水平。

三、从“遥远的呼唤”到“平常百姓家”

（一）狂欢理论与大众文化

狂欢理论的出现是基于欧洲的狂欢节，狂欢节起源于中世纪，其前身是酒神节。尼采提出人具有日神精神和酒神精神两种根本性对立冲动，酒神精神的核心是迷与醉。酒神迪奥尼索斯带着一大帮人狂欢，抛下世俗，回归大自然，所以酒神精神主张人们冲破理性，回归本性是一种狂欢精神。亚里士多德认为“狂欢”这一现象的出现，是人们在有了面具的掩饰后，能够全身心毫无顾虑放松自己，释放情绪，使心中绷紧的弦能够暂时放松下来。18 世纪下半叶，歌德从人民性的角度出发，发掘出狂欢节中极强的独创精神和绝对自由。

大众文化的主要受众群体并不是针对小众的精英，而是普通大众，与狂欢理论一样，其目的都是追求愉悦。巴赫金的狂欢理论指出狂欢节是一个任何人都可以参与的，几乎没有界限的活动，是人类社会的“第二世界”，是一个没有等级之分的平等、自由的世界。在这样的第二世界里，原有的官方话语体系崩塌，不再是一切行为的准则，非官方话语体系成为被大众广泛接受的新潮流；大众文化因为其传播媒介的大众化、娱乐化、通俗化的特征，成为大众喜闻乐见的文化，人们不分年龄阶段、不分身份，都能够被大众文化覆盖，大众对文化最根本、最真实的渴望推动了大众文化的发展。这和巴赫金所提出的狂欢理论有着核心上的相似。狂欢节中所存在的狂欢文化是对官方权威的一种解构，而大众文化则是对主流文化的一种解构，不断对现有的社会体系和意识形态造成颠覆，甚至带来新的素材与活力。[8]

（二）狂欢理论下《上新了，故宫》的成功之处

《上新了，故宫》一经播出受到了社会的广泛关注和好评。2019 和 2020 年分别获得第 25 届上海电视节白玉兰奖综艺类最佳电视综艺节目和第 26 届电视文艺“星光奖”电视文艺栏目奖。

狂欢理论的核心是狂欢，构成狂欢最主要的形式是全民参与，文博类综艺节目作为一种大众文化，与狂欢理论有许多契合点，《上新了，故宫》的成功也得益于全民参与。首先，《上新了，故宫》在嘉宾的选择上选择了明星 + 专业人员的配置，明星的一举一动往往都会调动观众的好奇心，通过明星自带的关注度来提升观众对节目的关注程度，再以专业人员与明星的谈话互动等方式进行文化普及；其次，《上新了，故宫》的首播平台选择了北京卫视这样的上星卫视，吸引了电视这一传统媒体的忠实用户，而在爱奇艺网络平台上播出，更容易吸引年轻用户的关注。与此同时，在微博、微信朋友圈、微信公众号、抖音等社交媒体平台上，也可以看到以文字、图片、短视频等形式呈现的《上新了，故宫》。以新浪微博为例，《上新了，故宫》微博官方账号截至 2021 年 2 月共有粉丝 105 万，其微博超话阅读总计 61.5 亿次，讨论 1828.8 万余条。这些数据无疑代表着《上新了，故宫》的全民参与性，制作组充分挖掘了《上新了，故宫》的文化价值，使任何年纪、学历、身份的人都可以以各种不同的方式浏览到关于《上新了，故宫》的内容。这种在多平台同时进行传播的模式，体现了《上新了，故宫》这档节目在媒介选择方面的“全民性”。

《上新了，故宫》所选择的播出和宣传媒介决定了公众的参与性。和以往仅在电视平台播出的文博类综艺节目单向传播不同，《上新了，故宫》一直坚持与受众互动，这些互动除了体现在视频平台的弹幕、微博、微信公众号等的评论当中，还体现在节目的设定之中。在《上新了，故宫》第一、第二季中，设计师根据嘉宾回传的故宫元素进行文创产品

的设计，节目组与今日头条自媒体、爱奇艺视频网站合作，将相应的文创产品上传至今日头条国风频道的“故宫专区”及爱奇艺平台《上新了，故宫》节目专区，设置文创产品投票环节，对故宫文创产品感兴趣的观众为所喜爱的文创产品进行投票，如果文创产品的单日投票数量达到规定票数，即该文创产品上新成功。《上新了，故宫》不仅在文创产品上进行观众投票，也推出了上新能量榜互动，让观众参与推选最爱故宫文创新品开发员的活动中来，利用明星的影响力，进一步掀起《上新了，故宫》的热潮。

（三）“狂欢”下对《上新了，故宫》的传播意义

一档成功的节目具有其一定的传播意义和价值。《上新了，故宫》以故宫文化为依托，着眼于中国传统文化的传承与发展。

《上新了，故宫》作为一档综艺节目，狂欢化的节目展现使其不再是单调的文化传播类节目，以全民参与带动节目和文创产品的推出，提高了其收视率和商业价值。

对北京故宫博物院而言，博物馆的传统功能是立足文物，针对文化的保护和研究等，但从新博物馆学的角度而言，博物馆更应该承担起为社会服务的责任。[9]《上新了，故宫》是北京故宫博物院除了举办展览以外，进行文化传播的一种新尝试。

对故宫文化而言，将历史上枯燥严肃的知识，通过御猫拟人化的讲述、节目后期文化输出的制作和以文创比赛为形式的节目设置传递给大众，打破了大众对故宫的固有印象，形成有利于现代社会传播的文化形象，使故宫文化成功出圈，被大众接受和喜爱。

《上新了，故宫》通过播出和传播媒介的选择，使其不再只是单一的文化输出，实现了文化类综艺和观众的互动，形成全民参与。它的成功无疑为博物馆与电视媒介相结合的美育方式提供了新的出路。

结语

博物馆的出现，是为了适应不断发展的社会对教育、学习和娱乐的需要，教育是其最重要的职能。随着科技的不断进步和大众心理的变化，原有的博物馆科学知识教育和美育方式都需要革新以适应新时代。博物馆与电视媒介的积极融合，促进了新型文博类综艺节目的发展。文博类综艺节目将博物馆从被动的拍摄对象转换成为主动的文化生产者。文博类综艺节目将专业知识通俗化，以狂欢理论为基础，以全新的媒介展现博物馆展品，打破

了原有的“受众壁垒”，使其不再停留于小众的历史、文物、收藏的从业者和爱好者，而是推广至社会大众，通过节目的制作、环节的设置、播放平台的选择等实现全民参与。以《上新了，故宫》为代表的文博类综艺节目展现了博物馆在新媒体时代进行更为广泛的社会美育的可能。笔者相信，未来博物馆会更加积极地借助新媒介的力量，成为社会美育环节中更重要的角色。

（舒玉婷 / 四川美术学院 2020 级艺术学理论专业研究生）

注释

[1] 朱光潜 . 谈美 [M]. 东方出版中心，2016：9.

[2] 国务院关于进一步加强文物工作的指导意见 [J]. 中国文物科学研究，2016（02）：5–10.

[3] 李竞艳 . 蔡元培的博物馆美育思想研究 [J]. 东南文化，2012（02）：110–114.

[4] 段颖 . 浅议《国家宝藏》“以人为本”策略对博物馆展览策划的借鉴意义 [J]. 中国博物馆，2019（02）：87–92.

[5] 王一川 . 人生美化与民生风化之间——从改革开放 40 年审美文化重心位移看 [J]. 当代文坛，2019（04）：4–10.

[6] 王业宏，刘剑，童永纪 . “清”出于蓝——清代满族服饰的蓝色情结及染蓝方法 [J]. 清史研究，2011（04）：110–114.

[7] 刘星雨 . “貂皮装点的王朝”——《皇清职贡图》中“贡貂人”与“貂皮政治”的呈现 [J]. 美术大观，2019（08）：54–58.

[8] 马露芸 . 基于狂欢理论对文化类综艺节目的传播媒介选择分析 [D]. 西北大学，2019：5–7.

[9] 于璟 . “新博物馆学”视角下城市博物馆实践研究——以深圳博物馆为例 [J]. 作家天地，2020（20）：192–193.

第二章

营造的风景

在人与人的关系互动中重建艺术与生活的连续性，打通艺术实践与社会认知间的联系，艺术家和村民在达成共识的基础上进行创作，以艺术行动凸显和构建城乡融合……同一个社区营造的概念，演化出多样的精彩实践。

谢小春系列作品

谢小春《月亮追着鱼走》　油画　60cm × 50cm　2022 年
（谢小春 / 羊磴艺术合作社成员）

把『羊磴』装进哪只筐？

孙振华

羊磴是遥远的。

特别当人们把羊磴和夜郎联系在一起的时候。

事实上，无论是地理空间上，还是心理距离上，或是与艺术的联系上，羊磴都是遥远的。

遥远的事物，总是容易赋予它神奇的想象，可是你一旦身临其境，也许会错愕不已。我第一次到羊磴，就有一种强烈的超现实的感觉。一切都显得那么恍惚和不真实；不知道自己在一个想象的游戏中，还是在真实的现实中。

并不是说羊磴的日常生活有多么奇特，它实在太平常不过了；只是，当一个普通、平凡甚至是沉闷无趣的山区小镇，一旦和艺术发生关系的时候，形成了一种从未体验过的新鲜经验，这种经验让人兴奋，让人无语，让人无法定义。

你确实见证了一群被称为艺术家的人，在这里认真地游戏；你真的住进了羊磴艺术合作社的屋子里；你亲眼看到他们郑重其事地和当地居民一起，以极大的热情，做一些无关乎国计民生的事情；你感受到艺术与小镇，艺术家与居民形成了一种从未有过的关系……

我曾经和朋友激烈地争论，他说当代艺术是都市的艺术，与农村没有关系；确实，当代艺术总是与信息社会、与城市新经济、与生活新时尚、与审美新方式保持着最直接的联系，这些理所当然地发生在当代都市。不过我也同时认为，如果当代艺术应该具有问题性、地域性、现实性，那么对中国而言，没有什么比中国的“三农”更尖锐，更具有中国特色。就像“劳工”问题一样，也许在发达国家，它已经不再是一个让人专注的社会问题，但对于中国而言，却是最具前沿性的问题之一。

诚然，我们可以依照已有的经验，在中国都市进行当代艺术的实践；遗憾的是，没人

谢小春展示他的作品

为中国乡村编写出现成的艺术脚本。因此，羊磴艺术合作社的艺术家们实际上找不到可参照的类型，找不到合适的解释系统，找不到现成的案例，找不到可以复制的经验。

如果我们对羊磴的艺术实践仍要坚持以当代艺术来命名的话，那么它也是一种没有脚

本的当代艺术，是一种特殊的，不同于任何中国已有的“当代艺术”的艺术。

经过了大约五年的实践，“羊磴”的实践开始引起学术界关注，它开始成为人们谈论的话题，开始成为学者研究的对象。人们之所以对羊磴倾注如此的热情，其原因正好在于，它是新鲜的、野生的、原创的，它在现有的国际当代艺术的谱系中，找不到与之可以完全对应的理论话语和实践方式。

包括我在内的，一些从事理论工作的人，并没有为羊磴量身定做，编出一只合适的理论筐子；然而我们又迫不及待地要把羊磴放进现成的筐子里，希望用不同的理论话语来定义它：诸如“当代艺术”“公共艺术”“参与式艺术”……

吊诡的是，近百年来，中国艺术界早已习惯了的理论指导实践模式第一次在羊磴失效了，因为羊磴艺术合作社的发起人焦兴涛和他的团队也不知道自己在做什么、他们到底想要什么、他们将来会怎样……

这种“无为而为”恰好是羊磴最有魅力的地方。这种如湖北乡村谚语所说“打草鞋没样，边打边向（看）”的方式，正是羊磴实践的最有价值，最有生命力的部分。

羊磴价值的获得是以放弃为起点的。

他们放弃了多年来已经熟悉了的艺术家的身份；放弃了艺术的工作方式、手段和技能；他们在寻找一种新的艺术方法论，通过放弃，通过还原来重新发现艺术新的起点。

当羊磴仍在生成、仍在孕育的时候，理论的界定或许是困难的。犹如佛家所言，不能说，一说便错。已有的话语和知识像梦魇一样，控制着我们的头脑。

羊磴就是羊磴。羊磴是遥远的，羊磴也是独特的。如果不从羊磴出发，从特定的问题情景出发，我们永远没法衡量：羊磴离威尼斯有多远？离卡塞尔有多远？离北京 798 有多远？离“当代”有多远……

今天，羊磴仍然在生长，朝着一种未经规训的方向，按照一种氤氲化生、自然而然的方式，不断生成出更多的可能。

（孙振华 / 教授，中国雕塑学会会长）

『让我们彼此映证——社区问题研究』系列作品

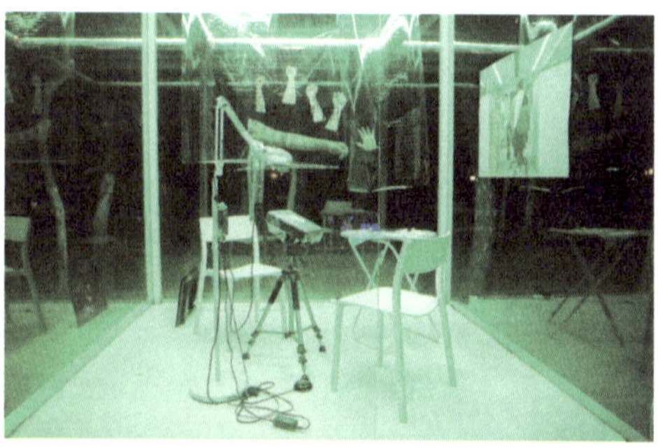

①

②

③

④

①董乃瑄、阿斯茹、郭佳乐《被洗掉的文身——符号·身体的痛与乐》社会性艺术　2020 年
②郭雨欣、李泽明、李格阳《外卖经济的内卷化研究——另一种形态》社会性艺术　2020 年
③隋雨荷、王晓涵、章宇征《老而同居的情欲色》社会性艺术 2020 年
④王雪飞、张米雪、尚聪颖《社交焦虑——调研行动场》社会性艺术 2020 年
（董乃瑄 / 西安美术学院实验艺术系本科生）（阿斯茹 / 西安美术学院实验艺术系本科生）
（郭佳乐 / 西安美术学院实验艺术系本科生）（郭雨欣 / 西安美术学院实验艺术系本科生）
（李泽明 / 西安美术学院实验艺术系本科生）（李格阳 / 西安美术学院实验艺术系本科生）
（隋雨荷 / 西安美术学院实验艺术系本科生）（王晓涵 / 西安美术学院实验艺术系本科生）
（章宇征 / 西安美术学院实验艺术系本科生）（王雪飞 / 西安美术学院实验艺术系本科生）
（张米雪 / 西安美术学院实验艺术系本科生）（尚聪颖 / 西安美术学院实验艺术系本科生）

『让我们彼此映证——社区问题研究』的实践过程和方法分析

任一飞

本次展出的“让我们彼此映证——社区问题研究”的7组项目，都针对具体的社区问题展开，可以归结为对被遮蔽、被忽视或者不可见的社区问题展开研究以及艺术转换。

在共五周的课程规划上，第一周由我和武小川老师进行社会性艺术的基本框架的讲述，分别对社会性艺术的概念、艺术社会学的基本方法以及社会性艺术的形态、方法和特点进行讲述；第二周进行小组讨论，发掘关键词，确定研究问题和方向；接下来就是进入各种问题现场展开调研和实践的环节，同时每周一个小组都要将调研过程以视觉化的方式进行PPT汇报，各组间共享调研进度，相互借鉴并展开讨论；第四周为项目深度推进和实践开展的环节，同时配合回看和讨论，及时解决面临的问题；第五周进入最后实践和项目展示的阶段，配合回看和现场点评对每个项目的具体呈现、视觉化表达进行探讨。

在组织形态上，我们将21位本科生分成7组，每3人为1组。组员间相互合作，由小组内部划分每个人具体的工作范围、负责任务。然后每周定期进行全部小组和单个小组的项目回看讨论，共同推进项目进度，解决实践问题。

在课业要求上，我们要求每组每天书写不少于两千字的调研报告，报告需要以文本、图片、影像、实物等综合方式进行；同时在每周一的 PPT 汇报中，试图以一种演讲表演的形式，通过身体、语言、文本、影像等综合性方式对调研成果进行表述和转化。每组进行一个具体问题的研究和艺术转化，最终在校园内的社区现场进行了 7 场展览，并编排了 7 本实践档案。

第一个项目是《街头小广告的人设与剧本》。这个小组捕捉到街头小广告在当下普遍存在于街头巷尾，作为一种景观化的呈现方式和社会现象，他们从这个表象入手，进行了深入的挖掘，挖掘这些小广告背后的人和话术。因此，在实践过程中，他们以构建人设剧本的方式，用这样的虚拟身份去给真实的小广告打电话。同时，他们在社区现场还原了一个小广告的诈骗现场。在这样的一个社区现场里将整个对话过程呈现出来。整个项目可以总结出三个关键词，第一个是身份名片，第二个是漏洞，第三个是灰色地带。其实这是一个偶发性特别强的现场。一开始并不知道会发生什么，在沟通过程中，他们慢慢地将这些

肖思丽、曾玉洁、徐弋珑《街头小广告的人设与剧本》社会性艺术 2020

对话方式引入了一种非常荒谬奇异的地带。那些在小广告背后的人使用一套引诱你的话术，用他们的人设来和你进行交流，在虚拟的人设下激发出一种日常的荒谬感。

第二个项目是《社交焦虑调研行动场》。起初，这个项目关注的是疫情期间人们的焦虑，但在调查过程中发现光是调查远远不够，最后转化成一个可参与式的、具有生发性的游戏体验过程。人们可以在问题的面前选择、添加自己的答案，增加新的问题。如此循环，形成一个参与式现场。

第三个项目是《隐・私——强制性同行》。这个项目的关键词叫作强制性同行。他们敏锐地感受到公共监控和个人权利之间的关系。通过调查问卷、跟踪以及深入访谈来观察人们在各种情境下的态度。最终，在社区现场构建一场“社区艺术聊天会”，整个现场由数个播放着跟踪和监控视频的显示器包裹，其中，他们邀请了身份各异的人，有保安大叔、学校老师、商店老板等，不同身份的人一块来讨论隐私的问题。在一个奇异的场景中，通过参与者的对谈，每个人都会有自己的理解角度，构建出一个去景观化的沟通情境。对于这个项目我归纳了 4 个关键词，分别是关系、对话、交流和冲撞。在当下尤其是疫情之后，隐私问题对个人而言意味着什么？对隐私的理解又会激发出什么？我对这个项目的理解更多的是它通过建构一个激发能动性的场所，在彼此的意见中开启了一个新的感知通道。

第四个项目是《被洗掉的文身》。我总结了这个项目两个关键词，分别是“文”到“洗”，嗡嗡阵痛。起初，这个项目调查的是文身。对今天的年轻人而言，文身是一个人的兴趣爱好。但随着调研的不断深入，调研者发现一个更复杂的问题，就是那些被洗掉的文身。这些被洗掉的痕迹背后往往包含更为复杂的因素和矛盾。他们开始从身边朋友入手，选择了三个被洗掉文身的人，从他们的问题出发进行合作。同时，在合作过程中，他们以一种带有反身性的方式来反观自己，重新理解自己。文身作为一种个性化的标签，被抹除后带来的不仅是痛感，还使得个体的意识发生变化。从“文”到“洗”，经历“无—有—无”，背后的多重干扰，爱情、家庭、学习、工作等，表象下隐藏的是规则、制度、观念、习惯……洗文身，从伸张个性变为向规则妥协。这也是整个项目的立足点。

第五个项目是《外卖经济的内卷化研究——另一种形态》。这个项目是基于他们对日常生活的体验。最开始，他们从用户角度切入外卖经济中。但在研究过程中，他们发现今天的外卖经济是一个结构性市场，它是包含了用户、商家、外卖员以及平台算法多个群体的结构。因此，他们最终选择了以商家为出发点，来构建了一家另类的外卖店。他们采用以物换物的方式，在社区空间当中重新进行这种外卖活动，也会在玻璃上用图绘的方式呈现各种外卖内卷化的结构。他们重构一套理想化的系统，用交换的方式开启了一场有趣的料理行动。诚然，这种理想化的方式无法持续和有效运营，现实之真实复杂难以仅依托理念改变。但生活需要自醒的力量，这场料理行动就是让每个节点上的人通过交流和沟通相互连接。在此，另一种形态就是重建感受力的过程。

第六个项目是《老而同居的情欲色》。这个项目是关于老年人同居的研究。小组成员深入本地一个叫革命公园的现场。整个调研是对老年人的和蔼、慈善、欲望消减的状态的完全性颠覆。老年人是非常复杂的。他们的关系错综复杂，他们的情感也具有情欲色。这种项目挖掘并在校园中以影像记录的方式还原了一个不可见的社会现场。

第七个项目是《校园工人阶级的表情》。这个项目发掘那些被我们忽视的附近的人，学校校工是校园运转的重要基础，但他们常常被忽视。这个项目希望让那些不可见变得可见，让那些不可改变的可改。这个小组选择两种方式进行这个项目，第一种是肖像拍摄，让他们为全校三百多位校工全部拍摄了肖像，并让他们在照片上签上了姓名，然后以公共

庄冰瑞、关可欣、钟明慧《校园工人阶级的表情》社会性艺术 2020

呈现的方式让大家看到他们。第二种是以一种身份互换的方式，颠覆校工和学生的这种身份关系，然后在日常工作当中重新理解我们自身以及他们和我们之间的关系。

在实践过程中，不断激发着艺术行动者在今天艺术实践中所具有的另类功能，我梳理出了今天艺术家在社会性艺术现场中的 4 种身份，分别是社区中文化活动的发起者和组织者；具有争议性的社会事件的调查者和另类表达者；创意性教育实验中的对话者和教育实践者；新型经济机构中的创意激发者与合作者。在今天社会性艺术当中，艺术实践者的身份不再仅是艺术体制中的一环，更可以在社会现场中生成各种角色功能，而这些身份与社会其他领域里类似角色的差别，就在于他们所携带的美学诉求与社会现场问题之间的巧妙中和，并最终以一种感性的方式进行观念生产。此外，在具体实践和教学过程中，我感受到很重要的一点，就是艺术方法是在应对真实的遭遇和处境中生发出来的，它并非某种可以套用的范式，而是在不同处境之中，在其携带的不同美学和社会诉求的激发下所生成的一种应对方式。

（任一飞 / 西安美术学院实验艺术硕士研究生）

隐·私——强制性同形

时志华、张咏琳、施雨恒　《隐·私——强制性同形》　社会性艺术　2020 年
（时志华 / 西安美术学院实验艺术系本科生）
（张咏琳 / 西安美术学院实验艺术系本科生）
（施雨恒 / 西安美术学院实验艺术系本科生）

『隐·私——强制性同形』项目报告

时志华

一、项目概述

选择隐和私的问题为母题，以此来引发更多的思考，有以下两点原因：

一个是由于其灵活可变的属性，导致“隐私”在不同情况下的边界完全不同，而且人们在不同情况下对其态度也不一而足。

另一个是在大规模社会防控体系下，有关个人隐私保护的争论也愈发凸显：隐私的界定、个人隐私的边界、大数据时代的隐私、个人隐私与公共利益的关系等。在现实与生命面前，一切曾经可以侃侃而谈的话语都显得如此单薄，纷争不断。

在前期调查研究中，我们希望能够通过调查问卷、跟踪以及深入访谈来观察人们在各种情境下的态度。

然而隐私始终是一个极具动荡性的话题，每一个人的理解都会对其具体细节产生不一样的解释。因此，在艺术实践环节，我们选择了将前期调查所凸显的这种差异性延续下去，以举办聊天会的形式将这种良性的讨论扩展至整个社区。一个监控环绕的社区现场，三场对谈，不同身份的参与者,各种观点的碰撞,二十个角度各异的关键词构成了这个项目。

二、理论研究

在调查前，我们针对隐私的一些概念进行了理论知识方面的研究。这一阶段，是针对常识意义下的隐私相关概念展开的，从两个方向开始进行：一方面，从研究人的角度出发，我们以独立个体为重点，研究了其所拥有的隐私以及由隐私所衍生出的隐私权的概念；另一方面，我们着手探究独立个体与宏观社会在隐私层面的关系。通过深入研讨、梳理思维导图等方法，以期在非介入式的理论研究阶段保证思考的连续性、深刻性和发散性。

关于隐私与隐私权的相关理论梳理，从隐私词义、现实含义、隐私的产生，隐私权的法理概念、学界定义和现行法律体系几方面展开。

从古汉语言学的角度来看，在中国古代，人们常把隐私狭义认同为“阴私”，即与性和身体有关的事。而在现代社会，隐私指那些不愿意被公开的信息和不愿被干涉的事。这种由羞耻感而派生的感觉，从人类有意识地选择蔽体之物时，就自然而然地产生了。

由隐私这一意识出发，就衍生出了隐私权这一法理概念。实际上，学界对隐私权尚无明确定义。它是一个绝对的变量，在不同时代、不同地区、不同生活经历、不同年龄性别的人身上往往会呈现出不同的表现形式。在阶级社会中，隐私是一种特权，往往是少数人才能拥有的。到了现代社会，隐私成了一项基本人权。关于隐私权的法律体系，较先在美国被建立起来。

针对个体与社会层面，我们以个人隐私与集体利益之间的分歧和联系为出发点，并从其思想来源和当代社会下的现状两方面进行研究。

隐私在通常情况下也被看作是资本主义时代个人主义的衍生权利。

传统的儒家强调了对权威的服从，这是一种人身的隶属关系。现代来看，尽管改革开放后逐渐告别了集体主义的生活时代，但数十年来的生活状态已为当时新一代的中国人奠定了思想基础。长此以往，文化期待使得我们不可避免地选择以集体利益为重，这也是个人主义在中国趋于贬义的缘由之一。

同时，随着法治国家的建设，现代性的服从接踵而至。在现代社会中，人在意识形态机器里所学会的并非某种特定技能，而是对各种社会规范的“服从”。各种因素交织起来看待，在相互作用下，多数人就会形成一种生活里无意识的价值倾向：为了维护集体秩序，我们愿意出让自己的个人利益。

三、项目调查

在着手调研，脱离纸上谈兵，投入真正的实践调查时，对于隐私这一主题，我们希望能有广泛的认识。在实际操作时，这种广泛是从两个方面体现的，第一个是调查对象的广泛，无论是样本的数量还是样本的具体差异性，我们都希望能尽可能用科学的方式进行考量。第二个是调研的方式和角度，尤其是切入角度和调研时的手段选择，或许都是可以体现广泛性的地方，也都是必须要有所思考的环节。

调查是从三个递进的方面进行的。第一个是低限度的侵入——问卷调查。项目前期从个人对个人的隐私边界出发，通过问卷的形式对隐私的边界进行试探、摸索。第二个是进一步地侵入实验——跟踪。相较于卡尔出于个人探险式的跟踪，我们尽可能地将着眼点放在多层面的追踪上。在我们对他人进行跟踪监控的同时，是否会有另一双眼睛在我们背后进行着另一重的监控呢？答案或许是肯定的，就如同空中无处不在的监控所做的那样。因此我们在主视角跟踪调查的基础上，沿路又对公共性的监控进行了另一层面的调查，并尽可能将所有影像收集起来。第三个是公共性隐私侵入——调研访谈。在项目调查后期，我们针对几个具有典型性的样本进行了一对一的访谈，内容脱离了个人对个人的隐私侵入，而转入了一种大环境下有关隐私问题的探讨，具体涉及了健康码、信用分、违章公示、手机窃听、网盘文件被和谐、家庭监控、社会监控等内容。

四、问题关键词

针对以上相关问题的调查和研究，在纵向和横向对比之后，可以隐约察觉到了人们在非权威与权威情况下对隐私边界的认知差异。根据前期调查的数据和内容，我们不难看到其内在的同质化。而在这一阶段，我们主观地将其概括为强制性同形现象。

人们常常在被迫或无意识中为了利益、平等与秩序逐步出让自己的部分隐私信息，直至达到一种强制性同形的均衡状态。这种同形主要是受各种被施加的正式或非正式的压力和文化期待对其的影响。

透过调查来看，在当前社会语境下，尽管人本性对于隐私具有羞耻感，却常常在公共与集体中出让着自己的隐私权利，“无所谓、不介意、没关系”，这是我们听到、看到最多的答案。真的无所谓吗？我们不禁这样问。同样类似的隐私越线行为，在出于个人目的的调查中，人们总是极度抗拒；而面对某些集体性行为却总能把自己准确地归类到公共的社会之中。当然，这并非个案，无数个人践行着这样的生活规则。在人类社会发展历史中，个人隐私乃至利益总是超越个人的意志而发展。集体世界生活中有着无数被施加的力，这种力一方面源于政治因素和文化期待，另一方面也来自合法性影响。出于各种政策规定以及秩序维护的原因，多数情况下人们会疲于思考，安然接受。尽管人生来不同，对待世界的看法不同，但最终依然摆脱不了同行的命运。

五、项目实践

但这只是我们自己对于调查结果和在调研中所发现问题的一种单方面的理解。关键词的生成是对前期思考的提炼过程。项目进行至实践环节，我们也选择了将这种思考模式延续下去，并以举办聊天会的形式，将这种良性的讨论扩展至整个社区，以一种奇异的景观将其呈现。在为期三天的活动中，共有 24 名参与者参与了聊天会，其中包括研究生、本科生、家庭主妇、商店老板、钥匙店老板、退休工人、环卫工人等。同时也形成了 24 个形态各异的关键词，如尊重、适度、折中、关系等。通过拟态这样一个思考和讨论的环境，希望可以促进参与，并诱使其完成一次完整的思考。而聊天会的过程，本质上就是参与者个人关键词的生成过程。

聊天会大致可以分为前期介绍、案例分析、问题提出、开放讨论、个人关键词的总结五个板块。同时，以前期调研的具体事例为话题，针对以下几个问题进行了重点讨论：1. 你所认为隐私涉及什么内容？ 2. 究竟谁有权利过问和触及我们的隐私？这样做是有必要的吗？ 3. 大数据和高强度控制的社会形态下，隐私是否存在？以什么形态存在？ 4. 个人隐私保护是否真的要以保障公共利益为前提？为了保护公共秩序，是否应出让自身隐私权利？合理性及不合理性何在？

关于聊天会，第一个需要考虑的是环境的问题。场地的选择是有望介入社区的第一步。再三选择下，我们决定在校园湖边的树林空地上举办这场聊天会。一个原因是如此自然露天的环境可以充分显现出开放性。另一个原因是，这块区域处在社区主干线的枢纽位置，行人都很容易注意到这里，便于扩大影响力，起到吸引和宣传的作用。

第二个是场域搭建的问题。“让我们彼此映证——社区问题的七种研究”整体是围绕透明空间而展开的。尽管聊天会并不在实体的透明空间中实施，但我们希望它变成一个贯彻始终的理念。使聊天会成为透明空间这一有限空间的无限延伸，与受众产生直接性、自然性的接触。

在这样的对话形式之中，前期的调研图像和结果已经不是重点，相反，会成为场域化搭建的一个部分，为我们构建了一个特殊的现场，一个奇异的世界，一个异质空间。所有的影像视频构造成了一个幻象空间，将参与者从惯有的生存语境中抽离出来。但这个特殊的区域现场又不是脱离实际的，相反成了现实的集中呈现。这是一个几近压缩的监控世界，无所不在的屏幕成为这个真实社会略显荒诞的替身。无论是讨论还是实际生活，我们都身处其中。

就如朗西埃的思想一样："美学是对既定秩序的扰动重组，是对可感性的重新分配。"聊天会的目的不是现代主义式地将艺术独立在日常经验之外，而是在艺术的现实性和日常的虚构性之间创立某种联系。

在身份认知上，作为策划者和参与者，我们尽可能地使自己抛开先入为主的经验和预想。在之前的学习和尝试中，作为创造者的我们，其实主体是自我封闭的，是以个体的智性表达为核心的。但在这样一场社区性的聊天会当中，我们希望完成一次身份和主体性的转换，用以打破传统思维上艺术家占绝对主导的霸权思想。

同时，当我们真正坐在那里参与讨论，和这个社区里的人们进行真正意义上的第一次正式交流的时候，会产生一种强烈的融入感，在反观自身的同时发现这个社区的真实存在。

对于观者来说，也希望在这样一个奇异空间存在的时候，可以促使大家从既定的身份和现实情境中抽离出来，与我们进行合作，用行动的感受代替以往单方面的被动的视觉感知。对于创作经验还不丰富的我们来说，其实这是一个刻意消解观者身份的尝试，和以往的创作是截然不同，更或者说是焕然一新的。

长时间以来，众多艺术实践都以艺术生产的审美物化作为最终环节，通过成品，将创作者与观众联系起来，而忽略了实践的环节与受众接受的环节之间的关联。但在聊天会这样一个以过程为结果的形式之中，我们希望强调其必然所存在的随机性、偶然性和暂时性，通过对话的形式放大参与性在此次实践中的作用，找到一种现在进行时式的体验模式。正如莫里斯所说："真正的空间，除了实时性，是没有经验的。"

同时，为了凸显各种差异的共存，参与的方式也是在策划前期需要考量的问题。对于学校这个身份和结构略显单一的社区来讲，为了保证聊天会可以产生实际意义上的思想碰撞，我们选择了邀请和自觉参与两种方式。邀请是我们主动维护参与者差异性的方式，而自觉的、被吸引的参与才是成功介入社区的切实体现。

六、反思

项目完成到现在，我们也常常会反思其中可能存在的一些局限性。例如：1. 未能完全抛开先入为主的经验和预想，问题是否具有诱导性？反观之前所做的工作，无论是在前期调研的某些具体实施层面，还是在后期聊天会的细节设定上，尤其是在案例选择和问题设置上，都不难看出其所带有的作为策划者的个人经验。尽管在前期已有认识到这一问题，但最终的结果依旧未能完全抛开先入为主的预想，始终具有些许诱导性，这是亟待我们反思的。2. 对象差异是否要显著？在项目实践环节，参与者的差异性与否一直是萦绕在我们心头的难题。差异小，我们的讨论即成为社群内部之间的相互认同契机；差异过大，又容易带来不可调和的认知障碍。二者都不是我们所希望看到的局面。所有的讨论都是有标的的，我们必须在明确标的的同时，最大化激发讨论所带来的能量。3. 研究是否深入，问题是否足够具体化？尽管隐私这一选题与生活息息相关，选取案例也以社会现实为基础，但依然未能具体化，始终存在泛泛而谈的弊端。

总结

通过研究、调查、实践三个层面的深入，我们进行了一次走进社区并触发事件的尝试。

对于隐私这个概念而言，其实每个人都是一个独立的个体，每一个人都会对其具体细节产生不一样的解释。这是一种正常的现象。因此这次聊天会我们选择了开放性的结束，不同观念之间产生摩擦碰撞，这才是最有意思的。作为策划者的我们来说，这个项目只是抛出了一个问题，每一个基于此的思考都是项目发展的一部分。到此，远还没有结束。

『广福行动』系列作品

“广福行动”系列作品
上：李想　《林盘之音》　竹编　长 40 米、高 8 米　2019 年
下：陈胄　《彩虹》　木板、废弃家具　长 20 米、高 6 米　2019 年
（李想 / 西南民族大学艺术学院雕塑系主任）
（陈胄 / 西南民族大学艺术学院副教授）

『广福行动』：乡村公共艺术活动

李想

用艺术的方式介入乡村，开展大地艺术季活动，打造各具特色的现代版《富春山居图》是国家整体发展战略的有机部分。近十几年，在建设“美丽乡村”“特色小镇”“全域旅游”“大力扶持特色农业”等政策的推动下，全国各地陆续出现了许多以艺术介入乡村振兴的案例，试图以田园牧歌式的艺术方式将农村、农民、农业串联起来，整合文旅、文创、非遗，形成新的图像记忆、网红打卡点，从而重塑地方价值，链接城乡价值，激活乡村经济与社会。但这往往营造出一种皇帝新衣式的现代乡村景观，最终很多都昙花一现，究其原因无非以下几种：一类因为政府追求短期效应，对艺术一知半解，操作过程流于表面，照猫画虎的活动即使办了，也只是短平快的硬件层面、视觉层面，缺乏在地性。一类是艺术家一厢情愿，将乡村视为当代艺术的处女地强势介入，此类活动是知识分子与艺术家一厢情愿的想象或者拼凑，对当地乡民没有产生向心力，仅仅是圈子的狂欢。的确，因为城乡二元结构的先天性问题，城市与农村的价值观之间天生充满冲突与偏见，许多艺术乡建仅仅成为城市观光客眼中的“风景”，缺乏可持续的参与者，后续无以为继，最后乡村成了城市艺术的垃圾场。

项目所在的成都市郫都区位于四川成都西北部，是成都经济文化发展的重要辖区，它境内八河并流，是长江文化对于西南地区发展重要性的集中体现，同时它是岷江上游文化、川西农耕文化、古蜀文化、川菜文化的集合体。郫都区农业生产再加工已经在现代社会飞跃发展，传统的农耕文化也转变成了现代农业。郫都区具有浓郁的地方文化特色，因此将郫都区各类文化特征以及民俗农业与艺术产品相结合可以开发出更多代表着郫都区城市文化的宣传产品，推进郫都区经济与文化的发展。此次公共艺术的项目可以更好地推广郫都区林盘文化、农耕文化、手工艺工坊在社群中的宣传和发展。具体到广福村，它的韭菜产业在“百村百品”政策指引下已经初具成效和影响力，形成了一定规模，同时它的深加工产业和配套设施非常完备，交通、物流也非常便捷。另外还引进了一些外来的企业及各地或各高校人才，共同开发出如韭菜染织、韭菜面、韭菜酒等产品。在消费和服务业方面延展出韭菜宴、乡村火锅、亲子工坊等项目。因此该村可以说一、二、三产业都已较为完备，“农、商、文、旅、游”部分已经有了雏形，在西南地区的四川来说，是乡村振兴比较成功的村落。我们应当地政府的邀请去实施艺术乡建，这使得我们也不得不思考，广福村作为现代

孙亚楠、周丹《乡风》 建筑墙面　田间综合材料　2019 年

文明工业化进程中的现代新村，艺术在这方面能做些什么？能帮村民解决什么问题？实际就是在“文”的方面做文章，带动“游”及“商”。

对本地人来说，艺术除了能对乡村环境的美化起到提升作用，还能够增强本地的文化认同，使当地的农民在物质生活丰富的同时，提升他们的美育和文化素养。

我们将本次项目立足举国上下乡村振兴的大时代背景下，以乡村考察与艺术共建实践并行的方式，记录和梳理在以村为单位的场域中个体、社群与国家的关系，展现当代乡村的新面貌和创造活力，希望以此探索乡村内在与外因的共识共生，链接城乡价值，以艺术行动来凸显和构建城乡融合。行动分为三个部分：空间塑形、行动再造和场域共生。空间塑形分别有 3 位老师，带领十余名研究生完成了 6 件大地艺术装置作品。其中，《广福彩虹》是由中央美术学院实验艺术博士陈胄老师利用当地几户人家拆迁之后旧房剩余的废弃门板以及废弃农具，拼接出一个跨度 30 米、高 8 米的巨大彩虹。陈胄博士利用过去的农耕记忆物件打造的彩虹，成为广福村大田里最明显也是最鼓舞人心的作品。我本人利用竹编，在林盘和田间以一个管状结构进行链接，从视觉和心理上吸引过往的人走到作品前驻足、互动。该作品体现的是林盘这一川西独有的农业生产生活景观的内在韵味，我希望能够听到林盘里的声音，去反映里面的生态，同时这件作品也为后来我继续从事林盘装置艺术做了前期的铺垫。雕塑专业一年级研究生郭强使用 49 根实木搭建了一个从低到高递增的开口圆环，每根木头上有太阳能发电装置，当人靠近的时候会有不同的音阶与灯光，夜晚看过去，又仿佛是悬置在空中的一条盘旋上升的灯线。雕塑专业一年级研究生王蓉使用本地常见的竹子，搭建了一个步行围合空间，又在其中巧妙地穿插构筑了一些木与石的装置。雕塑专业往届毕业研究生吕小帅，使用他常用的树枝构建方式，在该村重要的十字路口节点构建了一个围合圆圈，仅能容纳一个人通过，外表看朴实无华，当进入内部之后，每个树枝截面都被喷涂上银色，呈现出一种荡漾迷幻的效果，该装置今年进一步被涂上许多波普状大小不一的彩色圆点，成为该村宣传页上的符号，可见该作品在本地人心中的接受度很高。第二部分行动再造是一场与村民互动的活动，由二十余名本科生与本村 4 户人家共同完成，根据村民的意愿，对他们的居所或者是大田做了一定程度的美化。第三部分场域共生是基于前面两个部分，对广福村的乡村图书馆还有新的安置区做了一些艺术方面的活动，例如收集村民家庭的老照片并对他们进行了采访互动，保护和恢复属于本地人个体的记忆与历史，使得乡村图书馆变成属于他们文化历史的图书馆。

在行动的过程中，我们首先注意到的是如何平衡精英文化与大众文化的关系，使老百姓能看懂、能接受。带领研究生团队做公共艺术创作，当遇到这个具体的乡村提出的具体需求，要思考如何将教学和社会的现场建立一种关系，而不是简单把艺术形式上的创新挪到乡村的田野里去做一个乌托邦的标志，我们应当是用社会现场来反哺我们的教学，用当下鲜活的乡村需求来刺激我们的创作。

第二是注重公共性，公共艺术中的“公共”二字带着政治意味的含义，其中立足于中国现实的公共性也是我们希望探讨的部分。同时因项目资金来源政府，政府必然会有一定

郭强《节节高》感应灯光装置 20 米、6 米 2019 年

的主导权，如果是因为政治上的敏感避开政府，或者从艺术上不太想去和政府发生关系，希望保持艺术的独立性，这不是我们的态度。在满足政府需求的前提下，保持多方参与的艺术民主基础上，我们也希望在这个过程中探索制度上的民主的可能性，使得艺术作品最终呈现出一种与乡村保持平等共生的关系。

第三是艺术和生态的关系。四川农村的特点主要是林盘，川西林盘不光是成都平原独特的乡村生态景观，更是四川人从古至今的生产、生活的深厚载体，经过多年现代农业的产业发展调整和社群的流动变迁，如调研中我们发现的，川西林盘的生产模式、社会结构、生态场域都发生了或正在发生一场变革。广福村是其中的缩影，浓郁的地方文化特色与生态保持都做得非常好。郫都区有豆瓣、蜀绣两个国家级非遗，以及鸟笼、川派盆景、竹编

等多项省级非遗，同时，该地区八河并流，是天府四川重要的水源地，水资源保护工作做得非常好。因此，艺术如何进入自然与人文并存的双重生态，是我们在创作中的两个面向。

第四是想通过行动探索艺术乡建可持续性的问题，能否将艺术课程实践与乡村需求长期链接起来，而不仅仅是政府的应急需求、面子工程。高校的特点是学术性、持续性，而非廉价，政府的职能是引导、把控，只有长期、定点的艺术乡建对该地区的亚文化确定才能起到作用，艺术乡建的主体——村民在乡村艺术中的主人翁意识才能得到实质性提升。

在此活动完成一年后，该项目对该村的影响有目共睹，留下来的作品都成为天府大地艺术季的重要组成部分，广福村也成为郫都区乡村振兴对外展示的重要窗口，从政府到百姓都对艺术介入乡村振兴有了信心，陆续开展了许多自发的艺术活动。从这个意义上说，我们的活动是成功的。

一次偶然的相遇之二

翟义涛、王慧敏、徐艺芸、王克磊、马森、赵星辉、廖艳潇、张啸宇、郝鹏丽、李佳芮 《一次偶然的相遇之二》 影像 2019年
（翟义涛 / 西南民族大学讲师）（王慧敏 / 西南民族大学讲师）
（徐艺芸 / 西南民族大学美术学研究生）（王克磊 / 西南民族大学美术学研究生）
（王克磊 / 西南民族大学美术学研究生）（马　森 / 西南民族大学美术学研究生）
（赵星辉 / 西南民族大学美术学研究生）（廖艳潇 / 西南民族大学美术学研究生）
（张啸宇 / 西南民族大学美术学研究生）（郝鹏丽 / 西南民族大学美术学研究生）
（李佳芮 / 西南民族大学美术学研究生）

空间·记忆·情感：广福村在地公共艺术实践

翟义涛

农耕文明赋予了乡村厚重的文化底蕴，保存了丰厚历史记忆、风俗文化、生活方式等。尤其在川西地区特有的扇形冲积平原所形成的林盘，形成了分散的乡村院落和乔木、竹林、河流及周围耕地等自然环境的有机融合，最终构成了以林、水、宅、田为主要要素的川西林盘。艺术进入乡村，通过艺术作品的形式唤起乡村历史记忆与情感的重建，从而激活乡村文化的价值，使当地老百姓能够通过不同形式的艺术作品反观日常的生活，并以艺术为链接，建立乡村传统农耕文化体系，提升人们对审美的认识，激发乡村活力，这也是"艺术进入乡村"的意义所在。

此次在地公共艺术实践作为艺术院校与乡村政府共同合作的项目，在前期资料收集、实地多次调研中，广福村位于成都市郊区典型的川西林盘村落，集乡村振兴、林盘院落、韭黄文化、产业文创等政府打造的名片，其中，保留的清代民居朱家院子已经成为网红的打卡地。大部分村民搬进了整齐统一的独栋小洋楼，宽大马路和绿道等现代城市景观随处可见。广福村曾经蕴含丰富历史文化，在近几年工业化的发展中，乡村升级改造打破了原有的林盘区域的结构，同时改变了村民延续古老传统的生活方式。为了能够了解村子的历史，我们在网上查阅了大量的资料，但深入现场后，形成了巨大的反差。创作团队在走访的过程中，发现广福村同样面临年轻人出去打工，大部分的老人和小孩留在村子的问题，老人们将自家的土地出租给承包方统一耕种，平日过着遛鸟打牌的生活。新家布置的空间、陈设与周围的环境形成鲜明的对比，村子的老人告诉我们，老房子拆完以后，新房子是由政府统一规划设计，仅仅保留下一些老照片，其他东西都丢掉了。

基于此，我们通过对地理空间、家庭记忆的调查，开始制定创作方案，以广福村的历史变迁及社会发展中的家庭个体记忆为线索，分成多个小组深入村民家庭，逐步了解他们的日常生活习惯、经济收入、家庭成员等情况，引导他们去寻找老房子的记忆。各小组在陪伴老人行走聊天的过程中，将影像记录下来，下面为实施方案：

1. 本次采访家庭 6—8 户，每组选择一个家庭。从新家开始聊天、陪伴，一直走到已拆迁的老房，聊天内容包括描述拆迁之前生活的变化、家庭结构、原来家的样子。

2. 对新老照片进行翻拍，有条件的对老照片同一场景拍摄，运用照片整理家庭历史的时间线索，标注拍照日期。

3. 采集村子里声音（鸡犬吠叫、吆喝叫卖、小孩打闹、喝茶聊天等）。

4. 三分钟静默视频拍摄，选择在老照片的拍摄场景和新家前各拍摄一组，形成空间上的关系。

5. 聊天内容：主要是对社会变迁、家庭生活、年轻人外出打工、老人养老、小孩教育等问题的看法和自己的愿望。

6. 拍摄老人回忆过去村子或者家里发生有趣的事情，形成广福村口述史文献资料。

7. 用自己的作品交换一件被采访家庭中有意义的物件。

安德里亚·贝尔蒂迪在《论公共艺术的在地性》中认为“在地性”是公共艺术的核心，通过重建艺术与场所之间的偶发性联系，重新定位了艺术对象的内涵，使艺术的意义突破了单一的作品风格，更加依赖于艺术品与语境，上下文之间的关系。在地艺术创作重在回避创作者作为主体艺术家身份介入乡村，而要根据场景的真实感知产生关联性，通过不同艺术媒介进行语言转换，从而使当地村民感受到艺术作品所传递出心灵上的沟通，唤起情感上的记忆。在广福村艺术项目设定中，没有提前设定采访对象，以和不同村民在交流过程中所产生的相互信任为基础，从而进一步深入项目的实施。

这次参与项目的学生，大部分是第一次参与公共艺术项目，需要从已经习惯的学校规范化、模式化的单一教学体系，转变到跨学科的田野调查工作方法，这也是极具挑战的一次尝试。作为陌生人进入村庄，要如何与村民建立相互的信任感，熟悉广福村独特的地理结构、空间线索、历史变迁中家庭记忆的情感关系，也是本次在地项目面对的问题。

《独角戏》以村子中留守小孩为对象，在不断跟拍一个小孩一天的日常活动中，深入背后的家庭故事，正如作品的文字中谈道："孩子作为每个村落中最容易被忽略的个体，却也是地域群体中最鲜明的存在，他们是承载着家庭未来希望的核心成员，却又缺少真正的话语权、选择权…… 特别是在成年人都外出务工的村子里，他们的孤独与落寞显得有些刺眼。"影像真实地记录着这些生命个体如何沉浸在自己的小世界中，默默地适应、接受着外部与内部的一切事物。

《一次偶然的相遇系列》结合了在广福村创作期间不同家庭的故事作为线索，运用动画、影像以及访谈交织相融的方式来传达当地的现状与生活片段。正在打造的旅游景观、生产的工厂、具有都市风格的建筑、乡村农家乐、围在一起逗鸟和打牌的老人，构建出一幅真实的广福村生活场景。

《迴》以广福村 5 号家庭搬迁的故事为主线，讲述了两位老人参与创作团队一起寻找自己家老房子记忆的经历，他们穿行在都市化社区的街道，这里处处充满着现代城市景观的气息，当老人走到村口讲起原来的房子、竹林、院落以及脚下的柏油马路时，流露出伤感的叹息声。

在展示空间的选择上，我们考察了村委会的图书馆，发现其非常契合这次项目的展出，图书馆作为现代新农村文化建设的重要平台，同时也是当地老百姓查阅资料、休闲聊天的场所，作品方案改造图书馆的现有空间，重新根据项目的时间线索布展，并以文字、图片、视频的方式呈现一个互动空间，老人作为观看者进入作品的场域当中，熟悉的老照片和动态影像激发对生活过往情感的回忆。地图上标注的采访对象与行走的过程，将观者带回历史的时空之中。

通过此次项目的实施，在与村民从陌生到熟悉的相处中，感知今天艺术介入乡村的诸多可能性。作为高校与当地政府的合作，如何充分利用有效的资源和研究团队，加之政府的各方支持，以艺术创作的方式深入乡村，激活乡村文化与艺术再创造，需要今后不断的探索和尝试。

（翟义涛 / 西南民族大学讲师）

『七塘实验田』系列作品

焦兴涛《瑞兽》树脂着色　120cm　2019年
（焦兴涛 / 四川美术学院副院长、博士研究生导师）

娄金《不朽》2019年
（娄金 / 四川美术学院讲师）

张有魁《七塘神鸟》尺寸可变　2019年
（张有魁 / 中国美术学院雕塑与公共艺术学院博士研究生）

从『七塘实验田』看乡村公共艺术的创作方式

张有魁

“七塘实验田”是由重庆市雕塑学会与四川美术学院联合发起的公共艺术实践项目，于 2019 年 5 月 30 日在重庆市璧山区七塘镇陈家湾开幕。在乡村的公共空间中，艺术该如何介入？艺术介入是否会影响农业生产？艺术在乡村的生命力是不是像五谷生长一样，有种子也有果实呢？“七塘实验田”试图寻找一个方式和一种答案。

一、发现：空间语言拓展

对场域的探讨，既可以是针对展览场地的，也可以是针对作品本身的。从创作的生产方式和预设前提来看，“七塘实验田”包含有大地艺术的性质。“大地艺术除了本质上是反博物馆收藏之外，其存在也具有特定的时间性与空间性。更重要的特点是，大地艺术的创作不仅需要一个更大的‘剧场’，而且作为‘剧场’的‘大地’或‘地景’本身，也会因艺术家创作行为的置入而具有意识形态性。也可以这样理解‘大地艺术’，其创作不是随意的、任性的，作品能否成功，不仅取决于作品的形式表达，还包括艺术家对地点、地景的选择。”[1] 因此，“七塘实验田”的地点选择也为艺术家提供了探讨和拓展的空间。“场地”是有其固有属性的，艺术家面对现场也许有不同的感知和认识，任何对现场的拓展或发现都是一种创作方法。

对“七塘实验田”的发现，是从常见的行为和空间开始。当地农民“创作”了一件“谷物装置”，笔者认为农民的行为重新定义了现场。作品虽然始于当地居民的普通劳作，但有意识的劳作和无意识的审美却创造出了带有美感的“作品”。笔者认为，不必去过多追问作者是否为了艺术而艺术，晾晒行为本身就具有作品的即视感。一切都是自然和不经意的，这种对待作品的心态有别于艺术家看待自己的创作行为，给笔者很大的启发。

同样，笔者的作品《七塘神鸟》也希望重新定义空间，作品与现场的土墙相结合，延续了笔者对传统元素和神性的探讨，试图通过在残垣上雕琢一只鸟，提升空间的自然崇高感与神性，唤醒具有“神性”意义的场所空间，生成一种全新的场域。

二、实验：个人创作风格融入乡村空间

艺术家是创作主体，在面对新的空间时，他们是否必须“适应”空间而改变自己的创作思路和呈现的状态？笔者认为因人而异，甚至可以将艺术家个人成熟的或者惯用的艺术方式直接用于新的空间。

脱离美术馆和常规展示的室内空间，作品在开放的空间中是否可以引发不同的感受，哪怕是以一种“生硬”的方式切入，也许都是某种合理的尝试。因为在带有“实验性”的项目中，一切发生的艺术呈现都是对艺术作品、艺术展览机制的某种提示。当艺术家的作品存在于美术馆以外的空间时，可能会造成作品自身信息的扩散或收紧。为什么说作品介入新空间时不一定会扩大作品张力，反而会收紧一个开放思考的作品表达能力呢？因为相较于美术馆纯粹的背景，现场给作品营造了一个新空间，这个空间也许会拓宽作品原本没有的视觉提示，同样也可能造成作品被空间中原有的内容影响。

例如，焦兴涛的作品《瑞兽》既延续了艺术家独特的个人风格，又能与七塘镇特定的空间场域融为一体。《瑞兽》为一对区别于常态的传统狮子造型的视错觉雕塑，从特定的角度看是三维视感的瑞兽，但从侧面看却是被压缩的形态。这件作品放置在七塘镇一户人家门前，既和谐又别有新意。再如擅长新媒体创作的陈堪，其新媒体装置《调频》由一台老式电视机与发光装置组合而成，让一处荒废的空间重新拥有了生机。

三、创新：打造在地景观

在地创作的概念强调的是作品与空间的关系。这种创作方式更容易被人们接受，从而让作品有机会长期安放于七塘镇。在地创作中，雕塑家有很强的落地能力，通过合理经营位置，在地形成新的景观。

如果艺术家要在当地“打造”一件景观，往往会选择创作大体量的作品，但如何与当地建立更多的联系，每位艺术家都有自己不同的方式。如王比的《水桥》，这是一件工程量较大的作品，从开始制作到作品最终完成，整个过程都受到当地居民的关注。《水桥》是在当地一截已经废弃的水桥结构基础上，由艺术家“断桥续骨”，最终，审美功能取代实用功能，实现了独特的新景观。

《拉开帷幕》是位于七塘镇入口的作品，由艺术家李娜创作。作品一如其名，拉开了“七塘实验田”的帷幕。巨大的帷幕由竹篾丝编织而成，形成一个巨大的“牌坊”。作品虽体量庞大，却包含了女性的细腻。作品位于村子入口处，在空旷的田野和道路之间，形成了地标性的新景观，同时兼具装饰性与识别性。

程曦的作品《吟》是在一块杂草地中营造螺旋状的塑料棚装置。在巨大的田野空间中，自然的绿色与塑料的白色既形成了色彩上的视觉冲击，又容易让人们联想到农业与工业发展之间的冲突与矛盾。笔者同样在大面积的杂草地中呈现了一件作品《浪》，将高植物与杂草修剪成海浪的形态，从远处看是一片宏大的绿色海浪。杂草与传统海浪元素的结合探索了“生长”的主题。

通过在地性的创作，每一个新的景观都试图探讨作品与其所在场域空间的关系，以及与当地的人文、自然环境之间的关系。无论从创作实践，还是作品落地后的持久性的探讨上，都为未来的乡村公共艺术在地创作提供了案例。

四、探索：多元化的参与

与其他创作方法不同的是，参与式艺术从过程到结果，更多强调的是“可参与性”。参与性艺术是目前公共艺术领域较为倡导的方式，从约瑟夫·博伊斯（Joseph Beuys）到今天的参与性艺术，几乎可以在世界各地寻找到不同地域、不同文化群体、不同社会建制的参与方式。

在地创作时，除了考虑艺术风格如何延续，创作如何与在地的场域空间建立联系以外，作品的互动性和体验性也是创作中非常重要的方面，通常需要艺术家做“预设”，在创作前即考虑到公众参与的重要性。因此，艺术家需要对可能参与的群体进行分析。以七塘镇为例，首先，七塘镇当地的村民本身就不是一个同质化的群体，从年龄梯度上，老中青三代都是可参与群体。其次，七塘靠近城市，容易吸引城市的游客前来体验，但是在面对这些群体时，如果把参与互动的每个人都想象为可以理解作品的观众，那就太理想化了。在实践中，应该把他们看作偏向感性或者理性思维的不确定个体，当这些个体看到作品后，其心理变化或者感受虽不得而知，但是能肯定的是，整个项目的作品或许会留存在他们的记忆中，这些在头脑中的记忆将在何时发挥何种作用，则远超预期。

除了从观赏层面的参与外，更有价值的是在实践中调动当地村民积极参与创作。这样的参与是更自然的，也反映了乡村公共艺术创作中的新动向。此次活动中，七塘镇的手艺人加入了创作团队，有辅助艺术家创作的，也有自主创作的。值得一提的是，他们通过参与，似乎找到了一种适合于他们各自的艺术方式，可以进行独立创作。伍鼎立是当地的一位听障手艺人，他很享受与艺术家一起创作的过程。这一次的参与似乎打开了这位手艺人创作的冲动，突破了实用器物制作的常态，最终做出十余件颇具创造力的、造型奇特的“器物”。伍鼎立享受到艺术项目给他带来的快乐，其制作的作品又进入艺术空间展览，他也首次以一位艺术家的身份参展。

杨洪的《河流》是多人一起参与制作完成的作品，参与过程中并不要求参与者具备某种技术或艺术创作经验。在一块荒废的田地中，艺术家组织村民将掺杂着种子的泥土制作成大小不一、形状各异的“鹅卵石”。每位村民都有机会参与这件作品，他们的创作热情空前高涨。完成后的“鹅卵石”随着时间的推移，因泥土和雨水等各方面原因将重回大地，种子也将生根发芽。

有意思的是，除了人的参与，这次项目中还有动物参与的作品。张增增用围栏将一块水田围合出一个迷宫，使这件作品不仅能与人互动，还可以与水田里的鸭子等动物进行互动。龙兴语也创作了一件与鸭子有关的作品，他以一种寻求“安逸”的现代装修理念改造了一个鸭舍，希望它们有更好的生活空间。

结语

在项目的策划、作品的创作与呈现过程中，不难看出创作和参与方式的多元化。艺术介入乡村，从画家到村落写生的传统模式到今天多元方式的介入，从乡村取景到参与营造，从艺术家为唯一主体到全民参与，从人的行为到动物的“合作”，这些变化既反映了艺术发展中从单一到多元的变化，这体现了创作者从关注自身到关注社会变化的反思，以及他们的角色转换。这些变化也都与艺术实验性的探索相关，实验虽然不强调目的，但是无形中朝着寻找“可能性”的方向而努力。乡村公共艺术正在实验中积累经验，并在现代化进程中寻找公众的合理性。正如鲍里斯·格洛伊斯（Boris Groys）在《走向公众》中谈道：“现代化被视为一个完全包容的社会而出现，该社会消除一切排他性（exclusivity）。然而这类项目是一个完全现代化的现象——正如一个项目想要创造一个全新的、可以任意交流的彻底世俗的社会，该项目就是可以持续的。”[2]

注释：

[1] 何桂彦 . 物 · 场地 · 剧场 · 公共空间——谈极少主义对西方当代公共雕塑的影响 [J]. 艺术评论，2009（07）：54-58，47.

[2]（德）鲍里斯 · 格洛伊斯 . 走向公众 [M]. 苏伟，李同良等译 . 北京：金城出版社，2012：10.

第三章

古今的邂逅

博物馆的展示向以访客为中心的展示方式转型，是一种意愿、一种价值观和一种使命。在某种意义上，博物馆可视为一种特殊的社区。以当代艺术创作的前沿问题关联博物馆美育，对思考当代艺术创作与人、与物、与世界的新型关系具有一定的探索价值。

庞茂琨《第二次触摸》

庞茂琨 《第二次触摸》 油画 220cm × 180cm 2018 年
（庞茂琨 / 四川美术学院院长、博士研究生导师）

『副本』创作自述

庞茂琨

科技的突飞猛进，特别是人工智能技术等的飞速发展，令我们陷入一种从未有过的兴奋与困惑交织的状态。面对技术带来的奇妙、巨变与断裂，今天的哲学、伦理学或者是艺术，可以说都未做好充分的准备。

当代艺术的所谓“当代”，并非对新近才出现的艺术创作手段与媒介的迷恋，而是对当下时代情绪的体悟与表达。“副本”，既是今天创造性活动的重要手段，也将是人类新文明阶段“存在”的合法状态。眼下暂且还作为“正本”存在的我们，如何看待“副本”的合理性与合法性，如何面对“副本”与“正本”在价值和意义上相互转换的可能，能否去设想一个“副本”甚至超越并控制了“正本”的未来？

许多年来，我从未刻意回避古典艺术，相反，我对它有着一种眷念，这种眷念一方面是出于对于风格、图像的个人喜好，另一方面，是因为我曾经坚信人类一直活在历史之中，未来也总是在历史中徐徐展开。然而，智能科技正在让未来加速度地到来，而这个新未来究竟是伴生解蔽与显现，还是会彻底颠覆自然人类历史的逻辑，让曾经的精神表达系统失语，让现有自然的社会运行机制失效，让自然人类的历史终结？

蛋糕内含着欲望与诱惑，遗忘与守护，庆祝与纪念，结束与开端。这一次，蓝光脉动的蛋糕，会承接谁的庆典？

浪漫的历史。断裂的未来。

或许博物馆

熊宇、吉磊、魏震 《或许博物馆》 绘画、装置　尺寸可变　2020 年
（熊宇 / 博士、四川大学副教授）
（吉磊 / 四川大学讲师）
（张发志 / 四川大学讲师）

传统博物馆中的艺术实践

熊宇

四川大学美术馆在近几年来与不同类型的博物馆进行了深度合作，组织艺术家对博物馆藏品进行研究，并以艺术实践展开今与古的对话。这些项目主要包括与四川大学博物馆合作的“重帘——古代绘画、刺绣互文展”暨“借镜观形——博物馆艺术项目邀请展”，与四川大学自然博物馆合作的实验艺术项目“视场边缘”（The Side of the Eye）。

面对这些合作项目，我们会首先构建项目的逻辑框架。当艺术家与博物馆合作时，双方均会面对一些共同问题，比如打破固有的展览模式之后，这些艺术品与藏品的关系如何阐释，公众与展品之间如何互动，以及博物馆话语机制问题，那么这些问题都会在我们的项目工作实践中涉及，也就是说这是一个将我们的艺术实践变成一个富有积极意义的创作过程。对博物馆来讲，如何扩展观众的访客体验是今天传统展览一直在探索的问题，博物馆呈现具体的藏品，这些藏品带有一些固有物的属性，而博物馆则是通过展览对这种物的属性进行解释和注解，这种解释是凝固的也是观者被动接受的。这些传统藏品固有的物的属性对于艺术家而言，则往往不止于之前被博物馆界定的固有意义。在艺术家行为往往扩展物的概念，进而带来更为丰富的全新的认知和经验。项目过程中，博物馆与艺术家的合作一方面通过艺术的魅力吸引更多观众参与，另一方面则从艺术的角度重新探索这些固有的藏品的意义。这样的创作过程打破了固有的博物馆只是向访客展示藏品的模式，转变成艺术家、访客和藏品之间共同构建起来的新的知识生产模式，这是我们川大美术馆与博物馆合作的实验艺术项目的基本逻辑。

近几年，我们已经同四川博物院、成都博物馆、四川大学自然博物馆、四川大学博物馆等博物馆有过合作。我们之前项目实施过程中的逻辑图，显示的就是藏品、观众和艺术家实际上三位一体构成一个逻辑循环，而新的艺术经验与作品也就在这个逻辑循环中不断产生。

任何一种比较成熟的艺术项目体系都自成系统，包含自身独特的话语、方法、范式以及观念等几个层面，而其中项目背后的思想观念是最为核心的一环，也可以说，正是这些艺术观念决定了艺术创作的逻辑。探讨四川大学美术馆系列实验艺术项目之前，我们需要梳理几个重要的观念性的概念，即“解构”“再构”“互文”“介入”。“解构”这一概念需要从解构主义谈起，这一概念可以追溯到 20 世纪初的结构主义，结构主义者在其理论中把语言作为意义生成的基本工具，其研究的基本形式主要根据两个对立项的“相似性”和“差异性”，而这两个对立项从本质上又离不开二元对立关系。20 世纪 60 年代，以雅克・德里达（Jacques Derrida）为代表的西方解构主义（Deconstruction）哲学流派，解构了西方哲学里的“逻各斯中心主义”的二元对立，这一理论的实质是反权威、去中心。雅克・德里达提出了针对二元对立的解构策略，即颠倒等级秩序，在实践中颠覆二元对立命题，对其系统做全面转换。雅克・德里达引入了“延异”的概念，通过“延异”来消除二元对立中对立项之间的差异，进而从根本上“消解”二元对立的存在。而解构主义的另外一个重要概念则是由茱莉亚・克利斯蒂娃（Julia Kristeva）提出的“互文性”（intertextuality）概念，“互文性”的意思是“任何作品的文本都是像许多行文的镶嵌品那样构成，任何文本都是其他文本的吸收和转化”。因此没有单独的文本，任何文本之间都是互相指涉的，构成了绵延不断的文本群体。因此一个文本总是包含了历史上和同时代其他作品自身及语言自身历史的“踪迹”，而文本的意义就是读者对文本的阐释，对应今天的艺术，则被认为解读艺术作品的意义在于观者的介入以及对作品的阐释。这一理解反映了后现代社会复杂、混沌和多元化的特征。而在四川大学美术馆与各博物馆合作的实验艺术项目中体现的正是这样一种特征。博物馆收藏的物，是研究人类社会生活的一种主要媒介，而艺术创作则是人类活动的证据之一，在项目过程中，他们之间形成互动，当代艺术成为传统文化的一种关系延续。因此博物馆中的文物可以通过今天的艺术创作产生新的话语。在博物馆实验艺术项目中，艺术创作带来一种全新的观看方式，这种观看改变了传统博物馆展示藏品的观看概念，而产生一种新的观看机制与思维模式，也进一步地拓展当代艺术创作中的感知体系，带给传统的博物馆藏品以全新的维度。因此对博物馆藏品来说，这种艺术创作中的互文性是带有批判性的。

四川大学美术馆与四川大学自然博物馆合作的“视场边缘”项目，项目过程中艺术家源自身体与心理的感知获得了独特的显现方式：参与者以对博物馆中固有空间及动物标本的反思为前提实施了另一种自我认知。自然博物馆作为一个“已分配的”展示空间隐含着人类理性思维的固有模式，作为客体的自然标本被封闭、收容在固定的“橱窗”中，作为标本固有地阐述已有的生物学的概念。基于这种固有的感知系统，“视场边缘”项目以“倾听”的方式挑战了传统博物馆系统中的固有视场，尝试在真正可动的视野中生成“新的观看”。而与成都博物馆皮影馆的合作当中，面对这种传统的文化以及习俗性的图像，在这种现代意义灯光下，艺术家的这种思维得到一种全新的感受，进而对这种传统的文明形式进行了一种当代意义上的注解和诠释。

孙纬作品《博物馆组曲》，这件作品由此次展览的图像所生成的声音构成，艺术家认为：“听”的实验性方式感受图像化的历史，通过计算机处理把（博物馆部分馆文物）图像数据生成为声音，解构传统，建立一种具有当代性的深度殆听（声音标本），这一创作过程也可以理解为构建一种当代殆听的图像历史。噪声是工业文明的象征和产物，在面对逐渐被遗忘的过去，为我们当下提供一种聆听的线索或启发。在郑之孩《时空之门》中，艺术家以自身的系统接受博物馆中的文物所带来的另一个时空的信息，并通过自身的符号建构来试图激活观看者大脑中的关联信息并与之结合。当代科学认为时空并非一种客观存在的实体，而是生物内在的一种认知形式，是思维逻辑运行的工具，也是将感觉塑造成多维对象的软件。这件作品借由对文物图像信息的选取、加工、组合的方式，将文物的历史信息、色彩、纹饰、形状等糅合以特殊的当代图像形式输出。郑之孩将这一系列作品称之为“信息图腾”，最早叫作“私有语言”，这一名称取自维特根斯坦的“私人语言研究”，后来又叫“符码图像”。

徐钰林的作品《在一次对视之后》就是基于“看”与“被看”的体验所创作的作品。

他曾经在动物园和猩猩进行了一次对视，从猩猩的眼睛里他感受到了他也在“被观看”。通过观看自己的“被观看”，徐钰林体会到和猩猩之间刹那的融合进而感受到了自身的存在。艺术家郭俣则用艺术的方式再制了一个动物标本——皮囊，与其他标本并置于展览空间内，形成呼应和对照。他将在市集上贩卖的皮囊提取出来，用绘画的方式再现，让动物标本以另一种方式陈列在展览空间中“被凝视”。目光在空间的转换中被错置了，在集市上，皮囊作为一件商品被商客“凝视”；在工作室，皮囊作为创作内容被艺术家“凝视”；在博物馆，皮囊作为展示品被观者“凝视”。“皮囊”作为“凝视”的客体，是权力的对象；“人”作为“凝视”的主体，是权力的主体。即使目光错置，在不同的观看体制下，“凝视”中的权力运作依然存在，“皮囊”自始至终是被操纵的、被决定的、被审视的，而“皮囊”本身的存在也暗示着整个生物系统中的权力博弈——“皮囊”源于动物的“被剥夺”。而在他的另一件作品《甚至在博物馆也有我》中，表现出了博物馆对个体压倒性的影响力，以及博物馆的展览机制被用作艺术作品创作的逻辑规则。

在陈镭、蒲粤梅《一方尘土》作品中，艺术家在蔷薇花瓣式的泥土碎块中矗立着红色的高跟鞋，高跟鞋由考古现场带回的土制成，高跟鞋这一形象充满着现代性的暗喻，并被同样有着符号隐喻色彩的红色花瓣式的碎块包围。花瓣式的碎块与高跟鞋作为日常物中常见的符号，具有其自身的文化属性与社会意义。柴韵、郭雨濛、魏震作品《转腾》中，现代影像重新阐释古代事件的逻辑，影像以假想的明代女性的三种人生阶段作为脉络线索。影像图像对过去的人物经历进行再构。明显艺术家这种对人物再构的经验，建立在艺术家的主观假想之中，作品中所使用的一系列关于古代图像以及文物的照片则使得这一影像带有明显的历史色彩以及相应时代的烙印，但面对作品时，无论是作品在空间中的构建方式，还是影像中图像的转换，明显有着今天艺术思维逻辑的印记，也正是今天的逻辑将过去经典作品中的图像元素进行重新组合再构。与之类似的作品还有郭俣的“不作园系列”，在这一系列作品中，传统的中国图像元素被一再解构，传统图像中的关键元素，如园林、山水、骷髅，被解构而成为今天的创作母题，并在艺术家的创作中进行重新建构和描述，以今天的图像行为赋予图像新的意义以及现代的思维色彩。而在陈镭的《风吹维纳斯》中，经典的古希腊雕塑维纳斯形象在现代计算机图像运算条件下不断的变形、扭动，今天的计算机影像数据运算技术使得传统的经典的雕塑形象产生出新的图像结构。魏震与骆丽嘉的《她者的凝视》中，几块巨大的投影屏幕上呈现不同女性的眼睛的形象，这些巨大的眼睛一直凝视着屏幕下的物体，屏幕是透明的，人们可以随意穿进这一围绕起来的凝视的场域，场域的中心是充满着冰的玻璃盒子，冰的下方覆盖着中国美术史上经典作品《玄宗幸妃图》，随着覆盖的冰的缓慢融化，图像最终得以呈现，四周的影像则似乎凝视着这一过程的发生。实际上，作品中观众与作品之间存在着“看”与“被看”的关系。

在这些博物馆实验艺术项目中，藏品与当代艺术并置展示，地理空间上在场构建第二重的文本空间，而观者作为新的话语维度加入，进而形成传统文物、当代艺术、观者、其他文本的“互文”。文物与当代艺术成为同一阵线的主体，在彼此的“互文”中构成意义活动，观者的观看和批评性讨论使其主动参与到文本生产的建构中，生成自我理解的意义实践。这在今天美术馆和博物馆实验艺术项目的工作中形成一种新的知识生产，而这个知识生产最后在观众那里获得三者的融合，并在观众那里完成全新的知识创造。

（熊宇 / 博士，四川大学美术馆馆长）

一方尘土

陈镪、蒲粤梅《一方尘土》装置　尺寸可变　2019年
（陈镪／职业艺术家）
（蒲粤梅／职业艺术家）

当代艺术语境下重构古代艺术之美：以『物·色——明代女子的生活艺术展』为例

任卓　朱月

2007年，国际博物馆协会对博物馆定义进行了修订："博物馆是一个为社会及其发展服务的、向公众开放的非营利性常设机构，为教育、研究、欣赏的目的征集、保护、研究、传播并展出人类及人类环境的物质及非物质遗产。"[1] 因此，一个现代的博物馆是出于公共教育的目的，对人类及其环境的物质遗产和非物质遗产进行收集、整理、保管、研究和展出，最终实现知识传播的非正规教育机构。在博物馆的实践工作中，陈列展览往往是其他博物馆功能体现的重要载体。北京故宫博物院前院长单霁翔认为："博物馆的展览最大的特点是以物为主，是通过对文物的各种展示手段来告知观众这是什么，带有一定的教育性、灌输性，是传播历史文化，启迪人们心灵的重要场所。陈列展览首先是视觉表达艺术，同时也是空间艺术的具体呈现。"[2] 换言之，博物馆的展览，首先要带给观众艺术审美的享受，同时要能达到让参观者观而思之的目的。

互联网时代的到来,文化价值趋向多元化。博物馆正在经历着以"物"为中心的博物馆时代向以"人"为中心的博物馆时代的转变。有学者称之为"后博物馆时代"。[3] 多样化、多元化已成为新的发展方向。博物馆的展览诠释之方法也应随之发生改变。传统的博物馆展览往往都是以藏品，也就是“物”来决定展览的内容与形式，主要强调完成已有知识的组合与传播，强调知识传播的权威性。这种展览与当下的观众有着距离感，这种展览模式也已不能满足公众的审美需求和心理需求。而在后博物馆时代，展览更加注重多元化的诠释，关注认知过程中主体能动性。将“人”作为认知过程最核心的要素。而关于“人”的理解，笔者认可“人”是一个多元性的概念，既包含观众，也包含了展览策划人员以及藏品背后的物质文化信息所蕴藏的“人”。具体到一个展览策划中，应理解为确定了展品及基础信息之后，首先要分析展览的受众人群。其次，要对展品所蕴藏的人文信息加以分析和利用。最后也是最重要的，是要发挥策展人员的主观能动性，主动在展品原有的信息基础上尝试运用更多的方法和途径，甚至是构建出超出展品的历史的、静态的、物质化的信息，从而建立新的展品关系。一个展览中，展品合理的空间布局、流畅的展览线路、有趣的感官体验非常重要，但如何将博物馆的“物”和来博物馆参观的“人”更好地联系起来更值得我们去关注。在实践工作中，展览策划人员可以在解释藏品基础文化信息的同时，尝试重新构建展品的意义和价值，以及重新给予展品新的认知和逻辑关系。在中国古典文艺美学认知中，对事物的审美理解应由浅入深有三个境界——物境、情境和意境。物境可以理解为对物体具体形象的认知和表达，情境是主观感受的转化，而意境则是把情感融入在了形象里，即意富于境，是外在的形象渗透着主观的思想和见解。“三境”作为中国古典文艺美学的重要范畴，同样适用于博物馆展览策划设计中。物境之状态就是对展品的客观理解和阐释。情境则是展览策划人员对展品主观认知的回应，带有作者的主观感情色彩。而所说的意境其实就是策展人员通过不同的设计理念和方法，在一定的空间将“物”与“非物”构建出有机的关联。当观众在解读这种意义链接时，主动地进入策展人创造出来的这种“物”与“非物”的场景中，从而体会到策展人所想传达的文化内涵。由此可以认为，好的展览设计是需要将这种展览策划人员情感信息寓于空间中，通过“物”的外化表现，引申到展览的主题的精神价值，最终实现策展人的思想和见解与观众的心理诉求的统一，从而使观众积极回应，引发思考，这就是展览的意境。展览策划可以在坚持文物研究的基础之上，尝试运用信息传达的多样化处理方式实现策展人所想与参观者所思关联起来，达到情感上的认同。2019年，四川博物院策展团队策划的“物・色——明代女子的生活艺术展”就是一次有趣的探索。我们尝试通过当代艺术作品构建出展览新的逻辑关系，从而赋予展品多重意义，进而调动观众的视觉感知和情感触动，将关注点放在传统和现代的对话，从而建立观众和展品之间的意义链接。

经前期研究，四川博物院藏有一批女性明制汉服，四川地理环境湿润，完整的明代汉服少之又少，仅就服饰展品而言有一定的吸引力。初期，策展团队的关注点主要考虑就明代女性服饰文化挑选出展品并整理出展品的基础信息，展览定位为普通观众以及汉服爱好者，后期，策展团队认为仅考虑展示女性服饰略显单薄。由此，将此展览定位于明代女性生活主题，将绘画、刺绣、妆容等内容融合进来。为此，我们借用了四川省文物考古研究院及绵阳市博物馆、平武县博物馆的部分展品。此时，团队思考的更多是：观众来参观展览都是发生在当下的一种行为活动，每位观众的知识结构也是当下的知识结构，是否可以在当代语境下阐释传统文化的自身内涵，是否可以超出展品的历史的、静态的、物质化的信息重新建立新的逻辑关系，进而实现以当代人的视角穿越古今，探索明代和今朝的审美与情趣，让当下的观众与展览发生更多的有益链接呢？当代艺术更倾向于将感性认知传递给观众，如果我们可以把当代艺术的解读方式和古代艺术结合起来，会不会产生奇妙的化学反应呢？

中国当代艺术经历了几十年的学习至今，艺术家的思考已越发宽广也越发具有现实的批判性，创作语言也更具有时代性。当代艺术关注的是当下的文化，而当下的文化是过去的文化积淀加上新的时代性特征，具有连续性、继承性和时代感。如果让当代艺术家立足于文物展品的传统内涵，在继承了传统艺术文化内涵的基础上，赋予当下时代性的思考，运用现代的材料和科学技术进行创作，在作品中除了注重文物展品的形与质，还注入艺术家对展品时代性的思考和观念，这可以理解为是对传统艺术和审美在当下的一种解构和全新的诠释，也是博物馆展览在当代语境下思考自身文化身份价值的一种探索与尝试。当下，博物馆的展览往往都是就古代而说古代，忽略了正在发生的审美与情趣。让观众在看完展览后对现在的生活状态有所感悟和反思，也许是博物馆展览更需要关注的问题。培养观众独立思考与批判的能力，打开更为深远的思考空间才是展览的终极目的。

为此，我们邀请了四川大学美术馆的艺术家参与到展览中，其目的就是尝试如何通过当代艺术重新解读古代艺术。希望给予观众更多想象的空间，让观众在一种审美性的意义空间当中，体会到传统价值的意义以及沉浸式的深刻认知。我们尝试将现当代艺术家的作品融入展览中，根据展出的文物藏品，由艺术家通过装置艺术、新媒体艺术等形式重新解读展品的价值与内涵。我们邀请了运用不同艺术语言和形式创作的艺术家，根据我们的展览主题进行创作，并将艺术作品与古代文物并置在展览空间中，构建出多维度、多线条的影响和传播。

根据展览主题，我们主要选择了可以反映明代四川女性生活的书画织绣作品、饰品、服饰等文物，它们是当时女子生活的重要见证，旨在反映明代蜀地女子生活的富足与优雅。其中，四川博物院藏展品包含了明代女性绘画扇面 5 件，明代刺绣 3 件，明制汉服 7 件 / 套，其他饰品二十余件。考虑到展览内容完整性，借用了四川文物考古研究院及绵阳市博物馆文物展品共计 32 件，主要为明代女性的发饰、耳饰、首饰等。平武王玺家族墓出土的“金仙宫夜游分心”“菩萨凤鸟莲花纹分心”等展品精美绝伦，也是近年来首次向观众展出。

此次展览的展厅面积约 500 平方米，层高约 3 米。展览以顺时针路径为参观动线。序厅左边进入第一单元，观展完从序厅右侧出展厅。入口前言设计为纱质隔断，寓意明代女子的生活环境，出口处设置了回形墙，避免观众由出口处进入参观。门口设置临时文创展示区域，方便观众参观后购买文创产品。该展厅为密闭展厅，因展厅较小，未采用过多的隔墙，仅在二、三单元之间搭建了隔墙，该隔墙也较好地隐藏在了艺术装置中。展览主要通过单元色块和灯光营造出展览的层次感。展览分四个单元，每个单元都有艺术家作品与文物展品并置于空间中。从古至今，旧事物的消亡与新事物的开启交叉穿行。展示器物的壁龛的高度约 110 厘米，方便青少年观众观看。由于此次文物展品体量小且精美，展柜进深约 40 厘米，方便观众近距离观看展品细节。各个壁龛内设有说明展板以示说明重点文物。根据文物的物理特征，展示的方式有所不同，形式材质各样，体现多样变化。

展览第一单元“闲适”，重点展出明代女子的书画作品及明代的刺绣。花鸟画是女性画家最热衷表现的题材，出于女性细腻的情感和对花鸟特有的偏爱，促使深居闺中的女子对自己生活中最常见的花鸟加以表现并形成了一定的创作规模，这些清雅秀润的笔墨向世人展示了明代女子无论在多么琐碎的日常生活中都留出时间感受自己的内心，凭针线绣梦，以画笔写情，俯仰之间，心向往之。在这个单元，我们使用了一个视频影像装置《时间的对视》与蜀绣展品并置展出。作品将传送蜀绣艺人织绣的实况画面。绣的主题是此次展出的文俶的花蝶图扇面。昔日刺绣的制作者甚至都不曾有过任何记载，只能从这些存留无言的文物来感知，这是时间通过文物展品在与我们凝视。当年的织绣历经时间的洗礼成了博物馆的藏品，而现代成都众多的蜀绣、蜀锦工坊正鲜活地演绎着现代蜀绣和蜀锦的多彩篇章，通过现在的织锦与绣工刺绣，以借形的方式又成为一件现代的“实用物品”，通过影像实时传送到博物馆，让当下的蜀锦、蜀绣和明代织绣产生交织，用实时的影像制造出时空折叠和互换的可能，让与展品凝视的猜想与当下的时间凝视，也希望参观者可以从中窥视或想象几百年前社会生活的一角，构筑起这些展品后面的人、事、物的生活场景，了解明代女性的生活状态以及审美。

第二单元“粉泽”。主要通过明代女子的梳妆用品，诸如发簪、攒心、耳坠、手环等，展现明代女子的典雅生活以及体现出的精美与巧思。这个单元我们使用了《时空之门》影像装置。通过这个影像装置，意图将这些文物带着另一个时空的信息来到我们的面前，激活观看者大脑中的关联信息并与之结合。当代科学认为时空并非一种客观存在的实体，而是生物内在的一种认知形式，是思维逻辑运行的工具，也是将感觉塑造成多维对象的软件。这件作品借由对文物图像信息的选取、加工、组合的方式，将文物的历史信息、色彩、纹

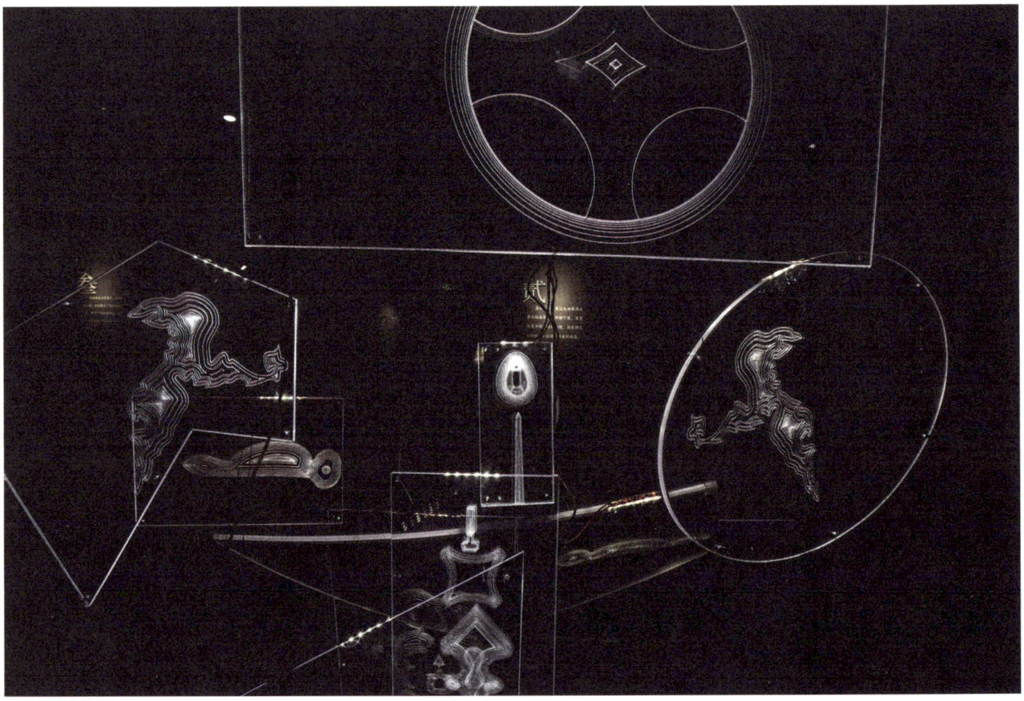

四川博物院“物·色——明代女子的生活艺术“第二单元 粉泽　展览现场

饰、形状等糅合以当代审美的形式输出，让时空在意识中穿越并留下创造之美。

第三单元“霓裳”。此单元集中展示了六套四川博物院藏的明制汉服，包含了马面裙、

袄裙、半臂等。在这个单元中，我们使用了装置《转腾》。这件艺术作品主要从明代女子的三个最重要时期：成人礼、婚嫁、大寿的妆容入手，参考明代绘画中的女子妆容，用行为影像的方式将明代女性生活中的最重要时刻一一勾勒出，让观众不仅仅只是聚焦在衣物本体，而更多的是可以想象穿着衣服的那些人及其经历的那些事。由此，可以将静态的物在思维空间中活态化，将物和使用的人联系起来。

第四单元“古今”。通过展示古代服饰和两组现代明制汉服，形成了古今呼应的并置空间。这个单元我们采用了装置艺术《一方尘土》让观众重新理解当下的审美。该作品是由艺术家用从明服饰出土地新都取的土捏成的一只高跟鞋。泥土本身是没有区别的，犹如纸墨，但由不同的人作了画就有了特殊的属性与命运轨迹，这一抔黄土来自本次展品发掘地，本身就带有文物自身的故事，用这些土作为塑形的材料，把当下的审美重新做一次审视。

在整个展览空间中，我们还利用了艺术家本次展出的文物进行色调整理，将这些色调转换为五声音阶并编排成三段音乐——《枯音》《喃语》《宏音》。尝试用声音填充空间，将现实与过往搭一座声音之桥。声音作品最能把内心的一些想象画面调度出来，与现场展品产生心理的化学反应。为配合营造明代美学意境，我们采用简练的文字串联起展览的四个单元。与以往展览不同的是，第四单元的“古今”主题并没有文字说明，留空白给观众自行深入体会与思考。本次展览文字中大量精简了学术类的文字表达，框架之间用散文化的文字构成单元说明，在展厅中营造出属于女性优雅的气质，又不会喧宾夺主，与展厅中的展品交相辉映，以汉字的美感让观众在参观中有所感悟。展览文字的减少，也让观众在更大程度上将注意力集中于文物、当代艺术装置、现场音乐与视频，最大程度地发挥藏品与辅助展品的艺术价值。而针对重点文物的文字展示，则运用了比较丰富的学术性语言进行展示，观众在大环境的氛围中体会藏品厚重的历史价值、制作工艺等内容，从另一个层面了解明代女性优雅的生活艺术。

展览还首次尝试了联合策展人的合作模式，四川大学美术馆的艺术家从展览开始就介入展览策划中。不同学科体系的思想碰撞对此次展览的策划起到至关重要的作用。展览期间，博物馆方策展人及参展艺术家均从策展的角度对观众进行了策展导览。同时，在四川大学美术馆围绕展览跨界主题进行了两场主题讨论。由于展览在表现形式上较新颖，展览期间也成为网红打卡地。这对博物馆的宣传及传统文化传播起到促进作用。

新的博物馆时代，我们的展览应该保持多元的形态，通过多重视角传递多元的知识信息。这个展览就是意图通过多维度的视角去阐释古代之美这个永恒不变的话题。借用当代艺术的语言构建古代艺术的主题，其目的就是引导观众对展览主题进行更深层次的思考，实现多信息层次的体验和想象。就如艾琳·胡珀－格林希尔所言，博物馆的知识“呈现一系列的看法、体验和价值观，博物馆的声音只是众多声音中的一种”。而博物馆的展览也可以尝试不再局限于展示特定主题或思维方式，而是更多地与当下结合，向多元化发展，探索更多的表达形式，以此在空间中展示更为多样的文化与见解。

反思：

此次展览由于有了当代艺术家的参与，让展览的内容阐释和空间表达有了巨大改变。反观观众的评价，绝大部分观众喜欢这样的展览解读方式。或许是当代艺术的呈现方式改变了博物馆的传统展示表达，大部分观众在好奇心的推动下走进了展厅。同时，也正是由于第一次尝试与当代艺术机构合作，因此本展览项目还存在诸多问题值得思考：

首先，博物馆策展团队在和艺术家进行初步沟通时，仅仅提供了展陈大纲及文物清单，只是分享了藏品的基本信息，没有确定展览的核心概念，从而缺少了博物馆策展人和艺术家共同的价值基础。正因为如此，策展团队花费大量的精力讨论确定展览的底层逻辑及意义的构建。因此，在展览策划之初，博物馆和美术馆的策展人员以及艺术家就应该介入，将展览学术讨论前置化，后期的工作才有的放矢，艺术家的创作或许更有针对性。博物馆和美术馆共同设立长期的艺术项目，持续性的讨论是做好一个展览项目的前置条件。

其次，跨界展览应保持一种开放性的、成长性的态度。但在实践工作中，一方面缺少了博物馆和美术馆的一种合作机制，没有一个大家认可的规则去规范项目的推进，而是以一种相对松散的模式合作，其结果或许就是过于突出了艺术家个人的艺术创作而忽略了展览的整体观照。另一方面，美术馆的策展人及艺术家在此次展览中更多的是以参与者的身份而非共同的主导者，美术馆功能未能充分发挥出来。

最后，关于文物展品和艺术作品孰重孰轻的问题，博物馆展览的属性已经决定了文物展品主导地位。同时，我们必须承认，当代艺术作品不仅仅是策展人在诉说展览时重要的手段和展品补充，其意义也许更加深远。博物馆的文物展品给予艺术家创作的文本和语境，博物馆的场域特点也是艺术家创作的来源。而艺术创作可以说是对文物文化内涵和文物本身的解构及再创作。艺术家通过艺术语言重新解读和赋意，而艺术创作都会生发出与当下或者自身相关的主题。这种艺术创作的特性会吸引观众，拉近观众与文物之间的距离。行为或者艺术项目会让观众参与其中，这之间的互文能够产生更多的化学反应，例如呈现出展览中一些深刻而又不易言说的意向；通过视觉、听觉场域，将问题传递给观众，引发观众的问题意识；让博物馆的展览与观众产生更高层次的互动；等等。也许我们可以忽略文物和艺术作品谁更重要的问题，展览想要诉说的主题才是核心，以合作的关系去共同解决展览中的表达才是问题的关键。

（任卓 / 四川博物院策展人）

（朱月 / 四川大学美术馆策展人）

注释：

[1] 宋向光 . 博物馆基本业务意义及逻辑关系分析 [J]. 中国博物馆， 2019（4）.

[2] 单霁翔 . 浅谈博物馆陈列展览 [M]. 北京：故宫出版社， 2015.

[3] Hooper-Greenhill E. Museums and the Interpretation of Visual Culture. New York： Routledge， 2000.

微观地景·生物量

魏震《微观地景·生物量》 648cm × 624cm　纸本绘画、血　2018 年

（魏震 / 职业艺术家）

用艺术的眼光看科学，用生命的眼光看艺术

——关于艺术介入博物馆的讨论

朱月、魏震

2020年11月24日开幕的“中国社区美育行动计划展”的第二单元名为“古今的邂逅”。与其他四个呈现根植于乡村、城市社区等传统社区的美育行动展览单元不同的是，在“古今的邂逅”中，博物馆被视为一种特殊的社区，展示的是四川大学美术馆与各博物馆合作的博物馆跨媒体艺术项目，与博物馆传统文物互文的当代艺术作品。那么，在公共教育层面上，当代艺术对博物馆的介入起到何种作用呢？以当代艺术创作的前沿问题关联博物馆美育，对思考当代艺术创作与人、与物、与世界的新型关系具有一定的探索价值。

朱月：当代艺术介入博物馆，与博物馆传统文物的互文需要一个慢慢契合的过程，我们美术馆已经合作了三次博物馆传统文物与当代艺术互文的展览项目，起初试验了很多种艺术与博物馆合作的方式。例如，第一次与四川大学自然博物馆的展览，我们将其定位于破隔性艺术实验项目，指的是当代艺术与自然博物馆、艺术与生命科学等多个学科领域之间的固有界限的突破，展览主题“视场边缘”源于利奥塔在《话语，图像》中提到的概念：“视场边缘的进入，这是一种视觉上的相异性，是可见世界中的一种不可见者。”这一种以侧面的、缥缈的空间区别于

中心的、稳定的空间而获得的视觉器官巨大的开放性，与生物学所表述的“侧眼”相通，成为当代艺术介入自然生命科学的切入口。而到了后面两次与历史博物馆的合作的展览，已经有了既定的主题，我们通过艺术家实验了多种艺术形式介入博物馆，去试探博物馆对当代艺术的接受度，磨合博物馆策展人和美术馆策展人的策展理念、艺术家的创作理念，建构博物馆传统文物与当代艺术的互文关系，观察、调查观众对这样一种新型展览的反应和感受，等等。

而对艺术家来说，博物馆也是一个有别于美术馆新的创作场域。与美术馆相比，你在博物馆中是如何创作的？

魏震：美术馆，基本上是一个白盒子空间，任何想做的事情都可以在美术馆里面发生。但是博物馆，它是自带语境的一个场域，它有它本身的功能属性。所以说，（我）往往会基于博物馆中的某个点，重新创作艺术作品。博物馆也是非常多元的，在这个空间和场域里面其实有着非常多种的可能性，那么在创作时，前期会根据博物馆的藏品资料有一个初步的概念，之后可能会对其中某一些有具体的感受，或者是与我自己感兴趣相似的方向。

朱月：嗯，从博物馆的创作里我们可以看到艺术家惯常的创作逻辑，在博物馆中对于藏品和展览主题有着相似的反应。比如说，在 2018 年和四川大学自然博物馆合作的“视场边缘”展览中，你那件 6 米乘 6 米的大尺幅作品《微观地景》和你之前的一件在地性作品在形式上很相像。

“视场边缘”——四川大学自然博物馆与四川大学美术馆的破隔性艺术实验项目展览现场

魏震：这件作品是基于之前的一个在地性项目，与绘画以及我自身所感兴趣的青苔流水、笔触等相关，和之前的作品是延续的。

这件作品的话，当时是翻阅了一些自然博物馆的资料，被其中的生物量吸引了（生物量：是指某一时刻单位面积内实存生活的有机物质总量）。从生物量来看，人类和其他的

骆丽嘉、魏震《她者的凝视》 视频、冰块、照片、行为 2019 年

比例相差特别大，比如说植物占比非常大，而人类只占总生物量的 0.01%，但正是这 0.01% 的比例，改变了世界太多，甚至成了现在世界的主宰。比如说，在人类影响下，第 6 次大规模物种灭绝是远远超过了前 5 次的生物灭绝速度和规模；比如说，人类对这个世界的改造，像人类所驯养的牲畜已经是远远超过了所有野生动物的一个总和；比如说，对于地质的影像，也是超越了之前任何生物对地球面貌的改变。绘画的方式对我来说是十分主观的，大范围的笔触是关于植物的，也有小的生物细胞的感觉，而最后加上的自己的一点血，是我对这个创作的自身的感受，似乎是人类的那 0.01%。

朱月：这个就谈到“环境保护”的议题了。对于博物馆来说，它的职能主要在于研究、展示、收藏，特别是对一个高校博物馆来说研究很重要，但我认为除了藏品及其相关学科领域的学术研究，高校博物馆还应该更具有前沿性，不仅所研究的理论知识是学术前沿，它的展览活动应该具有前沿性，也就是时代性，应该关注当下的社会问题，具有话题性。那么在博物馆的场域中，艺术家的介入性创作实际上能够从多维度拓宽博物馆的话语广度和深度，及其社会效应。

在西方，艺术家与博物馆的合作互动至少在20世纪初就已经出现了，克莱尔·罗宾斯（Claire Robins）在《博物馆 好奇课——艺术家介入的教学潜力》（*Curious Lessons in the Museum: The Pedagogic Potential of Artists' Interventions*）一书中将艺术家在博物馆中的身份和所产生的作用分为以下7种类型：1. 艺术家们挑战博物馆的机构权威；2. 艺术家审视历史建构；3. 作为策展人的艺术家；4. 与博物馆建筑师和室内设计师合作的艺术家；5. 艺术家强调使用博物馆的分类展示；6. 聚焦于藏品美学的艺术家；7. 艺术家通过表演与公众建立新的链接。我们可以看到，艺术家自身的能动性、创作的自由性能够与博物馆的各方面融合和创造。你如何看你在博物馆中的创作呢？

魏震：艺术很重要的一个作用，就是提出问题。回到博物馆的话，博物馆有它本身的语境和它所面对的问题，特别像自然博物馆，它主要在于物种的收集，人类对自然世界的认知和对地球的改变等。而在博物馆中创作，会指向我们自身的一个反思：如果没有去做这件作品或者参与到这个项目之中，关于生物、环境的宏大问题是于我有距离感的，也不会从如此多的宏大问题中专门去关注到这个问题。但当进入这个语境去反思和创作，你会发现其实它和我们自身的关系是非常之密切的。像现在地球上有这么多的人类，但是占比是如此的小，0.01%，但是这么小的一个量却需要那么大量的土地去进行耕种，大量的粮食去养活，人类也因此大规模地改造了自然的物种。随之而来的，需要大量的化肥和生产化肥的工厂，以及开发更多的石油和煤炭去供给工厂和机械等。像这种问题其实是非常深刻的，这些问题伴随了整个人类的发展史，也呈现在我们日常生活的方方面面，但是可以通过这一点而窥全貌。

朱月：在与川大博物馆合作的“重帘——古代绘画、刺绣互文展”暨“借镜观形——博物馆艺术项目邀请展”中，你和骆丽嘉共同创作的作品《他者的凝视》是一件装置作品，在展览前两天临时又加上了一个行为，在展览开幕后演出。当在博物馆中做行为艺术，而且是人流量特别大的时候，你是否有提前预想过观众的反应？他们是否能接受和理解你的行为？

魏震：我没有去预设，只是觉得说这一点是需要去表达的，虽然对这件作品我们俩也是持有异议的。这个行为，可以很好地用当下的一个事件去回应我们之前的这件装置作品它所表达的核心观念。从那件藏品《玄宗幸妃图》，我们觉得它是父权的一个非常集中的体现。因为它所描述的故事就是唐玄宗有特别多的妃子，为了决定晚上宠幸哪位妃子，他设计了一个游戏，放出一只蝴蝶，去落在经过精心打扮的、为了吸引这只蝴蝶的妃子的头上，他通过这种游戏的方式，去选择临幸的妃子。我们知道，女性在当时完全是被封建父权体制束缚，这件作品仅仅是一个集中的体现。这种束缚看起来离我们蛮遥远的，但是纵观整个中国或者是世界的历史的话，你会发现女性和男性在法律上的平等，或者是在我们现在看起来没有那么不平等，其实只有短短几十年的时间。回到这个行为中所复述的在展览前两天刚刚通过的阿拉巴马州的法案，也是涉及女性是否可以决定她们自己的身体，我觉得这同样具有历史和时空关系。而这样的问题是切身的，需要整个社会去认知和推动更加平等的女性的权益，这也是为什么去设置了观众可以共同融化的冰块。

朱月：因此你在做行为的时候，是像在美术馆中的创作一样，没有去特别考虑到观众的因素。但是在现场，你的行为很吸引人，它能够带动观众在整个博物馆中行走，或者是去更深入地理解你的那件作品，以及那件作品所关联的藏品《玄宗幸妃图》，以及这两件作品之间的关系。可能对观众来说，那是一件体现古代女性地位的古画，与我们现在的女性身份权力情况似乎完全不同。但是通过你的行为，观众会突然意识到，原来女性权益的不平等现象，不只是存在于当时那个时代，现在也正在发生，发生在一个宣扬自由的国家。由此，博物馆中的当代艺术让观众不仅是接受知识，而且能够对现在的生活状态有所感悟和反思，触发观众独立思考与批判的能力，打开更为深远的思考空间。

魏震：对。

朱月：在采访前我跟你所说的“过去宛如异乡”就是这样。对于博物馆里的藏品，很多人会觉得是陌生且熟悉的，熟悉的是它们是我们生活原初的状态，我们能够比较容易认识它们，其中大部分也经过不同程度的改造留存在现代生活中，然而在时间的灰尘覆盖下，它们似乎又是另一个国度的故事。而当代艺术能够很好地将观众与藏品的关系拉近。在关系美学的理论研究中，艺术事件是一种以交互主体性为基质，以“同在”为核心主题的艺术形式，是观看者和画作间的“交汇”、意义的集体构筑。艺术作品本身具有关系性并建立联系，艺术作为一种社会中介，让现实社会越来越陌生化、冰冷的人际关系缓和，人们可以在同一空间感受，在作品前直接讨论交流，拉近人与人之间的关系。

谈到人，其实公共教育也是博物馆十分重要的职能之一，尤其是第三次博物馆革命所倡导的“参与式博物馆”，更加注重观众在博物馆中的主观能动性、创造性。然而，现在国内的博物馆“重展”不“重教”，在公共教育方面，局限于以展览讲解作为公教活动的主要方式，存在着形式单一、忽视观众参观前后阶段的教育活动工作、缺乏有趣的感官体验等问题。在接下来与博物馆的合作中，我们也需要全方位地深入，落实到展览外围重要的公共教育、宣传等工作。艺术对博物馆公共教育的介入，不是对博物馆现有公教的改造，而是从博物馆层面出发，通过艺术介入博物馆所发起的展览项目的这一层级，以公共性、项目型艺术活动本身的开放性，重塑观众和博物馆的固有关系定位，调整博物馆对于观众的公共教育策略，以及观众在博物馆中的参与方式和认知方式。

魏震：对，我们确实应该考虑到公共教育这方面，以一个更加完整的艺术项目，或者是从当代艺术策展人，或者是从当代的、美术馆的角度去重新设置和策划一种新形态的展览。这些文物在博物馆中，不一定是根据它的年代、它的属性，并非只呈现物本身所能呈现的东西，它可能在某一些更加具体的语境之下呈现更多的东西。比如说像我们上次的“物·色——明代女子的生活艺术展”，当在我们重新设置另外一个主题，比如说与女性权益，或者是女性权益历史相关，那么可能展览所展示的藏品，以及展览主要藏品——那个女墓主人她本身的身份可能也就会以不同的方式、不同的面向呈现在世人面前。而这些都是之后在博物馆和当代艺术的合作中可以进一步思考的。

朱月：嗯，是的，博物馆传统文物与当代艺术的互文和合作，我们还有很长的一段路要走。

第四章

网联的世间

网络世界已然成为当下的第二现实。以多主体共同参与创作与传播的方式进行网络社区营造，在一定程度上可改善网络社区的环境，提升网民的美育素养，并有效促进线下的人际互动，从而实现线上线下融合的社会关系修复与关系提升。

家族档案

苏雅、袁能善、彭玮雯、施沛仑《家族档案》影像 2020 年
（苏雅 / 四川美术学院新媒体艺术研究生）
（袁能善 / 四川美术学院新媒体艺术研究生）
（彭玮雯 / 四川美术学院新媒体艺术研究生）
（施沛仑 / 四川美术学院动画艺术研究生）

微信社区中的家族关系新形态：以作品《家族档案》为例

彭玮雯、苏雅、袁能善、施沛仑

《家族档案》针对“虚拟社区中的家庭关系”这一问题，重点讨论“家族与家庭”在微信群聊中的存在方式，将“微信群虚拟社区”（the Group of Wechat Virtual Community）形成的“虚拟档案”（Virtual Profiles）作为主要研究对象和创作源头。彭玮雯等人以微信家族群为切入点，在虚拟社区空间开展创作。通过线上与线下的有关家族微信群的互动调研和一系列的可视化处理，形成一个具有互动性的实验动画作品《家族档案》，展现作者对虚拟社区中家族关系的新形态的思考。

一、互联网与虚拟社区

微信的出现和普及使得虚拟社区得到迅猛的发展。2011年1月21日，腾讯公司推出了微信这款软件。微信的特性主要有以下几点：第一是实时性。它可以让我们摆脱地域限制，实现实时交互。第二是多元性。微信不仅是社交软件，它也融合了娱乐、休闲的功能。第三是交互性。微信中还有很多视频号和公众号，也成为媒体传播的信息平台。

互联网的崛起改变了人们的交往方式。在信息化、网络化时代，全球化和集体认同两股力量的交汇，不仅呈现了新社会浮现的基本张力，而且构成了塑造未来世界面貌的两种基本力量。尤其值得关注的是，全球性、互动性的互联网络，正在被各种群体力量采用，以在虚拟空间中凝聚族群性集体认同，增强与全球化相协调的力量。因此，以网络空间为研究场域，分析虚拟社区的族群认同实践，无论对把握网络时代族群认同的变化趋势，还是对理解未来世界的发展趋向，都有重要的意义和价值。

二、调研与分析

随着智能手机的普及化，微信家族群在大众之间的使用也日益增加。当下的微信家族群汇聚三代人甚至多代人，因此微信家族群是一个跨年龄和跨辈分的社群空间，就算存在部分老年人不擅长使用微信或微信群聊的情况，在家庭成员的合作之间，微信群或许也会发挥其原有的作用。针对微信家族群，彭玮雯等人展开调研。在调研之初，彭玮雯等人便提出了核心问题：微信家族群对一个家族或者家庭来说发挥的作用是什么？围绕着核心问题，相应展开一系列思考。

整个调研分为三部分。第一部分是线上观察微信家族群聊天记录。这部分调研主要以彭玮雯的家族群“温暖一家庄”和“106 幸福后代”为例。第二部分是针对不同微信群成员进行问卷调查。第三部分是采访家族成员对家族微信群的看法。

观察家族群聊天记录后，彭玮雯等人发现活跃群体以老年人为主，内容以公众号和视频号转发为主。公众号内容大致可以分成 5 类：养生健康、娱乐搞笑、新闻通知、心灵鸡汤和节日问候。5 类内容也对应了 5 类问题。养生健康的内容多是针对疾病问题，专注自身切实需要，如医疗保障；娱乐搞笑的内容多是消遣和打发时间，以低俗性大众视频为主；新闻通知的内容多是以流量营销为目的的虚假性的非官方碎片信息；心灵鸡汤的内容则是以教育子女为首要目的；节日问候是以红包、问候语等形式出现。

在梳理微信网络调查问卷中，彭玮雯等人总结出四个特点。第一，微信群名多包含幸福、娱乐、姓氏等元素，体现中国人的家庭观：希望家族和睦、幸福、快乐、族性传承等。第二，家族群消息易被屏蔽。超半数对家族微信群消息的处理都是打开消息免打扰，多数人面对群消息时会选择粗略查看信息。第三，家族群信息多样，有文字、图片、公众号消息、视频、语音等。第四，家族群在情感交流上发挥重要的作用。大多数受访者认为微信家族群交流成本低，是跨空间交流、多形式的交流平台。通过对家人的采访进行梳理，可以获得家族讯息、多元交流、互动游戏和情感沟通四组关键词，与调查问卷的结果大体一致。

三、家族虚拟档案

档案是一个人一生的缩写。网络技术的普及，推动了虚拟社区的发展，也使得虚拟档案的建设愈加重要。微信作为重要的社交工具，在人们日常生活中的交流沟通和信息服务中发挥着重要作用。微信家族群的虚拟档案是一个值得深入研究的议题：从家族成员界面中可以获取文字和视觉信息——网名、头像、个人签名、性别、所在地等，这本身就是一份个人信息的集合体档案。同时家族成员在交互过程中，会生成在虚拟空间中的活动档案，包括发送的各类文字信息与图像信息（公众号、新闻推文、视频、表情包等）以及在交互程序中留下的记录档案，如红包交易记录、聊天记录、语音记录、视频记录等。

基于此，彭玮雯等人将家族微信群作为一个家族档案库。每一个家族群都是独特的，而在家族群中有很多不同样的信息、资源、情感甚至是家族的记忆网络，这是一个巨大的无形的储存空间，也可以说是一个巨大的档案收录机制。它记录我们在网络空间中的行为、行动。每个家族在这个网络虚拟社区中都有独特的行为与记忆档案，我们可以将这种虚拟的档案转换为一个实体档案，在家族微信群中收集与家族有关的物品、图像、文字符号与个人信息，形成有关微信家族群的“家族档案”。整个作品可以分为实验动画和公共交互两部分。实验动画是对家族群人员、家族群消息、家族回忆的整合与凝练。公共交互则是通过朋友圈与公众号集赞、家族群分享传播内容、转发反馈“微信头像”定制等方式开展。

实验动画主要由三个部分组成，分别为家族群人员档案、家族群消息档案、家族回忆档案。家族群人员档案依次通过动画展示家族成员的微信头像、自拍照、单人照等。排列方式遵循传统中国家族图谱样式，呈现出“家族档案”的原本形态。家族群消息档案利用较为动态的视觉方式，表现微信家族群消息在网络信息时代的复杂结构。将微信的公众号消息、微信红包、文字、短视频、投票与购物链接等消息以轰炸屏幕的方式呈现。家族回忆档案则是在“信息轰炸”部分之后，动画节奏缓和下来，逐渐将家族的老照片、合照呈现于画面之上。同时有关家族微信群的重要物品一项，将会以手绘的形式设计于画面周边形成装饰效果，始终出现在画面上。

从公共艺术角度出发去思考作品的公众性、娱乐性与互动性，彭玮雯等人制作的《家族档案》应该是一件可以复制的、易于传播的作品。利用虚拟网络平台制作网络图像档案模板，将不同的微信家族群信息收录进档案中，转换为一份可视化的实体档案。对于作品的后续传播，通过添加一些互动内容来实现，例如把自己的微信档案传播到朋友圈进行点赞反馈红包，或者“用户”把自己的家族形象发送给艺术家进行设计等。

随着智能时代的来临，网络空间逐渐形成了独特的虚拟社区生态。作品《家庭档案》对“家族与家庭”在微信群聊中的存在方式进行了讨论。通过线上+线下调研，对虚拟社区能否提升家族成员幸福度进行深入研究，最终形成实验动画与虚拟交互相结合的作品。

营销有你

樊若涵、刘翔宇、李佳鑫 《营销有你》 影像 2020 年
（樊若涵 / 四川美术学院艺术教育学院本科生）
（刘翔宇 / 四川美术学院艺术教育学院本科生）
（李佳鑫 / 四川美术学院艺术教育学院本科生）

自媒体时代的美育：对营销号泛滥现状的思考

樊若涵、刘翔宇、李佳鑫

随着新冠肺炎疫情的出现，人们的生活方式发生了变化。从前习以为常的学习、工作和生活都被迫中断，依靠一根根光纤来维系，网络成为人们日常生活中了解资讯、交流沟通的重要媒介。此时，对网络自媒体的探讨达到了一个峰值。

我们查阅相关资料，收集到一些关于网络自媒体的数据，整理后发现抖音和快手软件的受众趋于年轻化和女性化，使用快手软件的人57.8% 是女性，抖音则高达 66.1%。

通过对有关网络自媒体数据进行分析，我们可以看出目前网络自媒体已经覆盖到了各个年龄段，甚至已经覆盖到所有人群，而不是我们想象中的工薪阶层比较多，或者是一二线城市居民比较多，现在基本上大家都在使用网络观看自媒体视频。

在覆盖面扩大的同时，出现了自媒体视频质量良莠不齐的现象，包括劣质营销号的产生。营销号没有什么实质的内容都还算是好的，其中部分误导人的内容，导致短视频制作有走向低俗化的趋势。结合我们的专业，我们就想通过美术教育让大家对良莠不齐的自媒体短视频有更强的辨别能力，或者是教授大家如何识别其中虚假信息，谨防被这些营销号欺骗。

平台的选择很重要，我们选择了B站这个平台。之所以选择B站，主要基于以下六点原因：第一点，我们对B站更加了解，B站的粉丝、朋友，他们的爱好包括了很多领域，大家都对自己喜欢的领域有所了解，因此我们可以在共同领域里面交流。第二点，B站的分区很清晰。我们能够快速找到自己喜欢的领域，跟同道中人交流进步。第三点，B站的社区性，相比于腾讯、爱奇艺这种官方的视频平台——相当于是官方买断所有视频版权，B站相对来说只是起到了提供官方内容和平台的作用。剩下的是由我们用户进行创作。第四点，弹幕文化。弹幕文化可以让我们在看视频的同时，天南海北的人在这个视频中相遇，让我们共同去保存这些与自我成长有关的记忆。第五点是B站平台的视频具有作品性。在B站，我们会先找到自己感兴趣的区域，看封面和图标，最后再确定观看的内容。而像抖音这种大家用手一划就过，不需要做其他操作就可以过掉一个视频，回报率其实很低。第六点是受众与我们可能更加接近。在《知道吗？这些年轻人爱上B站搞学习》一文中谈到的《我在故宫修文物》纪录片在B站的暴火，就说明了我们这一届人其实并非像一些长辈想象的是热衷于舞蹈和娱乐，而是也充满了好奇心和求知欲。通过对B站中视频内容和播放热度进行分析，可以发现人文类视频在B站的制作数量是最多的，趣味科普类人文也是播放和讨论热度较高的。

在内容设定上，我们先从发现社会问题开始，抓住一个点，进行相关的调查。以娱乐视频的形式作为外壳，通过趣味视频形式传递我们的真实想法，从而使观众对社会问题产生一定的思考。最后以视频的形式上传网络。

疫情期间，在家里的时间变多了，和长辈相处的时间也变多，我们就发现很多长辈都在看营销号，家族群里也经常出现转发的营销号内容。和同学进行交流后发现这不是一个罕见的情况。虽然地域不同，但在大家的家族群里，这些现象都很普遍。

在我们看来，这些营销号的质量参差不齐，大部分年轻同学对这些营销号的态度是不喜欢的。然而长辈普遍认为虽然营销号所讲的东西不一定有用、有价值，但还是希望多了解一些事情。这是一种求知欲的体现。我们身为年轻一辈应该有义务去引导长辈接受真正有用的信息。虽然他们对新鲜事物的接受能力、辨别是非的能力可能不强，但核心问题在于我们缺少一个真正优质的品牌——方便中国老年人去接收新的知识。

基于营销号泛滥的社会现状，我们创作了《营销有你》这部作品。作品以传统热门的综艺作为开头，用夸大恶搞的形式进行营销号式的表演，再用互动的形式让观众选择自己喜爱的导师，根据观众个人的选择触发不一样的剧情。剧情选取了量子速读、恶意剪辑、生活小妙招等常见的营销视频的手段，不同结局分别影射一个营销号的乱象，让观众对营销号产生更深的理解和认识，从而实现我们在网络社区中进行美术教育的目的。最后的结局用了一种诙谐的方式来表达我们对营销号未来发展注定走向失败的期望。

在娱乐至上的时代，网络上多数的视频是为了娱乐而娱乐，无实质的内容，我们将枯燥的教育内容与之中和，我们认为这是线上教育的趋势，拥有无限可能，等着我们去创造。

口罩纽带

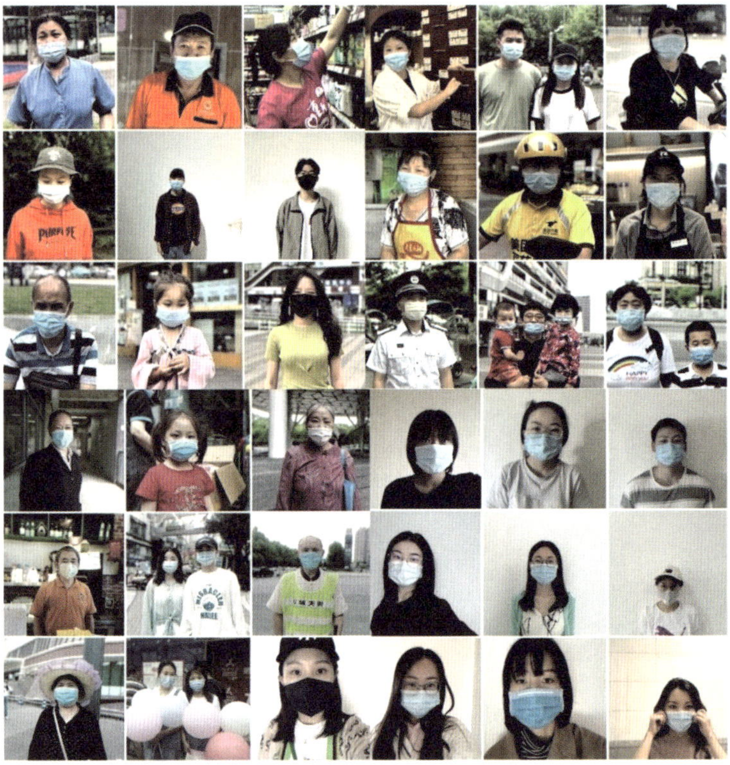

宋舒玥、刘小铭《口罩纽带》电子相册　2020 年
（宋舒玥 / 四川美术学院艺术教育学院本科生）
（刘小铭 / 四川美术学院艺术教育学院本科生）

《口罩纽带》创作手记

宋舒玥、刘小铭

一、背景与设想

全球化时代下，信息愈加发达，传播信息的媒体方式也变得多样，人们接受与传播信息不再仅仅通过传统的报纸、电视，还可以通过方便快捷的移动工具实现进一步的认识。同时，不同的年龄、性别、地域的人在大数据时代下对传播的信息有着自己的见解和看法。新冠肺炎疫情暴发以来，虽然大家都了解了病毒，但就疫情期间戴不戴口罩问题，仍旧有自己一些看法和判断。

特别是老年人与一些特殊群体，在“数字化”时代，他们处于一种边缘化状态，对信息的接受程度有相应的一些困难。年轻人重视的程度较高，能够较快警觉起来，但是老年人相较而言不够重视，由此而引发观念的冲突以及背后的问题值得我们去深思。与中老年人不愿意戴口罩的现象相反，年轻人很容易接受信息并且在疫情开始之初就戴上口罩。

一些老人被排除在数字化生活外。当前社会出现了一些问题：二线、三线城市和乡村普遍存在的老年人无法自如使用智能手机网络购物、线上缴费，以及开展网络社交活动等。

针对这些问题，我们对背后可能存在的原因进行了分析。第一，不同的年龄。年龄差异导致两代人甚至三代人有代沟，交流起来也较为困难，每个年龄段的人有各自的想法、生活经验与社会体验。第二，不同的教育程度。不同的教育程度可能会在一定程度上导致思考与看待问题的方式不一样。第三，社会身份不同。不同的社会身份，如学生、教师、企业职工、农民等，这些人群都有各自思考问题的方式与所在的立场角度。第四，地域差异。疫情暴发之初，所在地区疫情最严重的人群是较先戴上口罩的，而其他地区，警觉的人可能戴上口罩的时间比较早，但是对大部分疫情中心地区之外的人群而言，他们可能是后知后觉甚至是通过后续了解到事情的严重程度才开始戴口罩的。

二、调研与分析

这次调研，我们希望通过疫情期间的这个重要参与媒介——口罩，作为一个联系人与人之间的纽带，了解不同年龄、性别、地域的人是如何在这个信息多样化的时代接受并传播信息的，以及他们对自身所接受与传播的信息的观点与态度有何差异。通过整体调查与抽样调查，利用数据分析，从而研究分析出其中所隐藏的问题，并就这个问题尝试做出一些反映此问题的作品，建立一些联系，引起大家思考。

我们对五个人进行了访谈，年龄程度覆盖较为全面，有儿童、青年人、中年人和老年人，分别就他们在疫情期间对戴口罩的相关问题展开。此外，我们还设置了 10 个问题发布问卷，共收到了 107 份有效的问卷。问卷的调查对象性别和职业也比较丰富，符合客观事实。

本次调查发现，虽然大数据时代信息传播速度非常快，但是仍然会造成不同年龄性别地域人的认知差异。特别是一些老年人和社会特殊人群，在数字化时代，他们渐渐变成了边缘群体。通过疫情期间戴口罩这个信息的接受度，这个背后的问题被放大出来。因此针对不同的群体，我们以口罩为一个联系纽带，用参与式艺术的方法，通过摄像纪实与参与绘画的形式为不同的人群建立一种关于口罩的联系，并引起人们对此问题的关注。

三、口罩纽带项目

通过调研我们发现，在疫情暴发初期，不同的群体对佩戴口罩这个问题普遍存在着观念上的差异，但是，随着疫情的加速蔓延、媒体的大力报道以及基层的严格管控，越来越多的人意识到了疫情防控的重要性，一开始抵触佩戴口罩的群体也都纷纷重视了起来。在全民抗疫的呼声下，口罩既是以个体隔离为基本诉求的一种“距离保持器”，又是一种使人们步伐高度一致的“联结器”。因此，我们将项目命名为“口罩纽带”，希望通过图像的方式引起我们对佩戴口罩与人际关系的反思。

通过线下互动性摄影作品，我们记录了不同年龄、不同社会身份的人在疫情之下佩戴口罩的不同状态；通过线上作品征集，我们向身边人征集到了他们佩戴口罩的自拍照；通过邀请大众参与手绘创作，我们收集到了他们佩戴口罩的自画像。

我们选用这三种方式的原因主要有两点：首先，我们想采取参与式艺术的方式让大众参与到我们的艺术创作中来，以达到我们社会美育的目的。为了让大众能够更广泛地参与到我们的项目中来，摄影与简单的手绘这两种方式对大众来说，门槛较低且易于操作，我们也可以从中得到更多的反馈。其次，我国南北朝时期著名绘画批评家姚最说：“今莫不贵斯鸟迹，而贱彼龙文。”西方也有一句谚语说“一图胜千言”。当下，我们正处于一个新媒体时代，图像渗透了我们生活的各个角落，在今天仍然深刻地影响着我们我们对于现在、过去与未来的理解方式。图像的力量是独特的、巨大的，图像带给我们的震撼力也是文字、语言无法替代的。因此，我们想要将疫情之下关于口罩的图像拍摄、收集起来，作为一个可视的记忆图库，再者，我们的“美育”就蕴含在这些图片与这些图片诞生的过程中，它虽然不是一节课堂，但是依然能传达我们想要传达的思想与观念。

我们采用线上线下相联动的方式，线上制作电子图册，线下策划摄影绘画展。我们所收集的戴口罩的图像有三个来源，一是我们拍摄的照片；二是线上社交平台向他人征集的照片；三是邀请大众参与手绘的图片。我们把所有收集到的图片进行了分类排版，一共分成了六个模块，一是不同的职业群体；二是孩童；三是学生；四是周边的市民；五是摄影作品群像展示；六是大众手绘的自画像。最后我们收集了部分参与者的采访录音，他们都分享了自己对佩戴口罩的真实感受与看法，配合着电子图册的图片，一起呈现出来，让图册更生动有趣。在这次项目中，我们一共拍摄收集了百余张疫情之下人们佩戴口罩的图片。我们把这些图片打印装裱出来，注明每一张图片的来源，在美术馆做一个摄影绘画展。这些摄影作品与绘画作品里有部分是来自各行各业的从业者或是学生，把他们的作品呈现在美术馆里也会是一种新的尝试。

我们的整个项目不论是创作过程还是作品接受都有大众的广泛参与。我们在拍摄或是征集作品、邀请绘画之前都会询问他们一句“您愿意参与到我们的创作中来吗？”之后，我们得到的绝大部分反馈都是愿意的，这一点让我们明白了大众对艺术的热情程度比我们想象中要高。

美育是一项灵魂工程，我们希望把它渗透到创作过程与作品接受的全过程，也希望我们的作品能够引起大家对艺术以及疫情之下佩戴口罩与新媒体时代人际关系的反思。

社区团购

姚启璐、林季蕊 《社区团购》 绘本 2020 年
（姚启璐 / 四川美术学院艺术教育学院本科生）（林季蕊 / 四川美术学院艺术教育学院本科生）

消费＋交流：社区场景下的团购新模式

姚启璐、林季蕊

疫情期间，为了人们的健康着想，社区实行了封闭式管理并限制外出采购人数和次数，这使得单个家庭购买生活用品十分不便，于是一个新兴行业应运而生——社区团购。但随着疫情好转，社区封闭逐渐放宽，这个行业是否能在新的形势下继续生存成为大家的关注点。我们希望通过调研和分析，寻找并介绍社区团购组织在新形势下的运行模式和作用。

通过对收集的问卷进行汇总，我们发现问卷填写者年龄段集中在15至30岁，30岁以上较少；所在地大多数疫情不太严重；超三分之一填写者知道社区团购；所在社区进行团购的较少或不清楚；信息获取渠道以电视网络媒体和人与人直接交流为主，社区宣传比例较小。大家认为社区团购的不足之处：第一，选东西时没有详情介绍；第二，购买过程不够公开透明；第三，不确定买的东西是否新鲜干净、价格适中，需要一个严谨透明的体系；第四，老年人不会玩，无法帮他们解决日常生活用品问题；第五，价格较高。

由问卷可以看出，许多疫情不是特别严重的地方，参与社区团购的人并不是很多（因为人们可以自由出行），而疫情严重地方的人们参与的较多，因此应该考虑许多地方人们没有参与社区团购的习惯。虽然在疫情期间整个社区的团购措施引起了广泛关注，但实际上团购、拼团软件和活动已经进入人们生活很久了。如何区别这些软件并且取得人们青睐是一个值得关注的问题。许多参与问卷者提出，价格优惠、产品新鲜、采购收支透明公开很重要，在订购时如果看不到详细信息，很难获得使用者信任。因此，建立与使用者之间的信任关系十分重要。许多社区周边都有菜场和超市，如果社区团购流程较麻烦或价格不够优惠，很难使人们想要参与进来，应该有实实在在的优惠才行。只有少部分问卷参与者是从社区宣传中知道社区团购的，说明社区宣传力度不够或者方式不够有效。一些地方社区团购品种不多，只能作为应急手段，疫情过后人们很少出现短缺情况，买东西也倾向于品种更多的地方。

通过对居民的访谈可以发现，社区团购的主要流程是：团长开团通过线上平台预售商品；成团后平台安排送货员仓库取货并送到各个小区；团长签收清点货物并分发给团员。团购宣传渠道主要以社区群、公众号、朋友圈为主。团购物品包括蛋奶水果等新鲜食品类。团购的优势在于价格便宜、上班族取货方便。团购也存在平台不统一、管理不够规范、到货时间不确定、多平台多次到货、老年人对平台操作不熟悉、平台操作复杂等问题。

根据社区团购问卷收到的调查数据，我们发现在非疫区团购平台的知名度和使用率较低。我们了解到，就算是疫区，在后疫情时代，团购的需求也大大减少了。那么我们如果按照初期设想，仅仅做一个团购平台，商业价值和美育意义都有所欠缺。于是我们对平台设计定位做出了调整，将单纯的团购平台改为团购 + 社区交流活动的 1+1 模式。

因此，我们进行了补充调研，针对社区交流进行了二次访谈。通过对采访稿的分析，可以发现现今的邻里交流确实减少了许多，这和新型社区的构造有关，也和网络的发展等有关。其一，从前的社区邻居大多都是一个厂的员工或者员工家属，不同年龄层的人也都能找到志同道合的朋友，能够有共同话题。而新型社区入住的人群差异较大，本来就不认识，又不在一起上班、上学，没有共同话题，所以交流减少。其二，我们发现许多老小区楼栋分布较为密集，邻里活动的空间不是社区活动中心这种较为官方的地点，相反大多老小区并没有配备社区活动中心，就算有使用率也较低，更多的是小卖部、茶铺、社区健身器材等更贴近生活的地方。居民会自发地聚集在周围喝茶聊天，或者架桌子打牌，这些是老小区邻居交流的主要方式。其三，社区本身组织的活动较少，进一步减少了邻里之间的交流渠道。其四，网络的发展让现今多了许多“宅男”“宅女”，大家可以和有共同爱好的网友聊天，通过网络快捷方便地购买东西和获取信息。对上班族来说，每天下班回家很疲惫，比起参加集体活动，更喜欢在家里刷刷手机、玩玩电脑，线下交流自然减少。

当下，组织社区活动是促进交流的重要手段，但如何举办活动、活动场所的设置以及如何鼓励社区成员参加，都是需要解决的问题。我们认为，除了传统的线下活动，通过线上线下相结合的方式来组织或许更适用于当今社会。在组织活动的时候，我们应该注意以下几点：根据兴趣爱好组织活动，例如运动爱好者的乒乓球、羽毛球比赛，宠物爱好者的宠物沙龙，美食爱好者的分享会，摄影爱好者的摄影展等。中青年人喜欢健身、游戏等，老年人更偏爱喝茶、遛鸟、打麻将等。活动频率不宜过多，持续时间不宜过长。自由职业和退休人员时间较多，但是上班、上学的人就没那么多时间参加活动了，所以活动不求多，应求精。线上可以组织一些唱歌、摄影、绘画比赛，耗时短、门槛低，参与者也会较多。活动配备奖品和食物，这些奖品可以源于团购商户的赞助以及平台的盈利，在吸引参与者的同时又能宣传团购平台，将二者结合起来。适当组织有当地特色的活动，例如福建的妈祖宴。活动的竞争性与趣味性并存，竞争性能够激发人的斗志，而趣味性能激起兴趣，二者结合让活动更加吸引人。定时举办更有美育意义的活动比如除了普通的交流会、运动比赛、展览等，还可以考虑一个季度举办一次“社区交流活动摄影比赛 / 绘画比赛”，让居民记录社区活动中的场景。

沿用疫情期间的新兴行业——网络社区团购模式设计一个团购平台，根据对使用者的访谈和问卷来修改、完善现存平台的不足。而后根据收集到的信息，我们了解到在非疫区和后疫情时代，网络团购的热度有所降低，如果单纯做团购平台，我们既不能与现存的大公司、大运营商的经营手段相提并论，也没有特殊之处能够吸引群众。

网络虚拟社区美育是一个全新的探索领域，我们在参与的过程中走了不少弯路。例如调研样本不足、最初选题角度狭窄以及不了解网络虚拟社区的美育展开形式等。在老师的指导和同学的帮助下，我们克服了很多的问题。由疫情期间的社区团购作为切入点，最终发展为关注整个社区场景，我们的调研更加深入，为最终的成果提供了保障。

这不仅是对他人的美育，同时也是对我们自身的美育。课程的结束并不意味着美育计划的结束，这是一个长久甚至贯穿终身的课题。社区交流平台想要长久地生存下去，必须把握社区居民深层次需要，立足于社会现实，并且与时俱进。这也是我们今后需要持续关注的问题。

『理想社区』共享空间设计

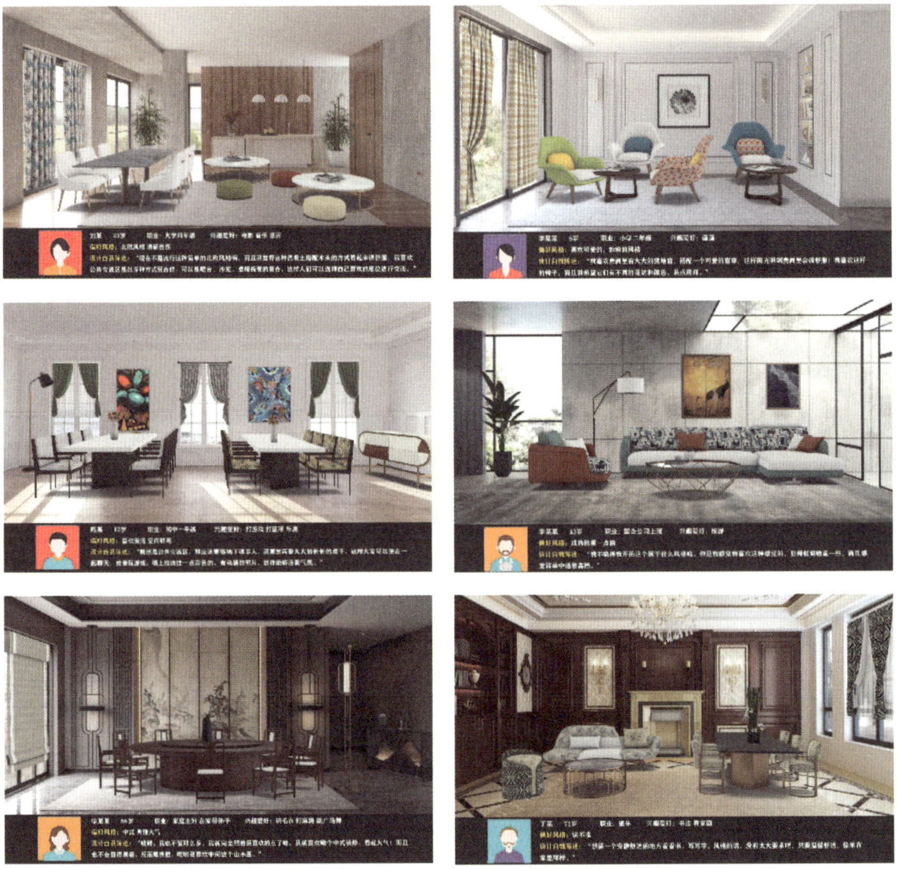

杨曦、卫洁、文一雅、王新月　《“理想社区”共享空间设计》　交互设计　2020 年
（杨曦 / 四川美术学院环境设计专业研究生）
（卫洁 / 四川美术学院环境设计专业研究生）
（文一雅 / 四川美术学院环境设计专业研究生）
（王新月 / 四川美术学院环境设计专业研究生）

社区公共空间线上线下联动构建方案

杨曦、卫洁、文一雅、王新月

现代匆忙的学习、工作阻碍了人与人之间的交流。在家中隔离的这段时间，身心与自然都得不到接触，食材物资短缺，活动场地有限，大大降低了我们对生活的期盼。这场疫情也许最深刻的启示是让我们学会重新审视自己与团体、自然的关系，给自己创造一个放慢脚步的避难所。

在“在地创作与社会美育”的课程学习中，我们设想找到人人都愿意“共享与分享”的社区空间与社区资源。提出设想后，小组成员展开头脑风暴，在积极讨论后，通过问卷调查以及多方面去社区了解走访，发现问题并尝试一种“虚拟社区”的形式来为解决问题提供基础与保障。在这里，每个人都可以投其所好，各取所需，并且分享经验，增进人们之间的沟通与交流，共同建设一个共享的多功能社区空间。

在“理想社区”中，人人都可以为社区的发展贡献自己的力量，多领域、多角度，不同的社会角色可以为社区注入源源不断的生命力与活力。“理想社区”的概念在今天是人交流与互动的载体，是社会发展的一种新模式。我们希望通过自己的专业能力去探索设计未来的可能性。

一、设计内容

对组员所属社区的现有公共空间进行实地考察，收集场地信息和实际问题，并整理分析数据探讨出社区空间中现有的不足，以便进行下一步设计。

通过问卷调查的方式，站在社区业主的角度来分析社区公共空间现有的问题以及未来发展方向。整理分析数据，结合专业内容打造线上的模拟社区。作品最终成型后，将作品进行二次调查并收集参与调研人员的回馈，对参与调研人员的回馈进行分析，完善我们的作品。

具体做法是：先以SU模型的方式，展现模拟社区的原始空间，再通过App将户外家具、设施、铺装等各种单体放入场地的SU模型，通过数据统计得到一个“理想社区”的最终版本。

二、实施过程

1. 数据调研

以问卷星调查表、小区业主群线上交流、小区邻里线下交流等方式对特定小区进行调查。同时，以线上案例收集和线下社区走访的方式调查其他代表性社区公共空间的建设内容。

2. 调研内容

问卷主题：为了促进社区居民相互之间的交流与合作，实现社区资源的共享与利用，我们意图利用您所居住的小区的社区公共闲置空间打造一个线上与线下结合的“共享社区”。如果您的小区有这样一个可以供您利用和交流合作的平台空间，您希望是个什么样的空间？满足什么样的需求？请尽情发挥您的想象，帮助我们共同设计“共享社区”吧！

问卷内容：闲置社区空间改造——线上“共享社区”设计意向调查问卷

（1）您的性别：

（2）您的年龄：

（3）您的职业：

（4）您使用共享社区的（频率）为？

A. 基本不使用 B. 很少使用 C. 偶尔使用 D. 经常使用

（5）您目前居住的社区中有哪些公共设施？

A. 运动设施 B. 公共棋牌室 C. 老年活动中心 D. 儿童游乐设施 E. 散步公园 F. 公共活动平台广场 G. 社区中心 H. 其他

（6）您没有经常使用这些设施的原因？

A. 工作学习繁忙 B. 自身无使用需求 C. 地理位置较远 D. 设施老旧 E. 所居住的社区不具备此类设施 F. 环境很差，设备太少 G. 其他

（7）如果以下活动会在您的社区举办，您最感兴趣的活动类型是？

A. 亲子活动 B. 老年活动 C. 志愿者活动 D. 运动健身 E. 社区艺术节 F. 跳蚤市场 G. 招聘会 H. 读书会 I. 学术演讲 J. 美食品尝 K. 制作体验 L. 其他

（8）您使用“共享社区”的主要目的是什么？

A.结交新朋友 B.学习新技能 C.充分利用社区提供的资源 D.陪伴家人 E.打发时间 F.培养兴趣爱好 G. 其他

（9）在使用“共享社区”时您更注重个人的使用感受还是和小区居民之间的互动？

A. 个人使用感受 B. 居民之间互动 C. 无所谓

（10）您希望“共享社区”呈现什么样的设计风格？

A. 极简主义 B. 清新典雅 C. 活力时尚 D. 温暖温馨 E. 古香古色 F. 科技现代 G. 其他

（11）您认为在建立共享空间中什么最重要？

A. 美观 B. 舒适 C. 生态环保 D. 实用 E. 其他

（12）您希望共享空间应该使用哪些材质？

A. 木材 B. 金属 C. 石材 D. 复合材料 E. 没有特殊要求

（13）您希望共享空间中主要使用哪种元素？

A. 圆 B. 矩形 C. 直线 D. 曲线 E. 不规则（有艺术的形体） F. 没有特殊要求

（14）您希望共享空间主要使用哪些颜色?

A. 暖色调（红、黄、橙）B. 冷色调（蓝、绿、紫）C. 混搭 D. 中性色（黑、白、灰）

（15）您是否希望共享空间中添加较为私密的空间（例如小型洽谈室）？

A. 有一定需要 B. 更喜欢开敞集中的空间 C. 无所谓

（16）以下书吧的风格您更喜欢?（调查问卷内附有图片）

A. 现代简约 B. 清新活泼 C. 优雅复古 D. 轻松舒适 E. 温馨实用 F. 科技风格 G. 好玩有趣

（17）您是否愿意将自己阅读过的书回收展示在书吧里，与人共享？（调查问卷内附有图片）

A. 愿意 B. 不愿意

（18）以下影音室的风格您更喜欢？

A. 开敞式影厅 B. 科技感影厅 C. 简约风影厅 D. 活泼风影厅 E. 家庭式影院

（19）哪种公共交流区的风格您更喜欢？

A. 现代简约 B. 清新活泼 C. 优雅复古 D. 轻松舒适

（20）您比较喜欢会客区以下哪种空间组合方式？

（21）如果共享空间开展活动或者展览，您有什么好的建议和要求？

（22）希望“共享社区”可以增加哪些功能？

（23）您对共享空间的使用功能及如何使用还有什么好的建议？

3. 数据分析

调查结果显示，社区居民很大部分人并没有经常以及充分使用社区公共空间和设施，且小区公共设施单一，其中很大一部分社区只具备简单的运动设备和供居民散步的花园道路。

大部分居民认为使用共享社区的主要目的是居民间的互动、结交新朋友，充分利用社区资源。

数据显示，在社区居民票选最感兴趣的活动类型中，占比最高的为品尝美食，其次为手工艺制作体验、跳蚤市场、社区艺术节。居民更加偏好热闹、有趣、体验感强、参与感强、互动性强的社区活动。

社区居民没有充分使用社区共享空间的原因多为工作学习繁忙，没有时间使用、本身没有使用需求、设施老旧。

一半以上的居民表示在使用共享空间的时候，自身的体验感受和与居民互动交流的行为同样重要，38%的居民更注重个人使用体验，70%以上的居民更加注重空间使用的舒适度。

在空间元素的偏好上，30%的居民喜欢比较有艺术感的不规则形体，30%的居民表示没有特殊要求。

将近 75%的居民认为共享空间中应当添加一些私密空间。

将近 85%的居民表示愿意将自己的书籍拿到共享社区中与他人共享。

4. 住户数据分析结论

大部分社区居民愿意参与到社区的公共活动中来，且乐意与居民之间实现良好沟通与合作。

居民更加喜爱趣味性强、互动性强、具有体验感的社区活动。

社区共享空间功能应当符合并根据居民使用需求、使用的时间段而灵活调整，类型应该有趣多样。

应当在为居民提供良好舒适的使用环境的前提下，最大程度实现居民之间的互动交流。

在空间元素的应用上可以做大胆尝试，带给社区居民一种新鲜感、舒适感和美感。

在注重公共空间互动参与的同时，适当添加小型自习室、冥想室等可供个人使用的私密空间。

社区居民参与性高，愿意与他人共享资源，可以考虑建设社区公共阅览室。

5. 设计研究结论

分析居民选择的设计意向图偏好可以看出，绝大多数居民想要的“共享社区”是一种温馨舒适的，给人以家的感受的公共空间。互动交流空间要求开敞、明亮，且呈现现代简约的设计风格。在交流洽谈空间的形式上，更注重一种随意性、围合性、舒适性。

综合调查结果来看，一个社区需要这样一个共享空间来进行交流与活动。很多居民没有考虑过自己有使用这种空间的需求，是不是对社区的一种思想固化？我们如何去打破？这个共享空间中需要更多的活动实现可能性，比如美食节、手工艺制作、跳蚤市场、艺术节等。可以看出，这其实是一种交往以及资源共享的需求。对这个共享社区空间的偏好显示：“共享空间”概念是不是可以成为居民的第二个“家”？

6. 实地测量

本案实地为重庆市九龙坡区黄桷花园小区。该小区历史悠久，居住人员多为本地居民。

疫情期间我们发现该社区内的一块闲置公用空间，因此我们利用该社区来实施我们“理想社区”的方案构想。返校后小组成员组织去实地测绘并完成绘制场地 CAD。

7. 意向分析

8. 设计草图

9. 建立数字化模型

10. 交互软件设计

11. 二次调研

作品成型后，将作品进行二次调查并收集参与调研人员的回馈。

12. 二次数据分析

对参与调研人员的回馈进行分析，完善我们的作品。

13. 完成阶段

交互软件操作展示：居民使用软件自行组合空间。

三、课程小结

通过“在地创作与社会美育”这门课，我们了解到了一个在地设计需要经历的整个设计流程，从前期调研到用户分析再到方案的出现和完善，我们一点一点地进步，一点一点地成长，这是前所未有的体验，我们从完全不知从何下手，到思路渐渐明晰，有了一定的方向感，大概知道了怎么从头至尾去做一个在地设计。同时我们也得到了来自老师、用户、同学等不同方面的评价，了解到不同人群对产品的看法和态度是不同的，所以我们在设计产品的时候要综合考虑不同人的需求，包括生产者、消费者和推广者，只有这样才能做出方便耐用，适应不同方向的设计。

本次课题设计重点突出了利用线上软件来模拟真实社区公共空间的功能，做到在特殊期间通过网络增强邻里之间的互动性，拉近社区住户之间的关系，以及如何在有限的条件下将场地的特殊性转化为设计的亮点。在探讨设计的过程中，不乏遇到了很多困难，但在老师与小组成员的共同努力下，最后都能将问题一一击破。在调研实践的过程中，我们也学习到了很多在课堂中无法学到的知识。这是我们在课题实践中的第一次赤足探索，全身心投入如此完整的一项设计中去。

瓷娃娃形象设计

周双城、秦郡蔓、周燕青 《瓷娃娃形象设计》 2020 年
（周双城 / 四川美术学院数字视听艺术研究生）
（秦郡蔓 / 四川美术学院数字视听艺术研究生）
（周燕青 / 四川美术学院动画艺术研究生）

特殊群体在虚拟社区的艺术形象设计与研究：以瓷娃娃罕见病为例

周双城、秦郡蔓、周燕青

一、虚拟社区与人际交往

尽管社会学家对社区下的定义各不相同，但在构成社区的基本要素上却是一致的。我们常提及的“社区”一般包含一定数量的人口、一定范围的地域、一定规模的设施、一定特征的文化、一定类型的组织。随着社会发展和信息技术进步，利用网络突破现实中地域的限制，在虚拟世界构建起社交区域，形成信息交流和人际关系，就出现了虚拟社区。

虚拟社区是指在网络环境下，以现代信息技术为依托，把具有共同的兴趣和利益，相互联系密切但身处不同地方的人群联系在一起所组成的虚拟生活共同体。和“社区”一样，虚拟社区也有几个要素：网络空间、信息技术、共同兴趣或话题、成员的互动、社区的人际关系。网络空间为虚拟社区提供了所需的形成环境，信息技术为虚拟社区的发展提供了现实的技术支持，网民的共同兴趣是虚拟社区形成的基础条件，成员之间的信息交流和知识共享是社区的主要功能，构建和谐的社区人际关系是构建和谐社区、维护社区稳定与发展的重要保障。

虚拟社区中人际交往具有以下几个特点：第一，虚实结合性。在虚拟社区中，成员可以选择以实名身份进行社交活动，也可以选择匿名方式参与其中，以隐藏自身在现实中的社会属性，或根据需要公开自己的部分信息以获得社区内其他人的认同。第二，非时空性。以互联网技术为基础的虚拟社区，通过将信息数字化并在云端存储，社区成员间的互动交流完全跟随自身意愿，打破了传统社区对时间和空间的限制。第三，大流动性。社区内信息流动不受任何限制，任何人都可以查阅社区内的信息，也可以将信息上传给社区内人员查看，因此信息的来源和去向都具有很强的流动性。第四，人际关系松散性。虚拟社区成员的现实地理分布可能位于世界各地，且每个成员都可以自由选择自己的身份、立场和交流方法，建立的关系可能会维持，也可能会消失，同时，现实世界强大的社会性力量又不可能对虚拟社区成员进行制约，所以维系虚拟社区的组织和制度的力量相对较弱。

二、虚拟社区与特殊群体

瓷娃娃病又称成骨不全症或脆骨症，是一种先天性骨骼病。其特征为骨质脆弱，容易骨折，最终导致病人身体呈不同程度的矮小畸形。由于身体上的明显缺陷，病人群体往往不够自信，无法融入现实社会中的社交群体，造成多方面的生活困境。瓷娃娃群体因为生理上的缺陷，大部分无完全的劳动能力，缺少生存的必要技能，在生活中依靠政府救助、社会救助等勉强为生的小部分病人甚至会因为并发症而早夭。因为缺少独立的生活能力，原生家庭背负沉重的经济压力，因病致贫的案例也大量存在。而贫穷将导致各类社会问题，包括但不限于无法学习、无法组建家庭等。因此近年来，社会各界对这个特殊群体的关注越来越多。除了生理上的缺陷，“瓷娃娃”在心理上也容易产生障碍。第一，社交障碍。长期的积贫积弱以及与正常人的不一样，使得这个群体很难像普通人一样进行社交活动。社会上对特殊群体的包容性还不够高也进一步导致了瓷娃娃群体没办法拥有与常人一样的社交权利。他们很少有朋友，心理的负面情绪难以宣泄，长此以往形成了自闭的困境，外人难以走入他们的内心世界，而他们也不愿意主动去融入现实社会。第二，发展障碍。普通人会畅想美好生活并为了实现目标不断奋进。瓷娃娃群体普遍自卑自闭，认为自身没有发展潜力，缺少主动追求美好生活的勇气，因此也往往生活消极，没有生活目标，没有发展规划，自我认同度低。

与日常生活中的社交不同，虚拟社区能够为特殊群体提供一些便利。相较现实中的社交活动，虚拟社区具有门槛低、宽容度高、主观认同度高的优点。

门槛低：一是物质成本低。虚拟社交仅需要与互联网联通的设备即可，相比起现实中的人情往来物质成本更低。二是自身要求低。虚拟社区中的互动没有地域、身份、学历等的限制，以兴趣为主导，对参与者自身要求极低。三是时空限制少。网络上的互动随时随地， 不受线下的时空限制，随意性更高，消耗的资源也更少。

宽容度高：虚拟社区中的人际交往尽管缺乏物质的联系显得更脆弱，但从整体来看，网友们对自己不感兴趣的东西并不太在意其正确性，有时即使具有明显的错误网友们也一笑了之。现实中的社交往往因为多种原因存在尊卑关系，上位者对下位者的宽容度更低。而网络使得互动的双方更趋近平等，宽容度也更高。

主观认同度高：现实的社交中对方的缺点往往更容易引起注意，而在网络上，信息受到主观影响更大，往往是你看到的信息正是对方希望你看到的。由于很少有人会透露自己的缺陷，因此网络社交的关注点更集中于他人的闪光点上。也许是拥有同一个偶像、同一种爱好、同一种价值观，甚至是喜欢同一种颜色，只要互动双方的关注点同步，很容易就能建立起主观的认同感。

三、虚拟社区中的“瓷娃娃”

为详细了解瓷娃娃罕见病患者的生活工作存在哪些问题，诊疗过程中遇到过哪些艰辛，社会与医疗保障情况如何，艺术界能为病人群体做些什么，我们发起了一个关于为瓷娃娃罕见病群体虚拟社区创作人物形象的问卷调查。问卷主要问题是关于瓷娃娃罕见病人群在社会中通过哪些途径去实现自己的才能和社会价值。该问卷包含针对瓷娃娃病群体内部的形象创作提出的问卷调查和针对罕见病群体家属或者群众对罕见病群体形象创作的问卷调查。截至 2020 年 3 月 20 日，一共收到 20 份关于创作瓷娃娃罕见病人物形象的问卷调查。问卷调查显示，大部分瓷娃娃罕见病人群通过各大虚拟社区平台，如 B 站、微信、微博等去发布自己的作品。同时，我们通过瓷娃娃罕见病虚拟社区形象设计访谈深入了解病人群在虚拟社区如何去实现自己的个人价值和社会价值。在自媒体时代，更多病友选择在虚拟社交平台去展现自己的“不可能性”。由此，为罕见病群体设计的虚拟人物形象主要是为了打破自身的心理桎梏，让更多的瓷娃娃群体敢于展示自我，融入普通大众生活。

在国家大力提倡文化产业发展的过程中，网络产业作为文化产业中新崛起的力量，正在贯穿于我们生活中的各个方面。虚拟角色形象，是指创造性作品中塑造的具有个性特征的艺术形象，它通过名称、外形、经典动作、口头禅、关键短语等艺术要素，创造并非真实存在的虚拟性角色，包括人物、动物等。网络虚拟人物形象的背后就是现实的人物世界，结合瓷娃娃罕见病人群的特征，设计出代表瓷娃娃罕见病人群显著特征的虚拟人物形象。在人物形象设计的过程中，我们了解到瓷娃娃病人群最主要的特征是瓜子脸、头围较大、大眼睛、小个子，另外还有蓝巩膜、头发浓密等病理特征。在虚拟设计人物形象时，我们采用Q版的形象来代表可爱的病友，设计的人物形象以陶瓷的材质为主，呼应该病的名称——瓷娃娃。玻璃材质的宇航员头盔代表保护层，主要寓意对特殊群体的保护。在采访的过程中我们了解到，瓷娃娃罕见病群体过度被保护是一个比较有争议的话题，在创作过程中，经过反复协调，从美观以及可爱的角度来看还是选取了头盔这一元素。同时在人物形象设计也添加了一些闪电及折断的符号来更加贴近这一群体，表达易碎的感觉。在虚拟人物形象设计当中加入了红丝带的元素寓意和谐共生。在后期的人物形象设计方面还考虑加入一些乐器以及爱好等更具有生活化的符号来丰富这一虚拟人物形象，使人物形象更加饱满。

根据这一Q版形象设计图，我们希望充分发挥数字化动画优势，让设计角色不是单单停留在平面构图上，而是三维立体并且可以“活化”起来表演。软件上我们使用了三维动画软件MAYA、ZBrush，完成了模型的建模、雕刻、骨骼绑定等工作。在建模的过程中也听取病友与老师的建议将人物面部修改为类似迪士尼动画角色感觉，眼睛大大的，体态上憨态可掬。

三维软件MAYA中的建模是通过对物体的点、线、面进行操作控制，拉扯出人物的大型，但受角色模型面数限制，这仅仅是一个简模，要对模型进行细致的细化与打磨，就需要用到雕刻软件Zbrush，做出角色身体细微的雕刻褶皱以及面部轮廓细节，最终完成角色白模，方便下一步对角色进行骨骼系统建立。我们还给角色绑定了控制器系统，使得动画角色像提线木偶一样可以根据动画师的要求，摆出具有表演力的pose（姿势），图片中围绕角色周围的一圈圈线框是角色模型的控制器，动画师对控制器进行位移、旋转、缩放等操作，就可以操作角色动起来，在动画绑定中还有一个概念是角色的权重控制，权重控制的存在是为了确定每一根骨骼控制的范围，通过笔刷去画出每一根关节控制的范围。例如踝关节控制的范围是控制脚部以及关节范围的运动，而脊柱关节控制脊柱以上所有关节的运动，关节与关节层层控制，才使得动画角色可以做出合理的运动。 在材质方面，分为角色贴图绘制与物体材质两部分，角色贴图绘制顾名思义是指角色表面颜色，例如皮肤颜色、角色衣服图案等，而物体材质是指物体属性，例如皮肤材质的效果是透光不透明，光线穿过皮肤会有一种半通透的感觉，如果仅仅只有角色贴图没有物体材质的话， 角色看起来的质感像工艺品，而不像一个活灵活现真实的角色。在三维软件这一列错综复杂的操作之后才可以开始动画调节，最终选定渲染器进行动画渲染与合成，呈现出这一生动活泼的“瓷娃娃”角色形象。

虚拟社区在特殊群体社交领域除了具有先天优势，还可以通过为特殊群体设计专有的艺术形象替代特殊群体本身的形象来加深两者的良性链接。借鉴 YouTube（油管）上艺术形象“爱酱”的创意，为瓷娃娃群体设计出一款专属艺术形象，建立 3D 模型，在直播和视频制作中使用三维模型代替真人，优化特殊群体不体面的出境形象，使之在虚拟社交中获得与正常人相同的权利。利用艺术形象替代瓷娃娃群体，使社会各界对“瓷娃娃病”有更直观的认识，对瓷娃娃群体有更具象化的想象，对这样一个天生不幸的群体倾注更多的关怀并赋予他们更大的宽容度，向他们传递社会的认同。特殊群体获得社会的包容，才会包容自己的不足，包容命运的不公，有勇气去追逐自身的梦想。积极向上的瓷娃娃艺术形象代表的是特殊群体阳光坚强的生活态度。瓷娃娃特殊群体作为社会中不屈服命运的典型，也激励着每一个陷入困境的人坚强勇敢地去面对问题、解决问题。运用多媒体技术为特殊群体改善生存环境，争取平等权利和社会关注度，这种模式如果有效，将可以复制推广到相同或类似的人群中。随着技术的不断发展，这种方案将更加完善。这不仅是技术改变生活的鲜活实例，更为技术创造美好生活提供多媒体视角下的新思路。

人设

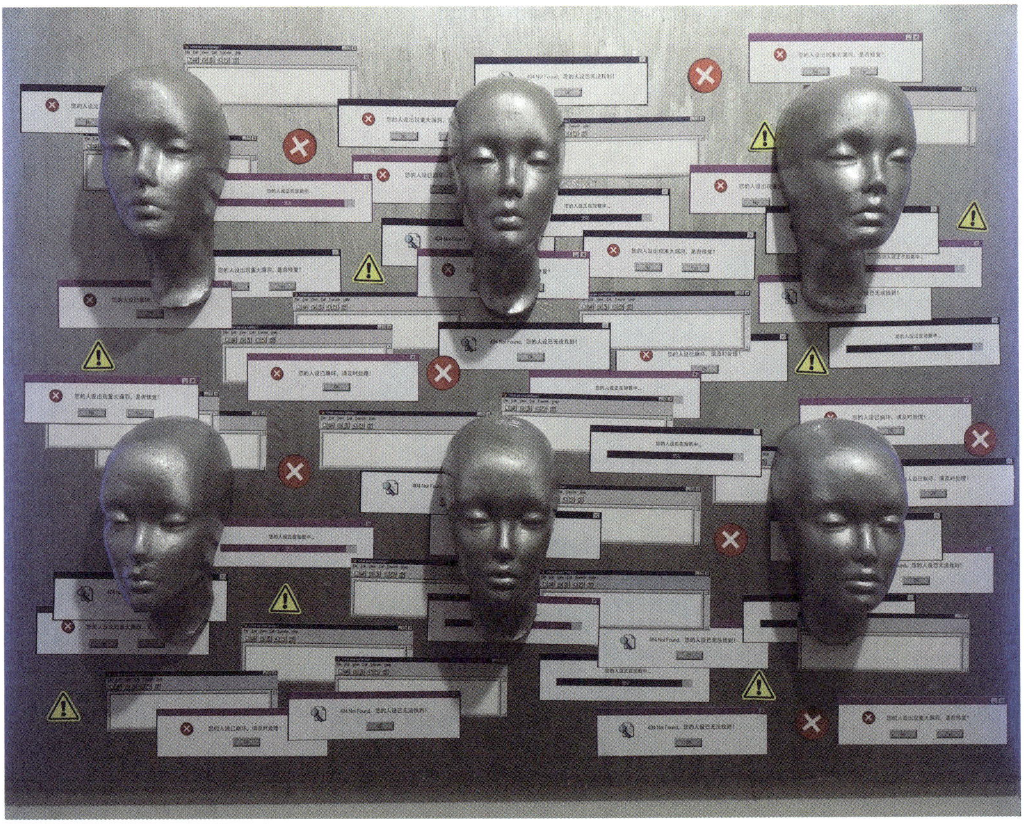

马子晴、刘雨萱、杨心怡、吴明佩 《人设》 综合材料 2020 年
（马子晴 / 四川美术学院文化创意设计研究生）
（刘雨萱 / 四川美术学院文化创意设计研究）
（杨心怡 / 四川美术学院文化创意设计研究生）
（吴明佩 / 四川美术学院文化创意设计研究生）

网络时代人们复杂性身份下对自我真实性的探讨与表达

马子晴、刘雨萱、杨心怡、吴明佩

一、何为“人设”

人设作为一种人物身份的设定，存在于不同社会阶层，渗入社会生活的方方面面，加以合适的设定方式，往往会引来周围人或是大批的盲目认同者，将他人的人物身份作为自己的未来期许，或是毫无意义的崇拜等。

人设，本义是指人物设定，人物形象设定负责设计登场角色的人物造型、身材比例、服装样式、不同的眼神以及表情，并表示出角色的外貌特征、个性特点等。通俗来说，就是一个人的特征。在当前网络语境下，人设大多是指公众人物在大众面前设定的形象，尤其是网络中，通常设定好了人设就会在外人面前营造自己的形象，是一种表面的、显露给大众的形象。但随着更深层次的解读，生活中也指人表里不一。在这个过程中，对自身价值的认定就显得极为重要，对人设需要持客观态度，不盲目，不从众，坚持自己的价值观构建，平衡虚拟与现实的天平。没有永恒的美好，只有现实的破碎。盲目追求人物身份，造成内外价值不匹配，当身份破碎时，内心的归属也就随之飘散。

因此我们针对当下产生这种虚假人设的 3 种主要背景进行了分析与研究。首先，社交网络普及——美好的幻想空间。社交网络的普及， 构建了信息分享、互动的虚拟场地，其信息传达具有流动性，这就使人们可以游走在不同平台、网站，打造不同的虚拟身份，并且在虚拟场景中可以随意表达，打造一个美好的虚拟空间，出现负面信息时，只需删掉、道歉，随着时间推移，人们可以继续来打造另一个美好空间，展现另一美好人物设定，毕竟网友没有记忆。网络的普及也使得图片、视频这种信息传播载体更容易进入人们视野，图片可以使人通过视觉得到更快速直观的信息，而视频使观者的听觉和视觉联动，形成一种被动接受信息方式，并且随着移动端网络平台发展，人们可以随时随地查看这些信息。大数据在为我们生活带来便利的同时，对用户画像分析进行相关推送，用户收到的相关推送往往是在一个相似圈里。综上所述，社交网络的普及，很容易使用户产生一种基于对他人设定的虚拟空间认知的美好幻想。其次，商业资本需求——经济效益的驱动。商业资本的存在有利于社会产业资本提高经济效益。而商业资本也需要新的社会产业为自己增长效益，人设打造因为有互联网存在，可以使用低廉价格换取高端人设的快速效益。这就造成人设打造百花齐放、百家争鸣，各种不同的人设阶层涌入市场，用来吸引不同社会阶层，获取利益最大化。最后，身份感的认同——盲目跟从的同理心。身份感是一个人的自我身份的确定和认证，在我们寻找自我身份的过程中，往往会产生一种“我是谁”的疑惑，这时候往往容易在他人身上求得印证。人设的打造也就基于人们的身份感认同心理应运而生，利用人们盲目追求的同理心，加上不断反复的图片、视频等的洗脑效应，造成一种人们想成为这种“人”的盲目跟从心理。

二、作品《人设》创作过程

创作之初，一切似乎都信手拈来。在最初的方案中，我们预想使用装置艺术的形式，用等身比例的模特来体现主题：先将两个等身比例模特切割开来，再利用热熔技术将两者不完全焊接，以期体现网络背景下人们的双面性，以及内心的挣扎与撕扯。但在实地考察过程中，我们发现了两点问题：首先，等身模特的切割难度较大；其次，热熔技术具有诸多不可控因素，最后呈现的效果可能不尽如人意。于是在经过组员的讨论与推敲后，我们最终确定了第二套方案。在此方案中，我们依旧保留装置艺术的形式，而在具体实施客体上做了略微调整，将原本的等身比例模特替换为了泡沫人头模特。其主要是考虑到两个方面：第一，泡沫人头模特的体量较小，制作与运输更为方便；第二，将人的头部作为本主题的意象其实更为合适，毕竟思想产生于人的脑海，而人们营造的人设也需要以某种表象为依托来展现。

在具体实施过程中，我们发现泡沫材质虽然轻巧简便，但质感较差，于是我们便尝试覆盖一层白乳胶，但仍然会显现出泡沫表面的粗糙质感与杂乱纹理，在经过多次尝试与讨论后，本组决定将泡沫人头模特刷上金属色油漆，利用均匀且多次覆盖的方法，营造出具有金属光泽的质感，也反映出“人设”内在（白）与外在（灰）是截然相反的，揭示出我们看到的表象很多时候是不真切的，需要进一步推敲和摸索。

在背景的选择上，本组选择在背景板上贴上反映人设的标签，用重复的形式铺满背景板，以体现一种视觉冲突的效果与眩晕感。同时，在人设标签中选择了将老式的Windows95 系统作为框架，充满时代感的系统提示作为依托，结合网络元素来进行标签设计。在网络时代，许多人就像机器一样麻木地生活着，精心扮演社会系统与自身预期下的“完美角色”，但再精确的机器、再完美的人，也随时有着系统故障（人设崩塌）的危机。

在音频方面，本组选择引用与案例相关联的真实音频，包括采访、对话、新闻纪实、录音、媒体报道、网络评论等的音频，将真实的声音收录在音频中，强调出互动性与真实性，并且将人们表面看到的形象与其本质形象的相关音频分别进行剪辑，放在装置艺术的两边，以一种“对话”的形式将人设的表面与真实告诉大家，以期表达当观众在看待他人时，应打破人设的虚假表象，透过表面去看待本质，而不是单一地对一个人下定义。尤其是当下网络卖人设的现象十分普遍，虚假与真实、虚拟与现实其实已经没有很明确的边界，甚至很多人会通过网络世界中自己所营造出来的人设对他人进行欺骗，因此不得不需要我们更加重视这种表象。

三、网络社区的多元性

通过装置艺术来表达对当下人设现象的表象与本质双重意义的探讨与思考，将在大众面前设定的表面形象与真实的自我形象同时展现在作品中，表达出人设其实就是一层皮囊，他是虚伪的、表面的，甚至是扮演出来的虚假形象。网络作为虚拟世界本身就衍生着众多的可能性，或许光鲜亮丽的标签背后是满目疮痍，又或许面目可憎的符号背后藏着光明。本选题的目的正在于揭开附着于人们表面的标签，而去窥探其内里。探讨网络人格与现实人格的分裂现象，以及其背后所隐含的真实意义。

总的来说，装置作为一种多维的艺术作品，包含着丰富的概念、含义和实践过程，以形式为目的来映射创作者所要表达的概念或思想含义。在我们的理解中，认为装置中所蕴含的概念是准确而又模糊的，准确的是装置通过创作者的主观思想含义输出，模糊的是装置在面对受众输出时，不同观者由于自身思想观念的不同可能感受到的概念或思想是有些许差异的，这种概念或思想含义可以是永久性的，也可以是暂时性的。

无法之法

崔震洋、李彦怡、邵雪艳、贾小玲　《无法之法》 行为　2020 年
（崔震洋 / 四川美术学院书法篆刻艺术研究生）
（李彦怡 / 四川美术学院书法篆刻艺术研究生）
（邵雪艳 / 四川美术学院书法篆刻艺术研究生）
（贾小玲 / 四川美术学院油画创作实践与理论研究研究生）

网络社区中书法的传播与影响

邵雪艳、崔震杨、李彦怡、贾小玲

一、问题：何为网络中的书法?

随着互联网的不断扩大普及，网络成了很多人获取资讯甚至学习的主要途径。互联网的引导性和感染性会在无意中使大众对一个事物形成别人意志下的、一边倒的褒贬看法。艺术借助网络媒介，获得了前所未有的传播力。同时艺术被网络用语以及虚拟社区间的互动不断媒介化，对于门户网站而言，一个议题要在短时间内获得高度关注，构建审丑奇观不失为一种捷径，最典型的案例莫过于“伊斯兰国”在“脸书”等社交网站发布的斩首视频。通过构建血腥恐怖的网络审丑奇观，这些视频在全球网络获得广泛传播，甚至一度为该恐怖组织吸纳了新成员。

作为美术院校书法专业的学生，经常有其他专业的同学拿着这样的视频和图片，带着一脸的疑惑跑来问我们：你们书法就是这个样子吗?到各大视频 App、微信公众号，只要查找关键词——射书、吼书、发书等，就能够看到最早的相关视频，并且点赞、评论数量惊人，在评论区随处可见玩梗、围观、谩骂等现象。B 站还有很多恶搞模仿视频，有用相同工具的，有更换工具的，有老年人，也有小朋友，不胜枚举。新闻网、公众号等也有用很多猎奇的标题、浮夸的语言来介绍这些“大家”作书的文章，比如他们的作品何时又拍出了惊天高价这类标题在朋友圈随处可见，形成了风气，人们竞相讨论何为书法、这种表现形式还是书法吗这些问题。

虽然汉字与每个中国人息息相关，书法作为传统艺术仍然比较小众。最近几年书法破圈，被大众所见到的也就是一些猎奇的形式。大众倘若没能对传统的书法产生一个正确的认识，而仅仅是借助网络传播的恶搞视频、文章来考量书法，就会对书法艺术的未来发展产生伤害。

二、实践：“无法之法”的创作过程

基于这样一个背景，我们小组决定完成一组“书法”作品，并用视频的形式将整个创作过程记录下来，这个过程本身也成为我们作品的一个重要组成部分。

我们选址在空旷无人的教学楼顶，在冬日的暖阳下，用了水枪、芭比娃娃、拖把等创作媒介，并结合多彩的丙烯颜料进行更多维的艺术探索，以一种夸张的方式，展现一种没有法度的、舒适惬意的、随性挥洒的状态，想要传达出：大众所看到的那些形式就是在玩，玩就要酣畅淋漓地玩，完全摆脱法则的限制。

何谓“无法之法”？放在大的艺术视野里，艺术的形式只是一个架子，核心是内容，即展示出来的是创作者的精神与情感。故书法艺术具体怎么展示没有定法，以这样猎奇的形式搞无可厚非，此为“无法”。但是在传统书法艺术里，法度森严，笔法、字法、章法必须无一懈怠，此为“有法”，书法的内核，就是几千年传承下来的一丝不苟的法度。

之后我们将创作视频播放给了不同的群体看，取得一些真实的反馈，特别值得一提的是某小学二年级的学生群体。在观看视频的过程中，他们时而大笑、时而惊恐，站起身来模仿的也不占少数。要知道，在小孩成长的过程中，模仿是习得的基本途径，假如这类视频过多重复在孩子的眼前，“猎奇”慢慢就可能变成了“自然”。互联网的使用对象年龄跨度大，对有的成年人来说可以一笑而过，但是对青少年可能造成的影响是需要我们深思的。还有的孩子脸上呈现出疑惑的表情，这种异于课堂上的书写方式在一定程度上还是能引发他们的思考。

三、影响：无法亦有法

书法是中国传统文化的重要组成部分。书家要在新的历史条件下创造新的辉煌，必须把握好继承和创新的内在关系，以敬畏、崇尚的态度对待历史上的书法经典和书法大家，要在继承优秀传统的基础上再谈创新。那么，书法的优秀传统是什么呢？

比如刻苦自励、锲而不舍的探索精神。王羲之池水尽墨、“俱变古形”，释智永颓笔成冢，欧阳询驻马观碑，米南宫集古成家等，这些故事在书界和民间广泛流传，生动形象地说明了一个艺术家必须经过坚持不懈的艰苦探索，日积月累，才能登上艺术高峰。比如尚德修身、书品人品并重的理念。书法史上既有“统绪”承传，也有“散僧入圣”；既有帖学帖派，也有碑学碑派；既有庙堂书法典丽雅正的传统，也有山野气息的浪漫主义传统；甚至有“以头濡墨”“束茅代笔”的另类书家。但书法史对不同的流派、不同的风格都给予了极大的包容，形成了多元共存、兼容并包的优良传统。历代书家在继承传统的同时，不断提出新的命题、新的概念，不断开辟新的审美境界。宋代书法以“开新”为旗帜，如苏轼所说，“我书意造本无法”，却包含着继承的内核；元代书法以“复古”为号召，骨子里却体现了创新的精神。创新而不离继承，继承更为了创新，继承和创新的高度结合，正是书法传统的精髓所在。

任何一门艺术，凡能传之久远者，必给后人留下了登堂入室的门径，这便是其完善的技法之体系。书法艺术经过数千年的经营构建，已经形成了一个完备的开放式技法体系。这些技法之所以能流传至今，就是因为它是历代书家的探索实践和成功经验的总结，反映了书法艺术规律，今天仍然有效而管用。无论是用笔、结体、章法还是用纸、用墨、行款、幅式，前人所积累的丰富经验，对今天学习书法的人来说，无疑都是极宝贵的财富。今人学书，不必自己去从头摸索一套用笔结体的方法，通过临帖和学习前人的论述，继承前辈成功的经验，不但省却很多时间和精力，还能站得更高，看得更远。

艺术作品往往具有个体性。时代的因素为艺术的繁荣发展提供背景和条件，但最终的成就要靠个体的努力来实现。纵观书法史，凡是书法艺术繁荣发展，都是高峰林立的时期，而每座高峰都有其鲜明的特色、完整的技法体系、独特的审美价值和永恒的艺术魅力。王羲之作为书法史上万众仰望的艺术高峰，以其精深的技法体系和高逸的格调神韵，成为百代追摹的楷范。萧衍评王羲之书法：“王羲之书字势雄强，如龙跳天门，虎卧凤阙，故历代宝之，永以为训。”颜真卿的书法以其敦朴厚重的风格为后世开辟出新的风格和境界。

包世臣评价颜真卿书法："平原如耕牛，稳实而利于民用。"

在网络时代，书法也有发展的可能性。早几年，因为"抖音""快手"需要大量引入客户，"抢红包"、恶搞视频等无可厚非成为他们的宣传手段。其实，这类"低俗"视频软件中也不乏真"干货"的存在，特别是今年受疫情的影响，"网课"开始真正普及到千家万户，各大名人也开启了直播演讲的热潮，比如罗永浩、俞敏洪。在艺术界也有不少名家打开了直播软件，拿书法来说，书法在读博士生、博士后以及中国书法家协会会员都有在直播平台直播书法，内容涉及书法史、书法实践、书法用具、书法资料等。

综上所述，网络时代的多样性，促使人们产生新的问题和思考，但是创新一定要基于传统，传统的东西并不是"死东西"，艺术在网络时代同样也有发展的可能性，并且网络时代一定是未来发展的趋势，利用好它，方可获益匪浅。

遥远的 TA

彭琬棠、陈倍贝、袁茂林、吴红磊《遥远的 TA》 影像 2020 年

（彭琬棠 / 四川美术学院产品设计研究方向研究生）

（陈倍贝 / 四川美术学院产品设计研究方向研究生）

（袁茂林 / 四川美术学院产品设计研究方向研究生）

（吴红磊 / 四川美术学院产品设计研究方向研究生）

虚拟恋人：疫情背景下激增的网络情感劳动关系

彭琬棠、陈倍贝、袁茂林、吴红磊

一、创作背景

2020年突发的新冠肺炎疫情使大量面对面的人际交往被切断或者转移到线上，“孤独”和“焦虑”成为人们普遍的情绪状态。伴随着这些情绪在日常生活中的持续蔓延，“虚拟恋人”及其相关服务受到关注：哔哩哔哩网站上与虚拟恋人相关的视频超过千条，大部分视频发布于今年3月至今，最高播放量达到550万次。在淘宝网站上搜索“虚拟恋人服务”或者“虚拟伴侣服务”，有360多家店铺同场竞争，其中销量最高的一家店铺成交记录已逾两万条。

虚拟恋人服务是一种依托微信、QQ、比心等社交平台的付费情感服务，服务提供者（即虚拟恋人）在一定时间内以文字、图片、音频、视频等形式与顾客在线上即时交流，在网络世界中建立情感关系，由此获得相应的报酬。虚拟恋人服务主要包括：叫醒哄睡、陪打游戏、搞笑幽默、聆听烦恼、排解压力等。作为一种新型的网络情感劳动，虚拟恋人的情感劳动和传统情感劳动既存在很多相似点，但也存在大量的不同点。相同点主要在于它与真实感情一样能够提供情感的慰藉，不同点主要在于这所有的交往互动都只存在于虚拟当中，是建立在金钱与利益的基础上。

针对这样一个网络现象，我们计划以短视频拍摄的方式，以具有讽刺性的拍摄手法来对“虚拟恋人”的网络现象进行一个揭露，告知观众这种虚拟情感服务基本上都是建立在金钱与利益的基础之上的，同时其中还存在着大量的网络欺骗行为，以达到呼吁观众远离这种虚拟情感消费的目的。

二、创作过程

我们从情感的角度出发，以虚拟恋人为背景，通过对虚拟社会中“共情”的体现为蓝本，开始视频的制作，以三个部分的剧情在视频中对虚拟恋人进行描述，展示在当下社会中虚拟软件中性别的模糊化，以及虚拟社交软件中存在的大量的“感情的虚拟化”等现象，来达到我们对“虚拟恋人”网络现象的讽刺目的。

第一部分的主题为理想化下的完美恋人，针对“虚拟恋人的理想化”的主题，通过两个平行视角展现空虚男女主角在“虚拟社交软件”中对理想恋人的幻想和恋爱过程，来体现如今社会流行的网络情感交易现象。

第二部分的主题为“未知性别”下的美好回忆。通过对“女装大佬”与“面具人”之间的网络恋爱关系的讲述，后来“女装大佬”身份的败露这样一个戏剧化的反转来深化第二幕的主题，来揭露如今社会大量存在的网络欺骗行为，呼吁观众远离网络感情交易。

第三部分通过男女性别下画面的快速切换，来表达“虚拟”与“现实”边界上的模糊化，通过视频特效的制作，将男人脸与女人脸在画面中迅速切换，给人形成一种视觉的模糊感。

三、创作总结

从情感劳动者的视角出发，虚拟恋人在建构与顾客的情感关系时，既是情感的生产者，又是情感的消费者。在此过程中，与顾客分享共同的情绪状态，获得情感满足和认同，但在绝大多数的情况下利益始终都是情感劳动者的最终目的。

从情感消费者的视角出发，顾客在与虚拟恋人的情感关系中有机会体验到现实生活中难以获得的各种情感，尤其是亲密关系，但当这种脆弱的关系结束之后，对情感消费者的弊要远远大于利。

相较于现实情感，虚拟的情感更多的是抓住了现代部分人的情感空缺，打着情感服务的旗号获取利益，其往往是以消费者的权益受到伤害而结束，最终落得人财两空的下场。我们通过视频拍摄对虚拟情感服务进行情景再现，以此来呼吁观看者远离这种虚拟的情感服务。

剑川黑陶网络社区传播设计

张晨希、曹婧、张园莉、郑冰倩 《剑川黑陶网络社区传播设计》 数字绘画　2019 年

（张晨希 / 四川美术学院动画艺术研究生）
（曹婧 / 四川美术学院动画艺术研究生）
（张园莉 / 四川美术学院动画艺术研究生）
（郑冰倩 / 四川美术学院戏剧与影视研究生）

剑川黑陶文化与网络社区的融合

主题：大巧不工 持古恒今

作品目标：非遗传承人通过网络社区传播非遗文化，向大众展示黑陶的制作，并对大众进行美的熏陶。因为处于互联网时代，网络传输着巨大的信息量，也为剑川黑陶非遗传承人提供了向更多受众展示非遗文化的机会，为他们在网络社区展现自己的黑陶作品与生活的同时，也为他们对受众进行潜移默化的美育教育提供了平台。

一、设计背景

传承和传播两翼齐飞

随着技术的发展，非遗的传承和传播经历了语言和文字传播形式、照片和摄影传播形式，这些形式在传播的速度与广度上都有局限性。当社会发展到网络时代，数字化和网络手段给非遗的传承和传播带来了前所未有的变化，可以通过网络的技术调动一切资源，加强传承和传播的力度。除此之外，因网络社区是一个具有高度认同感和归属感的网络共同体，特别是粉丝社区，所以网络社区还具有把非遗文化爱好者紧密聚集起来的重要的情感联结功能。据《光明日报》报道，《2019 中国网络视听发展研究报告》显示，在短视频忠实用户中，30 岁以下群体占比接近七成，短视频碎片化的形式正好适合工作忙碌的年轻人，通过观看短视频，就可以“认识”、进而“熟悉”非物质文化遗产。对非遗文化传承人来说，短视频和微信公众号等生产流程简单，制作门槛较低。如果想把一项非物质文化遗产项目传播出去，不需要花费太多时间，不需要太高的技能就可以制作完成，非常利于非物质文化遗产项目的制作传播。传承和传播是非遗的两个翅膀，有了这两个翅膀非遗文化才能飞得更高、飞得更远。

年轻人喜闻乐见的方式

一群热爱传统文化的年轻人，用新颖的方式创作，在网络上影响着更多还不了解非遗文化的年轻人，这是对非遗的支持和传播，这是他们在网络社区进行的社会美育，网络社区的发展带动了社会美育的发展。

过去，中华传统文化走出国门大多依靠官方机构的推介；如今，越来越多来自民间的创作者，通过互联网发布作品，这是民间自发地向世界弘扬传统文化。无论是抖音 App 推出的账号“非遗抖起来”，还是因提供了田园牧歌式生活而红遍国内外的“李子柒”“滇西小哥”，都让更多年轻人爱上传统文化，也为世界了解中国文化打开更多窗口。

老一辈传承人由于受知识和技术等因素的局限，活跃于网络的不多，年轻一辈的传承人则是网络社区的主力军，因此，我们这次网络社区的采访人是年轻一代的非遗传承人。

二、剑川黑陶故事人物

故事人物一——董月畅

内容包含董月畅的黑陶制作，体现执着的工匠精神，表现黑陶浸入剑川人民的日常生活之中。

老董全名董月畅，是地道的白族人，手工制陶已经 41 年了。陶杯，是老董最常做的器型，看似朴实无华，实则要经过一番繁杂工序。土，是本质；好土，是根骨。春节刚过，老董就上山淘好够用一年的泥。淘好的泥经过分拣、筛选和反复踩踱，使陶泥达到完美融合。

天朗气清，老董准备好陶土，展开一天新的工作。泥条盘筑、拉坯成型、拍制修缮、雕花打磨，各项工序行云流水。又一批陶坯成型装窑，点起松柴火，让得天独厚的云南松脂在陶内渗透。封窑之后，又是十年如一日的等待。

采访 董志明

董志明讲述父亲几十年的坚持以及黑陶的兴衰，讲解父亲在这个兴衰过程中的执着。土陶已成为老董生活的部分，烹一杯烤茶，沁人心脾，沉淀了等待的不耐。

故事人物二——李巧林

李巧林师傅制作鳌鱼，内容包含鳌鱼的由来、价值、用途、制作、文化融合。

故事人物三——李寿伍

内容包含传承人的瓦猫制作、采访瓦猫的含义、瓦猫的由来、外来文化与本土文化的碰撞、继承与创新。

剑川近来多喜事，天马村的村民门前放起了爆竹，原来是新房屋脊之上迎来新的朋友——瓦猫。瓦猫，又称镇脊虎，农家将其安放于正房屋脊正中的位置，以驱邪避灾。

要了解这项原始工艺，就要探访最了解它的人。抽口水烟，听着鸟叫，制作瓦猫时喝点小酒，李寿伍就是视瓦猫如生活的人。拿出模具，扫一层薄沙，将泥土一点点灌注，成型之后，刻画其神态细节，空药瓶的利用更是点睛之笔。经过多年的创新与尝试，这只因地域性、民族性萌化的虎，展示出千姿百态的面貌，带着剑川人的喜爱和期许，融入生活之中。它目视前方，仿佛透过时光，守望着未来。

土陶，这份大地的馈赠，时至今日，依然是人们生活艺术的瑰宝、珍贵的文化遗产。老李的鳌鱼再次成为庙宇间的一抹点缀，随日升月落，将这份信仰滋养于天地之间。李师傅又做出了新的瓦猫，在新与旧的更迭中，瓦猫作为传承与创新的产物，将一直延续。

经过了对董师傅和陈师傅两人的采访以及相关资料、文献的调查研究之后，我们发现新一代传承人不仅继承了老一辈人对黑陶技艺做工的严谨态度，也在此基础上进行了不同方式的创新。首先，在创作方式方面，新一代传承人将其他技术和剑川土陶结合起来进行了两方面的创新：一是从图案样式上进行创新；二是从制作手法上，进行了不同材料的尝试，在原先的黑陶瓷器里包上银，改良了原本黑陶瓷器看不见茶水颜色的缺憾，并得到了大众的广泛认可。其次，在传播方式方面，新一代传承人不拘泥于传统的传播方式，通过抖音小视频、微信公众号、淘宝商店等现代网络社区的传播方式进行了宣传和推广。比起传统的电话、电视、报纸等传播方式，节省了人力物力，也缩短了时间和空间的距离，让对非遗传承文化感兴趣的人群能够迅速接触和了解剑川土陶，同时刺激了当地非遗文化的传承和经济的发展。年轻人热衷抖音或微信小视频这种传播方式，他们看多了，对非遗了解得多了，非物质文化遗产项目后继乏人的状况自然会得到改善，同时年轻人也能够接受到一定程度的美育。

在物质文化相对丰富的今天，社会对精神文化、艺术和美育都有了进一步的追求，这给非遗传承人在非遗文化的传承上有一定的启示，可以通过现代的传播方式，进行美学上的设计和指引，满足当代人对精神世界与美的追求，在潜移默化中提高人们的审美认知。

三、调研方式、研究步骤和作品呈现方式

调研方式

1. 线上电话 / 微信采访

小组成员共同商讨和整理出了较详细的采访问题，其中包含剑川黑陶的文化传承、网络社区传播方式等创作需要的核心点。在对陈镭、董志明两位黑陶制作者的采访过程中，通过和被采访者的信息交互提出更多关键词，丰富采访内容，同时搭配相关图片，剑川黑陶的韵味和文化就在一段段对话中跃然纸上了。

2. 线下资料汇总

主要是黑陶制作流程、相关采访记录和文献分析。通过对资料的整理和分析，初步制作黑陶制作工序流程图，思考作品在后期的制作中如何将流程图与网络社区的传播结合。

3. 社区形式

网络社区形式主要是微博非遗超话。经过一定时间的线上调研之后，小组发现在微博超话中存在一定量的黑陶文化群体，这些网络用户自发组成了或大或小的社区活动团体，分享黑陶制作、贩售、展出的相关信息。微博的用户量庞大，人们的交互沟通也十分便捷，通过该网络社区促进黑陶网络社区的发展有很大的可行性。并且通过超话这个载体，我们可以十分精准地锁定一部分人群，方便进行采访。

研究步骤

1. 通过现有的非遗网络传播途径，对线上、线下非遗传承的资料。进行汇总和分析，主要是非遗传承人与非遗本身的相关资料。

2. 通过采访了解传承人对文化传承的看法和诉求，听取剑川黑陶融入网络社区的现状和遇到的问题。

3. 调研总结，梳理小组创作思路。

4. 通过前期的调研和资料整理，确定创作方式，形成一个具有普及性、传播性、文化价值性的作品。

作品呈现方式

1. 以数字绘画的方式，绘制卡通人物制作黑陶的不同场景，组成制作流程长卷。
2. 制作 H5，便于图片流程化和在网络社区上的展示。
3. 将作品上传到微博网络社区。

PETIPETI 云社区

杨玉梅、黄楠、刘世勇、龙梓嘉 《PETIPETI 云社区》 绘本　2020 年
（杨玉梅 / 四川美术学院环境设计研究生）
（黄楠 / 四川美术学院艺术设计研究生）
（刘世勇 / 四川美术学院环境设计研究生）
（龙梓嘉 / 四川美术学院环境设计研究生）

宠物的『话』

杨玉梅、黄楠、刘世勇、龙梓嘉

在高校碰到流浪猫狗的概率逐渐增多，虽然学校明令禁止养宠物，但依旧限制不了大学生养宠物的热情，宠物在一定程度上给予了大学生内心的温暖和陪伴，但在另一方面也给各高校生活环境带来了隐患。宠物作为大学生感兴趣的热门话题，又因为其特殊的身份与处境，其中隐藏着极大的探讨价值。大学生作为大学生活环境中最不可或缺的重要群体，在一定角度上讲是最具在地性的社会群体，探讨大学生养宠物的话题本身就具备在地性。北京大学流浪猫关爱协会自制的小程序“燕园猫速查手册”在网络上引起了热烈的关注，在这个自制的小程序里，每一只生活在北大校园的流浪猫都拥有自己的专属“图鉴”。除了名字和照片，部分猫咪的性格特征、食物偏好、与其他流浪猫的关系甚至叫声都被详细记录在案，并且关于这些猫咪的名字也都起得十分讨喜。对于这些校园的流浪猫，北京大学流浪猫关爱协会的学生在为它们绝育的同时，也为它们寻求领养家庭。如果猫咪成功被领养，就会被划分在小程序底部的“毕业”一栏；如果猫咪很久都没有出现，则会进入“休学”一栏。北京大学流浪猫关爱协会的做法，将校园的流浪猫由单独的个体变成了一个圈式结构的社群，在一定的程度上为校园的流浪猫营造了相对较好的生存环境，虽然这并不意味着流浪猫的存在就是合理的。

在饲养宠物的大学生中，盲目跟风是绝大部分人的通病，绝大部分人养宠物的初衷多是“看到别人养了，自己也想试试”，或者是“一时兴起，随便养来玩玩”，许多大学生在养宠物新鲜期过去后直接就遗弃掉，虽然也有不少学生坚持养护，但到了假期和毕业季，随着大学生即将离校，大部分宠物依旧会被遗弃。北京大学的做法是在对已经被遗弃的流浪动物做保护，而引起我们深思的是这一现状能不能在源头上进行改善？警醒那些只为了一时新鲜而冲动购买并饲养宠物的大学生群体？

2017 年，美国上映的一部关于狗的电影《一条狗的使命》给了我们启发，于是我们经过思考讨论决定模拟宠物在被大学生饲养过程中的心理独白来描述大学生在饲养宠物过程中对宠物生命的影响，通过不同类别的宠物主人来分别描述宠物在不同主人养育下的不同生活状态，以此来警醒大学生不要盲目饲养宠物，要敬畏、尊重生命。

我们以四川美术学院中养宠大学生作为研究的对象，对其养宠物的初衷、养宠物的日常和过程中遇到的问题、麻烦、想法等进行问卷调查，了解不同大学生的养宠日常，为创作提供素材，并从周边养宠朋友中筛选合适的大学生进行深入的个案访谈。

通过对访谈的整理和分析，我们可以看出以下四点。第一，在对流浪宠物的态度调研中，63% 的大学生对相对干净的流浪宠物（猫、狗）持有同情态度，会在条件允许的情况下投喂食物；25% 的大学生持不管不顾的态度；剩余 12% 比较反感。第二，在对看到流浪宠物的地点调研中，95% 的大学生表示常出没于寝室周围。第三，在流浪宠物对校园影响的调研中，70% 的大学生表示害怕没有主人管束的情况下（猫、狗）会伤害自己而导致生病；90% 的大学生反感流浪猫晚上一直叫影响自己的休息；98% 的大学生表示看到比较脏的流浪（猫、狗）会驱逐它们，害怕它们传播细菌。第四，在对流浪宠物的处理方式上我们进行了问答式调研，其中收到一些比较值得建议的处理方式，如通过对（流浪）猫、狗的绝育处理来阻止它们的无序繁殖；通过学校禁止在校园饲养宠物；通过对大学生的宣传来呼吁大家不要丢弃宠物；创建微信群来实现部分大学生“云吸猫”，减少某些大学生因为冲动而饲养宠物。

在确立了我们的选题方向后，小组针对创作的手法进行了讨论，通过头脑风暴初步选定两个方向来对我们的故事情节进行描绘。

第一个方向是在网络信息高速发展的当下，虽然我们能够通过很多社交平台如微博、微信等进行交流，但是我们依然会发现由于社交的圈子过大而导致日常生活中的一些小事无法依赖它们来解决，反而在日常生活中遇到问题需要帮助时我们会通过一些小的社交圈如校友群、班级群等来寻求帮助，因此引发我们思考，当下校园是否需要一个纯粹的平台来搭建关于宠物的社交圈子？延续这个思路我们决定通过微信小程序来做一个校园宠物日常社区，通过网络和现实的结合，不仅能够为校园喜欢饲养宠物的大学生提供一个交流分享的平台，还可以让大学生在冲动购买宠物之前对大学校园能否饲养宠物有一个理智的思考，从源头上解决大部分校园流浪宠物的产生。第二种是通过手绘绘本的方式来呼吁大学生善待宠物，以绘本的方式来拟写校园流浪宠物的产生，以艺术的方式来传达对宠物生命的敬畏，以期唤起大学生对饲养宠物的思考。

最终我们小组决定以第二种方式来进行我们的作品创作，先编写故事来阐述校园流浪宠物的产生和后续的生存状态，然后采用绘本的方式来呈现故事的内容。通过对调研、访谈的内容进行筛选和提取，以调研人群对待宠物的日常行为为原型，通过人对待宠物的日常来推敲宠物在被饲养过程中的心理感受，以宠物的心理独白来拟写宠物的生活场景。

第五章

流动的原乡

从“原乡”的生息空间抽离出若干的空间样本，试图还原某种被距离与时间遮蔽了的生长、生成的过程。叙述着各自的生存境遇、经历体验以及抽象的社会关系，构成了相互对话、互为想象的共生关系。

到何处去

周晶

庚子年这场突如其来的疫情让每一个个体生命都被迫卷入人类命运的洪流中。上半年，艺术教育学院综合艺术系的“装置材料”与“媒介方法”两门课程以网络形式授课。师生不能真实相见，只能组成临时的“线上”共同体，体验远程的交流与慰藉。大家不免悲观，在如此困境下如何完成创作？同学们困在各自的地域空间里，如何做到将“共同”命运的思考转换成具有“个人”特质的回应？

师生们索性把自己抛入各自的故土原乡之中，在完全超出个人经验生死攸关的灾情面前，以心灵与诚实做出回答。他们虽然在空间上被隔离，但获得了更多的时间思考，思考个人与家庭、个体与社会、生存与环境的关系；限制和隔离激发出更自由、更具公共性的表达；个人主义的自我，也渐渐开启对人类群体命运的意识醒觉，作品悄悄蜕去了某些同质化腔调。

正是两门课程在此特殊境遇下所具有的“原乡”气息，非常洽和地参与到中国社区美育行动计划中，形成一个基于故土经验的“流动的原乡”作品展。此展选择的展场并非专业的美术馆空间，而是充满市井烟火之气的重庆老城区熙来攘往的商圈，这是一次艺术教育实验通过社会参与落地的尝试。学生的创作一旦走出校园，就不再只是个人化的喃喃自语，而变身为与社群大众产生碰撞的主动性联谊。展览还邀请到“100公里”艺术项目的青年艺术家，汇聚成面貌丰富的“原乡流衍”单元。

林灿萦的家乡在江西萍乡，疫情期间，作为医护人员的父母和她分开隔离，这个过程充满焦虑、担忧和想念。团聚后，每次上班出门前父母都留下叮嘱的便条，让女儿倍感珍惜。作品《渺小之诗》在家就地取材，用旧衣物、纸盒、便条、包裹的方式传达跨越时空的爱，现场观者可在两侧传声筒形展板上用便条留言。她在便条上写道：“亲情是心灵深处的最温暖，是血管里流动的最亲切，是无法复刻的生命原乡。”

舒雪的影像故事发生在大足区宝兴镇转龙村，春天正是花生播种的季节，一家四代难得在一起剥花生聊生活中琐碎的小事；家里用过的杂物扔在黑暗角落积满灰尘，在她眼里却充满魅力：一架供销社时候用的算盘，一杆用来称粮食的秤，太奶奶40多年前穿的衬衣，外公出去打鱼穿的蓑裙，妈妈纳的鞋底……铺陈出来就有了《转龙村225号》这件视频装置作品。

孙舒瑶《20200202》，作品灵感源于“夏坐”，是每年雨季僧侣在寺庙安居几个月的行为。2020年2月2日，温州市要求全市居民自觉居家、足不出户，社会规范、群体压力、他人要求以及思想规训就像这黑色缠绕的线，线的中心是在“禁足修行”的日子临摹抄经的视频。她的夏坐就是每天抄录四遍心经并粘贴在自家院子的白墙上。

张婉翎《风向》，视频展示的是湖水中纸折的小船，手工制作的小船或静或动漂浮在贵阳的月亮湖上，折纸影像涉及不同场景的变化。现场制作展示的则是一条文字的河流，日常的杂谈记录以文本形式呈现在“河流”中，用纸船与空间沟通，以运动的线相连。线的运动扭转不为塑造，而是呼应主题——寻找风向。

黄梓颜《固体记忆》思考现在与过去的联系，打开试衣间门帘仿佛打开了久远的记忆。患有阿尔兹海默症的奶奶穿过的衣服，把记忆从遗忘里唤醒。

酉阳县桃花源承载着彭美玲的整个童年，奶奶经常坐在门口和她翻花绳，其作品《红色》编织出的红线繁复交错的连接述说陪伴的日常。

袁梦的父母于1998年5月端午节在湖南省长沙市结婚，《囍 - 礼物》即是讲述二十几年来的父母爱情。

陈雨萱在厦门的家正对幼儿园，幼儿园围栏上挂着严肃的标语横幅，在作品《潜在的话语》中，她将其替换成定制的另一标语“你就像一个棒棒糖一样，真棒！”是对标语思维介入教育和公共空间的反抗，用影像记录了替换过程。

陶星甫《七小时》，漫长的宅家生活让他对屏幕上“被塑造的形象”更加敏感，通过挑战身体极限的模仿行为探索当事人的真实状态。

李宇森《知识改造计划》是在老家高考学习的屋子里，用考试课本折了100个纸飞机，改造有用或无用的“知识”，现场所有观者皆可用剩余的课本继续折下去。

金程鸿动画作品《阿翔的铁锤》，以他浙江台州初中时期好友阿翔为蓝本，两人从前都是混世魔王，如今他上了大学，而朋友辞职后为生计出海打鱼的命运触动他写出一个想象的故事。

傅癸《缝纫机》缝出来的一针一线勾绘出早年辛苦养家的裁缝父亲和一家人的画像，作品在离学校几千米的陈家桥镇实施完成。

展览特邀的几位艺术家，以更成熟的语言探索城市及城市中相互关联的人。普耘和李众糠《你好，城市！》，在城市中相遇，分散，产生联系。关系越复杂，感觉越陌生不安。城市越来越大，是否有我们安生的地方？作品是一个在现场与观者互动的新媒体程序。杨然《日新月异的城市不需要过去，沧海桑田的人们不需要记忆》，每个记忆都显露或者隐藏着特别的事件。第一人称编织的个体写作，扮演着世界主观中心的角色，参与者的记忆和情感不断被修复、否定、再造。张晋《蕾小姐给都市女性的一封信》，查看熟悉的陌生人蕾小姐最近五年公开的信息，引发对死亡的探讨，比如肉体的死亡、爱情的死亡，尤其在这个后疫情时代。

原乡对生于斯、长于斯的每个人究竟意味着什么，是荆棘、碎石还是好土，是记忆的居所、心灵的羁绊，抑或精神的归宿。美国作家托马斯·沃尔夫在其自传体小说《天使，望故乡》中让主人公尤金问哥哥：“到何处去，本？到何处去找我的世界？”

“无处可找，”本说，“你就是你自己的世界。”

或许，你，就是你自己的原乡。

（周晶 / 四川美术学院副教授）

流动的『原乡』『剩余空间』重塑

杨方伟

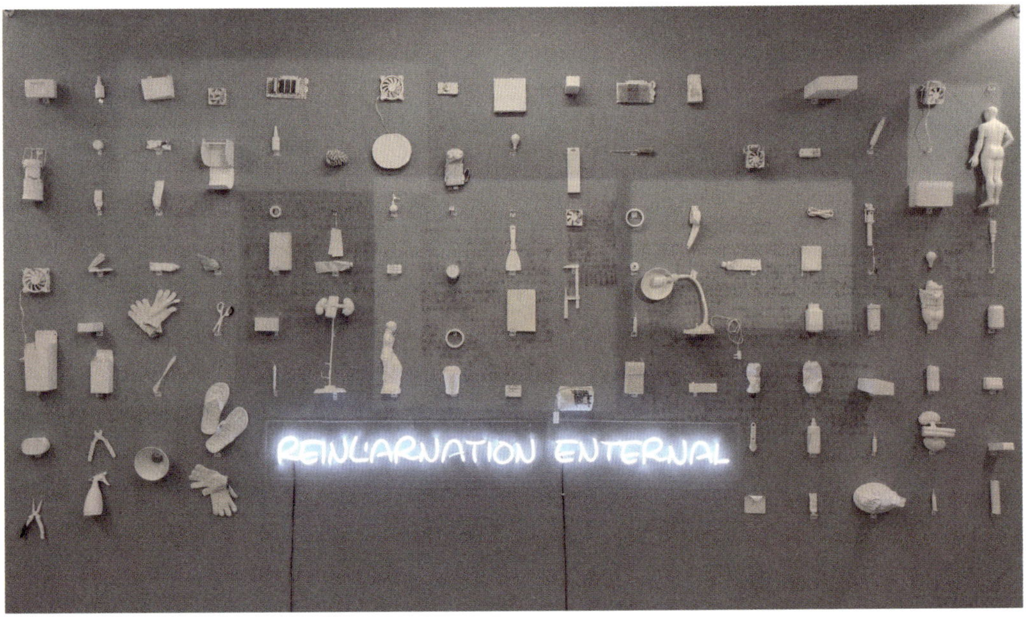

杨方伟　《剩余物》　综合材料　尺寸可变　2020 年

（杨方伟 / 艺术学博士研究生、四川美术学院艺术教育学院讲师）

2020年初暴发的新冠肺炎疫情让居家隔离成了一种例外状态，快速流动的社会系统被迫凝固成以家庭为单位的“共生体”，“媒介方法”课程的教学也因此转换到在线教学模式。虽然隔着时空的距离，承受着疫情带来的煎熬，但是在线上课程的创作方案讨论中，意外发现家庭的生活情境为同学的表达提供了丰富、鲜活的感性素材。同学们的个体记忆、情感、家庭关系在这个特殊时期与周围的生活环境构成了丰富的叙事层次。

同学通过在线课程介绍自己在不同生活情境中的感受和思考，形成相互感染的氛围，更为细致地展现出各自生活情境中的独特性。原本缺乏现场感的线上课程反而在对家庭生活琐事的讲述中变得具有温度。不得已而为之的线上课程，在“地方的亲切经验”的激发下获得了一种“原乡”视野。原乡不同于家乡，家乡对应具体的地域和位置，而“原乡”是特定的时间阶段、特定的空间位置、特定的情景记忆指向由地方经验产生的精神结构。在这种“原乡”视野下，同学们用充满感性的眼光审视周围的事物：穿过的衣服、留存下来的物品、家门口的小河甚至是家人一起劳作播种收获的过程，地方的感觉经验混合成为艺术实践的契机。亲情关系、成长经历、个体记忆，与某些日常的器物材料形成了相互映照的关系，同学渐渐地在熟悉的事物中感受到了用媒介材料作为载体的叙事方法。当我们四处寻找社会美育实践方法论、搭建介入社会渠道的时候，一条天然的路径已经清晰地展现在面前：回到原乡，回到生长、生活、生息的地方，用视觉化的感知方式探索个体与原乡情境的关系，实践综合媒介的工作方法。

所谓原乡情境，是地理空间、家庭关系、日常器物与心理空间的交叠。个体的记忆、心理感受附着在具体的空间、器物之上，形成了充满感性的经验。随着时间的延展，原有日常生活痕迹会变得模糊，偏离功能性的目的，沉淀在内心深处。如何将这些丰富的感性层次用艺术的方式融通，形成属于个体的情境体验，成为线上教学开展的重点。因此这一阶段的线上课程设定了两个方面的诉求，一方面是给同学提供丰富的综合媒介艺术实践案例参照，从工作方法上给予学生启发；另一方面是启发同学从个体与社会的角度反观城市、乡野、社会与个体共生互融的关系，用更为宏观的视角来观察个体经验、情感的社会性。

带着这样的思考，同学会不经意间找到通往“原乡”情境的“桥梁”。傅癸的父亲是一个裁缝，凭借裁缝的手艺养活一家人，虽然生活空间随着迁徙而不断变换，但是家里的缝纫机一直伴随身边。傅癸希望在布面上缝纫勾勒一幅全家人的画像，用父亲劳作的手艺重新叙述自己生活的记忆。这台缝纫机在缝纫家庭画像时不再是生产的工具，而转换成连接家庭记忆与情感的纽带。舒雪生活在大足区转龙村，家里世代以耕作为生，花生是她家里重要的作物，不仅可以售卖，更重要的是花生充当着招待客人、促进人情关系的社交媒介。舒雪围绕着花生展开了对家庭记忆的搜寻工作，无论是用于耕作的农具还是盛放花生的器皿，甚至是与之相关的家庭成员和他们的日常用品，一条通过物性连接的生活脉络就此在舒雪的搜集中展开。因为疫情而回到乡村生活的彭美玲对错综复杂的亲戚关系有着谜一般的困惑，因为在乡村市集的街道上，从街头走到街尾通常需要花很多时间和各种陌生的亲戚寒暄。彭美玲感觉到人和人的联系并不是表面上那样简单，在抽象的血缘中还有一层复杂的网络关系。她用摄影的方式记录了大量街头的场景，随后将照片冲印出来，将各种场景并置拼贴在木板上，然后用细细的红线在人像之间穿插。红线按照她设想的关系，在图片上编织成各种奇异的网络，仿佛在强烈地提醒我们真正构成原乡情境的关系状况。金程鸿从同龄朋友的身上看到了某种底层生存的困境，并且将这种困境进行“魔幻现实主义”编制，用 3D 动画的方式表现出来。短短 2 分钟的动画充满了现实的疼痛感和年轻人对城市生活的想象。

对原乡的叙述是出于疫情期间特殊的居家情境，而疫情过去之后每个人都回归到“流动”状态，在各自的轨道上演绎人生的聚散离别。当线上课程结束后，同学们带着对生活之地的理解、记忆成为“流动的原乡”汇入不同的时空。与此同时，线上课程结束转为线下学习的时候，面临的是如何将线上课程中的方案转化为在地性的作品创作？如何寻找到有意思的空间呈现作品，既可以呼应原乡情境，又能凸显后疫情时代流动的状态？而且社会美育作为当下社会文化建构的一种趋势，也需要同学们能够用艺术的方式参与其中，带着原乡情境中的体验、感触回应社会空间中的问题。

偶然在杨家坪“力扬—西西 mall”商业中心 3 楼发现了几个闲置已久的商业空间，这些空间是前面商户撤出搬空后余留下来的，墙面到处可见破损的痕迹，在繁华的商业体中显得沉静、粗粝甚至格格不入。空间对面是正常营业的餐馆、网红火锅，到了用餐时间走廊里都会挤满排号用餐的人群。一边是拥挤的人群和闪烁的霓虹灯招牌，一边是暗淡、空洞的“剩余空间”，这样的对比不仅展现了空间的剩余，同时也暗示了某种现实的遭遇，从而让“剩余空间”显现出消费—生产循环中的断裂。这种断裂在于商业体空间是一个消费场域，通过符号与视觉魅惑，不断制造自我实现的期待。而“剩余空间”则是充满“惰性”的、凝固的状态。当这种断裂暂时不能用商业经济手段加以恢复的时候，艺术也许可以成为特别的“黏合剂”，附着在“剩余空间”之中，使其获得另外一种活力。

因此当我们从“原乡”的生息空间抽离出若干的空间样本，将同学们的作品置入其中，原乡叙事不仅在作品内部展开，而且还与“剩余空间”形成了某种对话关系。作品中显现的生存境遇、经历体验以及抽象的社会关系与现场环境的粗粝感仿佛都体现了各自真实的状态。同学作品中的原乡叙事是充满温度的，充满了被距离与时间遮蔽了的生长、生成的过程。在这个充满开放性的“剩余空间”，同学要做的不仅是展示自己，还需要和空间呼应、互动甚至是搏斗。因为空间中的墙面形制各异，到处都是残缺破损，管线外露还有突兀的立柱，按照既定的作品方案或布展方式很难产生效果，艺术作品的气息反而容易被混乱的环境干扰和消解掉。环境的问题其实是艺术走出美术馆，进入社会现场，进入社区通常都要面对的问题。因此布展阶段成为课堂教学延伸出来的重要部分，同学们需要面对现场进行二次创作。

林灿萦的作品《渺小之诗》是用建筑模型组合在一起，形成密集的楼群空间，建筑的外观则是用穿过的衣服布料包裹而成，旁边渐次摆放着父母给她写的留言便条。这些便条都是日常的叮嘱，是身为医务工作者的父母，在疫情期间通过便条留言的方式来保护自己孩子周全、传递关爱的记录。这一虚一实、一轻一重对比产生的情感张力，也许源自林灿萦在特殊时期从父母身上感受到的紧张与温暖。当这件作品选择放置在一堵感觉已经废弃的涂鸦墙上的时候，墙面的沉重感似乎有了某种现实经历的指向性，并且成为作品意义的“背景”，为作品叠加了一层更为真实的心理情境。同样以废弃墙面作为“背景”的还有陶星甫，他在墙面上展示的是身穿防护服居家日常的生活影像。“全副武装”的图像传递出一种紧张感，污迹斑斑的墙面则暗示了疫情对生活产生的破坏性。这样的墙面与作品的结合，为作品讨论问题提供了天然的现场感，拉近了作品与现实之间的距离。

黄梓颜的作品是以白衬衣作为主体，散碎的图像从衬衣中四散开去，表达对患有阿尔兹海默症的奶奶记忆逐渐消逝的感伤。她所面对的空间是两根立柱之间的一段窄墙，墙上布满了电线水管。原有的展呈方案难以支撑这样的空间，所以作品需要建构与环境之间的界限。商场服装专卖店的试衣间给了黄梓颜以灵感，她索性在窄墙上搭建了一个临时试衣间，试衣间内用镜子隔挡墙面上的水管电线，白衬衣悬挂其间，一盏 LED 暖光灯放置在衬衣内心脏的位置。试衣间外围用黑色遮光帘虚掩，当灯光透过白色衬衣充满这个狭小的空间，带来了一种生命被点亮的感觉。原本与衬衣并置的图片被移除到旁边的墙面，成为混杂背景的一部分，纯粹的生命感和象征混沌的、逐渐消逝的记忆构成了作品两层清晰的叙事维度。

同样面对空间的困境不得不进行二次创作的还有孙舒瑶、李宇森、张婉翎、袁梦、陈雨萱、彭美玲几位同学。由于空间充满了偶然性与异质性，她们根据作品的方案选择了可以与之“对话”的空间，将空间的“势态”与作品的“形态”交织融合形成具有现场感的空间叙事。孙舒瑶作品原有的形态是以毛线纤维编织包裹的一张凳子，凳子中间播放她抄写《心经》的视频。作品放置的空间刚好有一根柱子与墙面相向而立，利用这样的空间结构，包裹在凳子上的纤维可以向外延伸，附着在柱子和墙面上，从而形成一张虚空立体的网，各个点产生的拉力可以将核心主体悬挂在半空。作品的现场制作需要耗费大量的时间，以及足够的耐心将千丝万缕的毛线纤维编织成具有形态感的虚空体量。作品的完成不仅是借助空间的结构，而且制作的过程与视频中抄写《心经》的状态非常相似，某种精神性的特质通过身体力行的方式得以在物质性的形态中呈现出来。

李宇森的作品方案源于高中时代折纸飞机的记忆与体验，面对同样难熬的时光，他以折纸飞机的方式打发时间，精致而款式繁多的纸飞机如同时间的刻度度量着他的生活。李宇森将纸飞机带到展览场地，准备在空间中以悬挂的方式呈现，由于落地窗背景光线散乱，白色的纸飞机与窗外的景色几乎融为一体。面对这样的问题，李宇森利用附近的立柱，在立柱旁边放置了一张课桌和堆积如山的课本，复原了高中时代学习场景，并且设置了现场观众用桌上的课本折飞机贴在立柱上的互动参与环节。立柱上很快贴满了纸飞机，纸飞机从桌面向上延伸与悬挂空中的部分连成一个整体，与此同时空中部分获得了一个向下的牵引力，与课桌构成的学习场景产生了视觉联系。

张婉翎带来的是一件视频影像作品，影像记录了她在疫情期间河边放纸船的情景。刚好展览空间有两段短小的矮墙，她索性将电视放置在贴近地面的位置，用实体的纸船从视频影像旁边向外延伸，如同河流里的小船，弯弯曲曲一直漂浮到展厅外面的公共通道。这种空间的延伸不仅将影像做了物象上的转化，而且拥有空间蔓延的感觉，将艺术空间与公共空间连为一体，模糊了二者的边界。尤其是与处在外侧袁梦的作品形成了紧密的联系，避免了由于距离产生的疏离感。袁梦的作品选择在外围公共空间中的信息栏上实施，信息栏成为她描述父母情感历程和自己成长过程的叙事场域。原本只是用于发布公告的信息栏被袁梦装点成一个有时代感的“黑板报”，父母的结婚照、生活中有情感寄托物件的照片被另一种图文叙述方式融合在一起，显得轻松而有温度。

陈雨萱的作品是一组行为影像，讨论私人空间和公共空间的问题，作品自身的逻辑严谨，完成度也很高，如何与现场空间再产生一层对话关系，这是对作者的考验。由于作品内在有一条时间线索，而商场空间的灯光照明系统也由一个时控器控制，以此为切入点，陈雨萱将一个只有 9 点与 10 点刻度的时钟放置在两个视频影像中间，形成了看似分离却有内在联系的三条时间线索。同样以“线索”作为出发点的还有彭美玲，原本倾向平面的作品方案，进入展示空间以后获得了某种空间的“感召”，进而发展成为线性的空间作品。通过“红线”的交织，现场空间无形之间被连成一个有机整体。

从同学们这些面对陌生空间的艺术创造来看，很容易联想起列斐伏尔对空间的阐释，他认为空间并不是单纯的容器，空间与社会生产、社会关系以及人类的实践活动是一种互融、共生的关系。同学们面对环境的二次创作，进行了对空间的理解和开掘，让自己的作品与空间紧密地交织在一起，不仅让作品获得了空间维度上的展开，而且通过在空间中的再创作让这些“剩余空间”与自己原乡情境中的经验、记忆、价值感知联系在一起，从而赋予消极沉默的空间精神上的活力。

这种具有地方意识、原乡情境的创作不同于一般视觉化的空间装饰或者简单的艺术植入，因为空间中所呈现的核心在于作品中的地方感和价值感知。同学们在空间中的二次创作可以看作是原乡叙事与剩余空间的对话，以视觉化的方式构建了一种互为想象的共生关系。列斐伏尔说“为了改变生活，需要创造出新的空间样态，新的社会关系，新的文化观念”，这种共生关系的构建正是新的文化空间生成的结果与体现，也可以看成是艺术在社会空间中再生产的过程。在展览现场能够清晰感受到作品与空间互动所生成新的文化空间，文化空间的生成建立在同学们用敏锐的感受力洞察生活日常中的陌生感，以及由这种陌生感进行物质媒介转换而产生的视觉性。

与此同时，“剩余空间”的异质性为视觉性的延伸提供了特殊的场域，这个场域中充满了对立：商业空间的流动性与“剩余空间”的消极性的对立；消费符号与充满情感温度的物性媒介的对立；原乡叙事的表达与混杂现场状况的对立。而所有这些对立都包含了不同的空间样态和社会关系，列斐伏尔所谓的空间再生产，正是通过艺术的作用将不同的社会关系交织在一起，将原乡空间与“剩余空间”叠合在一起，将此时此刻与无数人的情感、记忆、体验产生连接，将充满感性的空间植入消费的场域。正是空间中的感性特质带来了连接性与丰富性，弥合了“剩余空间”与商业流动空间之间的断裂。

在短短数月的时间内同学们在不同的情景之中敏锐地感受到了心理空间的各个层次以及在物理空间中的延展性，用视觉化的媒介材料完成了一次富有挑战和价值的“时空穿越”。从线上课程到商业空间中的在地艺术实践，不仅连通了“地方经验”与艺术媒介语言的表达，同时也从空间层面为社区美育的价值与意义找到了一个坚实的落脚点。空间既是一种容器，同时也是社会关系、生产关系本身。空间层面上展开的美育行动指向个体经验，创造绵密的情感连接和生产之外的价值感知。通过情感连接从而赋予空间以感性的温度，从“空间疗愈”到社区营造，其价值核心就在于艺术以情感的方式不断在对抗社会系统对空间的消耗。在展览现场我们能清晰地感受到社会空间与原乡情境之间的关系，空间的意义与个体的原乡经验、价值感知交融在一起，相互定义、相互凸显，这种双向建构的机制正是社区美育介入社会空间的真实路径。

红色

彭美玲《红色》装置　200cm × 200cm × 30cm　2020 年
（彭美玲 / 四川美术学院艺术教育学院综合艺术专业本科生）

《红色》创作手记

彭美玲

人与人之间的关系可见，人际关系研究里有一条定律叫作“六度分离理论”（Six Degrees of Separation）， 这个理论最初是1929年由匈牙利作家弗里吉耶斯－卡林西（Frigyes Karinthy）所提出的，这个理论的基本理念是说地球上一个人要与随便另外一个人攀上关系，只需要不超过五个中间人即可达成。我想起从小到大，总是对大人之间的交往感到奇怪。是否因为他们那代人更擅长与人交流，而现在的我们在网络普及的当下，生活中反而显得怯弱。

起因大致是某次和妈妈散步的时候，看见立交桥下的空地有位大伯在种菜，我和妈妈趴在桥上看了一会儿，她对这事向来感兴趣。趁大伯休息的空隙，她就跟人聊起来了（我是觉得莫名其妙的，明明都不认识），更奇妙的是，通过聊天还发现，他们居然还“认识”，他是谁家的谁谁谁，聊起了一些旧事，并且他们可能从没见过面，却像相识的老友。在他乡与“故人”相逢确是件喜事，一两次可以当作“缘分”，但生活中总是发生这样的事。

这让我想起了《楚门的世界》，大家都在扮演自己的角色，装作互不认识，只是为了陪你演戏。我们总是在某个陌生或熟悉的环境停足，行人与我们擦肩而过，你有没有想过，大家其实是“认识”的。

用红线把有关联的人联系起来，让关系变成可见的，然后发现种种有趣的现象，在这个时代，人与人间的联系或许用不到 5 个中间人。

作品 1.0 版本呈现时，展出的物品包括一个有窗的楼梯转角、一组人物摄影，把每两个人之间用红线连接，来表现两人之间的某种联系。在中国社区美育行动计划展览现场，则根据主题对场地做了改进，红色的大木框映射着故乡和自然，红色是我关于童年最早的一抹记忆和故乡的颜色，深刻地印在心里，永不忘记。

20200202

孙舒瑶 《20200202》 综合材料　2020 年
（孙舒瑶 / 四川美术学院艺术教育学院综合艺术专业本科生）

《20200202》创作手记

孙舒瑶

作品创作于 2020 年我的家乡，作品灵感源自僧人的夏坐，以此为切入点进行了创作。

从 2020 年 2 月 2 日开始，温州要求市民自觉居家、足不出户。而市民的生活必需品，政府则让社区挨家挨户分发出行卡——一户人家一星期派一个人出去采购两次，而出行卡便是居民在各个疫情防控站点盖章通行的凭证。当时我和老师都觉得这是一个可以挨家挨户收集起来的创作素材，但是因为条件限制，这样的想法被搁置了，进而有了如今的展现形式。

刚开始想到最直白的关键词是——禁足，指禁止外出，佛教僧尼坐夏、避免灾祸或因过失受罚而不得外出。后来想再挖掘一下，便用了“夏坐”来当作整件作品的核心。

在大三写作《浅谈当代艺术中的精神性》中，我用三个关键词并举例相应的当代艺术家来讲述我所认识的当代艺术中的精神性，而其中的一个词便是“禅宗”（禅意）。禅宗是一种境界，更是一种受用或是体验。我想僧人的夏坐——僧侣每年雨季在寺庙避祸安居的三个月行为，与当时疫情居家的时间和出发点十分相似，我便从这一观念开始切入创作作品。这次长达三个月“居家修行”的日子，是一次独特的体验，让自己与自己进行自省、思考。我在家的三个多月里，每天都抄写《心经》并将它们收集起来，想过借鉴艺术家谢德庆的作品《打卡》的形式呈现，但后来因为条件限制没能实现。

当个体或群体在特定的社会文化环境中，由于来自社会的规范、群体的压力、自我暗示、他人的要求等社会影响使得他们做出不同的举动，而这些就像黑色缠绕的线将我捆绑、约束。“人生下来可能仅仅是一个自然人，不能直接说是个完整的人”，只有在个体与社会交往后，才能真正成为一个“社会人”。在这样的一个大环境下，又是怎么样的因素促使我塑成“约束自我”的一个社会角色呢？对这样的一个疑问，我们面对这样突如其来的考验就会产生一些思考：文化所带给我们的一些根深蒂固的观念导致了我们对死亡是畏惧的，大多都是避讳死亡，这样的个体认知和态度进而会响应国家疫情防控措施。我们是以儒家文化为主导同时受到道教、佛教文化的影响，在我们的文化中生命是最重要的，所以大多数人恐惧、避讳死亡。这样的“文化”经过媒体传播，电视、手机和各个网络平台都在向人们讲述疫情的危害以及防范措施。

渺小之诗

林灿萦 《渺小之诗》 综合材料　150cm × 150cm × 60cm　2020 年
（林灿萦 / 四川美术学院艺术教育学院综合艺术专业本科生）

《渺小之诗》创作手记

林灿萦

我的父母是普通的医务人员，2020 年春节，由于疫情暴发，他们年还没过完就被紧急召回，我也不得不被送到亲戚家，居家，并与他们隔离。我的父母虽不在一线，总归是危险的，紧张时期，防疫装备十分匮乏，无法见面的每一天都令我充满不安，好像没有哪个时候如此担忧过他们，怕他们接触感染者；也没有哪个时候如此关注新闻，祈祷疫情早日得到控制。

我所在的地区病例不多，渐渐地，情况有所好转，我也终于可以回家了。此时只觉得眼前经历着的许多都如此不容易，原来一切如常才是理想，原来再没有什么比平安健康重要。和父母在一起生活的点滴此刻被放大，我才发现，那些曾经觉得再普通不过的小事也值得珍惜，每一件琐事都充盈着幸福。我们还能团圆，还能和彼此在一起，平凡的生活就已足够。

之后，父母每次出门上班前都习惯给我留便条，只是很简单地告诉我早午饭吃些什么，食材放在厨房或餐桌的什么位置之类。而我每天起床后第一件事就是读便条，有时他们会换着写，看着他们俩不一样的字迹，对我不一样的称呼，急匆匆出门又写了什么错字，读完总是倍感幸福——又是值得期待的可爱的一天。这些便条对我来说太特别了，是这漫长冬日里化雪的和风，散去我所有不安。我全部收集起来，慢慢地，一张张小字条也集了小小一沓。

此期间的课程要求我们开始在地创作，疫情让我感悟爱与渺小，感悟平凡的可贵，我想正好利用这些便条把这段时间的感受表达出来，之后便慢慢创作了《渺小之诗》这件作品。当时在家，取材和空间有限，我便找出以往的旧衣物和一些纸箱开始制作。在家做作品让我有了不一样的体验，因为这次父母也参与其中，交流创作想法，他们也很开心，不时给我一些建议。我遇到解决不了的问题还可以求助他们，比如缝制衣物，我经验不足，妈妈便教我缝制的方法；材料不够，我苦于不能出门，能外出的他们也会及时帮我买回来。随着这件作品一天天制作，爱也好像多了一层又一层。我把纸箱做成迷宫般的城市，再用衣物包裹，便条从两侧延伸进去，意在温暖与爱跨越时空连接彼此，从点滴起始裹拥整座城市。

回到学校，我把这件作品重新调整制作了一版，在参展的场地面向大众，老师建议我能够和观众有一些互动交流。于是我在两旁加了听筒形状的木板和装置主体相连，作为底版，观众也可以写便条进行留言，展览结束后我便又有了一些新收获。回收便条，我看着各种各样的字迹和祝福，觉得很奇妙。有的是对自己，有的是对身边的朋友、家人，无不是美好的期盼——要健康，要幸福，写的都是大家朴实又真挚的愿望。我备受感动，这件作品不仅给了我和父母一次不一样的联结；也因为这次特别的展览，让我的作品有了更多含义，让我和许多未曾谋面的陌生人联结在一起。我感受了他们，我也知道他们感受了我的作品。力量流动在彼此之间，就好像我们正在经历的一切，命运洪流之中，我们虽是身处其中的渺小个体，但都以爱为羁绊，我与父母如此，人人皆是如此。

现在 2021 年又是一个春节过去，感慨这一年诸多不易。在这场漫长的防疫抗争里，从迎难而上坚守岗位的抗疫工作者，到默默付出的各行各业，因为无数个小“我”组成“我们”，得以守护城市，守护家国。隔离病毒，隔离不了爱和希望，每一种爱，都是无数小人物的努力筑起的生命线，刻进这座城市，刻进每个人心里。感谢所有抗疫工作者，也感谢每一个努力抗疫的普通人。暖春来临，只希望疫情过去皆平安，我们都能迎着阳光，畅快呼吸。

我的记忆载体

黄梓颜 《我的记忆载体》 综合材料　220cm × 80cm × 80cm　2020 年
（黄梓颜 / 四川美术学院艺术教育学院综合艺术专业本科生）

《我的记忆载体》创作手记

黄梓颜

在我所受到的教育中，似乎大家都很避讳“死亡”这个话题。当死亡发生在我身边时，它是那么清晰。爷爷去世后两年，奶奶被诊断出阿尔兹海默症，在给奶奶买的衣服中她只接受了这件白衬衫，这件衬衫的样子或许与她记忆里的某个点有着关联，所以她接受了它。随着时间的流逝，她能记得的东西越来越少，她的记忆空间一点一点缩小、消失。

奶奶的阿尔兹海默症让我对记忆的理解更进了一步。面对离别，我的不舍与悲伤无处安放。《我的记忆载体》算是我与奶奶最后的告别。

记忆是人脑对经历事物的识记、保持、再现或再认，它是进行思考、想象等高级心理活动的基础。关于如何将记忆呈现给其他人，这是我创作之初思考的问题。物质载体还是虚拟图像？我选择了物质载体，这个载体便是奶奶的白衬衫，在她离开前关于她对我的记忆在她的大脑中全部淹没了，但这件衬衫还在，我的记忆还在。

作品创作之初是在疫情期间，我们只能居家，我只是单纯地将一些记忆以图片的方式展现，但实验到后期发现这些都是平面的、碎片的。于是我又尝试跟这个记忆的载体进行联系，但也是平面的，它没办法与我们的三维空间融合。

直到一次社区美育行动计划启动，我们将创作搬到了杨家坪的一个商城里，在这样一个烟火气息十足、人来人往的场所，平面的“记忆”是很难与人们产生互动与联系的。困惑的时候，老师给我提出一个建议：“因地制宜”地让作品和这个环境与空间产生互动。老师的这一点拨起到了关键的作用，最终我在这样一个大空间里面建造了一个“试衣间”，这个空间便是我的记忆空间以容下我的这些“记忆载体”。

这一次“流动的原乡　社区美育行动计划”进展得很顺利，我的创作也进入了一个很重要的转折点。这一次实践中我做了很多加法：空间的加法，材料的加法。

到了2020年11月底，我们的社区美育计划到了成都的四川大学美术馆。美术馆与商场有着很大不同，更空旷，更纯粹，没有多余的信息干扰。《我的记忆载体》这个“小空间”放在这样的大空间，之前的加法就显得有些繁杂。在川大美术馆的实践中，我对之前的方案进行了调整，适当舍去一些赘余，让整体更统一，材料也选择低饱和度的铁链，既能烘托氛围，也能与美术馆这个空间里的黑白灰相呼应。

风向

张婉翎　《风向》　影像　2020 年
（张婉翎 / 四川美术学院艺术教育学院综合艺术专业本科生）

做一名寻风者：《风向》创作手记

张婉翎

2020年，时代的风向被疫情打乱。我们蜗居于家中，在纷繁的互联网信息中寻找自己的归属，在拥挤的十字路口等待信号灯的转变。风，仍然从我们身旁穿行，可是我们囿于固定的空间，无法去追逐，做一名寻风者，是疫情时代给我们的任务。

寻风者，就是在风吹起之时，不是去追逐风口，而是寻觅风向。风口就艺术创作而言，可以归结为艺术创作的热点、爆点，大量的资本、人才、注意力一股脑涌入同一赛道，随即形成所谓的“风口”。风口勿追，实质上就是告诫我们不要随大流，创作还是应该回到艺术的起点——生活之中。

一、寻风而动

疫情期间，我和所有的大学生一样，在家中进行着网课的学习。在周晶老师的课上，我利用图像、文字记录自己接触到的信息以及对信息的感悟，其中信息的种类不限，包括新闻、周围发生的事件、自己的生活等。

创作的缘由是出于我对写作的喜爱，并且文字在疫情期间和我们的关系发生的变化。我们每天通过文字了解到周围世界的变化，它是我们隔离在家中的信息媒介之一，没有材料费的限制，没有空间的困扰，尤其是写诗，把这些字颠来倒去，放到最恰当的位置，达到自己觉得最为完美的状态，这对我来说也是一种材料实验。另外，记录让我踏实。

在创作过程中，前三周我在不停地码字，看不同的纪录片、电影、剧集和书，把自己的感悟以及与朋友之间的讨论如实记录下来，每天都保持思考，不断输出。后两周我开始思考文字本身的转换形式，把文本打印在纸上，折成风车和纸船与周围的环境对话。

在放船的时候，发生了一件很有意思的事情：小船一放出去都溜溜达达去了湖的对岸，在中间高高的芦草里走了一圈以后，又不约而同地回到了我最开始放船的位置。

而在放置风车时，我把一些较大的石块移开，然后再将风车插入泥土。这种置换的方式让我觉得很快活，特别是坐在这群白色的小精灵旁边，看着它们悠哉地摇晃着小脑袋，听着周围的鸟鸣，时间在慢下来，风也柔和。

二、御风而行

疫情逐渐好转，我也踏上了归校之路。很荣幸的是，我们的老师给了我们一个展览的机会。这是一个不同于传统展厅的空间——它根植于重庆的闹市，位于商场的三层，空气中夹杂着火锅的气味，这正是重庆生活的微缩景观。根据这样的环境，我选择创作《风向》这件作品。这次的艺术实践来自日常的杂谈记录，以文本形式呈现在多层次的作品中。手工制作的折纸的影像涉及不同场景的变化；在现场中以运动的直线将纸船相连，与空间沟通；其中线的运动扭转不为塑造，而是在运动扭转中呼应主题——寻找风向。纸船和黑色胶带贴出的线条在同学们的作品中蜿蜒。

一次我蹲下整理纸船，突然有人拍了拍我的背，我回头看是一位中年阿姨，她问我："妹妹，你可不可以教我怎么折纸船？过了太多年我已经不记得了！""当然啊！"她跟着我一步一步翻折着纸船，一会儿一只成型的纸船就出现在她手中，她非常高兴，小心翼翼地把纸船放进她的皮包里，一路向我致谢并走进了电梯。我很受触动：一件作品于我，是对自身风向的寻觅；对她是吹开过往的一阵和风。我们在这样一个充满变数的时代做一名寻风者，寻的是风向，觅的是生活，就像蒲公英的种子，携着原乡生活的点滴，不动声色地将记忆播散在各处。虽长路漫浩浩，然原乡仍可还望，如同从前家中的煤灰，是冷却了的温暖。

转龙村贰贰五号

舒雪 《转龙村贰贰五号》 综合材料 240cm × 124cm × 30cm 2020 年
（舒雪 / 四川美术学院艺术教育学院综合艺术专业本科生）

《转龙村贰贰五号》创作手记

舒雪

这一次因为疫情，我们都在自己的家中上课，可能是因为上课的环境从学校变成了家里，接触的环境不一样了，所以做作品时产生的想法也与以往不同。

疫情期间我们一家人都回到了农村老家，我从小和爷爷奶奶在乡村长大，这里有我的很多回忆。爷爷是一个农民，种了一辈子的地，哪个季节该种什么东西他一清二楚，从小我就觉得爷爷是最厉害的人，他什么都会，无所不能。小时候每到夏天稻谷成熟，我们就会全家出动一起下田收稻子，爷爷很早就去稻田里收割稻谷，把它们收拢成一把一把地放在割完稻谷留下的桩子上。脱粒时，我们帮忙把整理好的谷穗一把一把地递到他的手里，谷粒在爷爷手里被多次击打后洒落在谷桶里。爷爷喜欢钓鱼，不管是晴天还是雨天他总会去河边坐上一两个小时，下雨的时候他就会穿上蓑衣斗篷，带上他的鱼笼钓鱼。

以前的生活非常简朴，但我们总会自己在生活中找乐子，在家人的协作劳动中体味温情和幸福。随着社会的不断进步，那些承载着我们美好回忆的老物件已经不断地被新的物品替代，它们被扔在了黑暗的角落里，蒙上了一层厚厚的灰尘。从功能的使用来说，它们仍然是可以被使用的，只是社会发展太快，更轻巧、更便捷的物品替代了它们。

这次展览的作品，由家人一起剥花生的视频和老物件的陈列组成。

在剥花生的视频里出现了四双手，一双手代表着一代人，太奶奶、爷爷、妈妈和我，我们坐在一起剥花生，聊着我们周边的一些繁琐小事。视频里还收录了一些乡村广播和大自然的声音，一切都是那么美好，大家聚在一起做着同一件事，享受着慢生活带给我们的快乐。

这次展览在商场举行，商场里面人来人往，人们都在自己的生活节奏中，做着自己的事情。我用最简单的方式把这些老物件陈列出来，相信会有很多路过的人看见这些东西时脑海里浮现出一些深藏的画面，和我产生同样的感受。

移动的盒

陈雨萱 《移动的盒》 影像、综合材料　2019 年
（陈雨萱 / 四川美术学院艺术教育学院综合艺术专业本科生）

《移动的盒》创作手记

陈雨萱

布迪厄在《实践与反思》中认为：场域是个社会关系或社会网络系统。在高度分化的社会中，场域的数量庞大，关系复杂，就好像我们从一出生就是装在盒子里，大盒子套着小盒子，从一个盒子移动到另一个，既独立又相互联系，复杂又有规律可循。这样的类比使我在作品中特意使用和提及“矩形”“立方体”等元素，我认为“矩形”是很好的隐喻，它高频率地出现并且融入我们的生活，甚至不断进行心理暗示，它使得不论是虚拟二维平面还是现实空间的场域，都与身体联系起来。

作品《盒》由两个行为影像构成。其中一个影像用监控摄像头记录自己在封闭空间的纸箱中的 4 个小时，我在纸箱中身体的动作会使纸箱轻微变形或者在空间中移动，但不破坏纸箱。另一个影像是用电脑录屏记录自己操作“密室逃脱”游戏的过程，并与现实场景的影像资料剪辑而成，时间为 2 个小时。

这个过程中涉及的话题有身体和场域，两个影像中我都把身体隐藏起来。

人创造了真实的和虚拟的场所，而场所承载的复杂信息反过来折射和作用于人。对身体来说，这是两个不同的状态：一个是将自己身体束缚的同时创造一个精神上独立的场域，处理自身的信息，然后作用于身体；另一个是将自己放入一个网络虚拟的“密室”中，身体不被束缚但是在被规训，在试图从破解中获得成就感和避免陷入循环。

影像 1 的内容是我在纸箱子里面滚动。我在生活中用了大量的时间去“接收”和“输出”，我试图隔离外部影响自己的因素，利用纸箱创造一个独立的场域，将“处理 / 转化”的过程和感受拉长，身上的物品只有衣物和手表，在这个过程中感受不同思维状态下时间的流动，以及身体、思维在最少干扰因素但是局限的空间中如何互相配合和适应。

为了跟“外部因素”抗争，我选择只展现出箱子和空间，把自己隐藏起来。箱子的高度略矮于我直起背部的高度，迫使我需要不断调整姿势使自己保持相对舒适。每当我想要让箱子翻动，我需要把重心集中到箱子的一个面，然后带动箱子向那个方向倒，在落地之前重心不能移动，每次翻动都是身体砸向地面的状态，这是移动所要付出的小小的代价。箱子的轻微变形和运动即是我大脑运转与身体反应的展现，还有一部分状态被隐藏。当我从影像中看到空间和箱子的关系与箱子的状态时，产生了一种陌生感。

影像 2 的内容虽然主要是录屏电脑游戏，但强调的仍然是身体性，同样是将身体隐藏了起来，游戏的操作只能使用鼠标，鼠标的形状为手指，使人更容易将自己带入，鼠标的移动速度和每一个停顿都能暴露我的思维状态以及过程中所产生的情绪——虚拟世界对身体的规训和自我的反抗，反而更加凸显了身体。

就算没有被基因改造，也没有被芯片植入，在漫长反复的影响中，渐渐被机器规训的人的身体，某种意义上说也是“后人类”的一部分。艺术家徐文凯（aaajiao）的作品《糖纸》，他对作品的解释是：“我们在享受的是，当我们刷新时，又有一万人加入了一个新的话题，我们在感受这件事。所以这件作品用了更抽象的视觉处理方法来呈现了这种快感。而当你去看这件作品的时候，你并不会因为你没有得到具体的信息而感到困扰，你直接感受到的就是这种信息流动和变化给你带来的一种快感。这个是《糖纸》这件作品在讲的。”

在虚拟的场域中需要警惕陷入重复无意义的行为和思维，因为此时人们往往以为进入的场景、内容是自我选择的，实际上是把自己暴露在更复杂且局限的环境中。

囍－礼物

袁梦 《囍－礼物》 综合材料　2020 年
（袁梦 / 四川美术学院艺术教育学院综合艺术专业本科生）

《囍－礼物》创作手记

袁梦

我们是否真正了解过我们最熟悉的地方或是最熟悉的人？

我认为原乡是我最熟悉的地方，而父母便是我最熟悉的人。我们花时间在自己身上、在学习上、在恋爱上，抑或在其他更加繁琐的小事上，父母用过来人的口吻参与我们几乎所有的事，而我们对他们的过去可以说是一无所知。

而这次疫情给我提供了一段相对充裕的时间去感受，我一直认为我父母间的关系并不温暖，被取而代之的是由爱情变为亲情后直到麻木的冰冷。以致我内心出现了许多矛盾，一方面厌烦母亲成为家庭主妇后与世隔绝，另一方面又想寻找母亲的“我”，更加厌烦父亲的大男子主义和没有情调。我以为把我母亲变成现在这样是父亲的错误。我想去找她，她去哪了？

于是我想到用孩童的办法去解决这复杂的问题，解脱我的困境，同时解救母亲。在我看来，最开始似乎是一件很简单的事情，我收集起我父亲送给她的礼物，无论大小，无论时间，全部归于商品，并明码标价，想着这便是可以赎回我母亲自由的商品，我称它为“自由赎回商店”。然而这似乎都只是我孩童般的一意孤行罢了，母亲的一句话让我不得不从头开始寻找答案，“这些很重要，你别搞坏了！”而这也许就是答案了。

这些物品在她眼中肯定不是金钱与商品那样的一般等价物，而是记忆的承载体，是他们相爱过程的参与者。我开始重视这些情感，于是我一次又一次询问每一件礼物的故事，她记得每一件礼物送到的时间，她记得每一个细节，她记得那是阴雨天，还记得当时父亲的表情。我和母亲聊了很久，她有点激动，眼眶红润但又微笑着，我也开始重新构思这件作品，重新思考礼物的意义。于是我将它们全部塑封起来，为那些物品拍摄照片，标上日期，这也是我和我母亲都希望爱能被永远保鲜的办法。

接着我开始带我母亲回溯过去，带她去到当初收到那些礼物的地点，让记忆更加清晰。虽然时过境迁，城市已然发展得面目全非，可即便那充满回忆的地方是一片废墟，那地方也是美的。

我让母亲拿着我塑封好的礼物，在那破败的老房子内拍摄了一组照片，那是她记忆里最忘不掉的地方，是生活了三十几年的家。在那片废墟中，我发现了泛黄的、遗留在那的结婚照，已经落满了灰尘。

我希望将他们的不圆满变圆满，将记忆延续，于是有了我的这一件作品《囍－礼物》。

我将他们的故事用最质朴的方式记录，将那些只停留在对方脑海中的记忆具象化，最后汇聚在一起，以后也将由我来守护那些美好。

我出生的原乡，我最亲近的人，都在这一次有了新的认识，那便是充满了爱。

不知道什么时候开始，我对人和人之间的那面看不见摸不着的墙变得非常感兴趣。我似乎也找到了一种认识那面墙的方式以及与之相处的方式，无疑这是极其个人化的感受，可我并不满足于自我排解，于是有一些被称为创作的行为发生了。

七小时

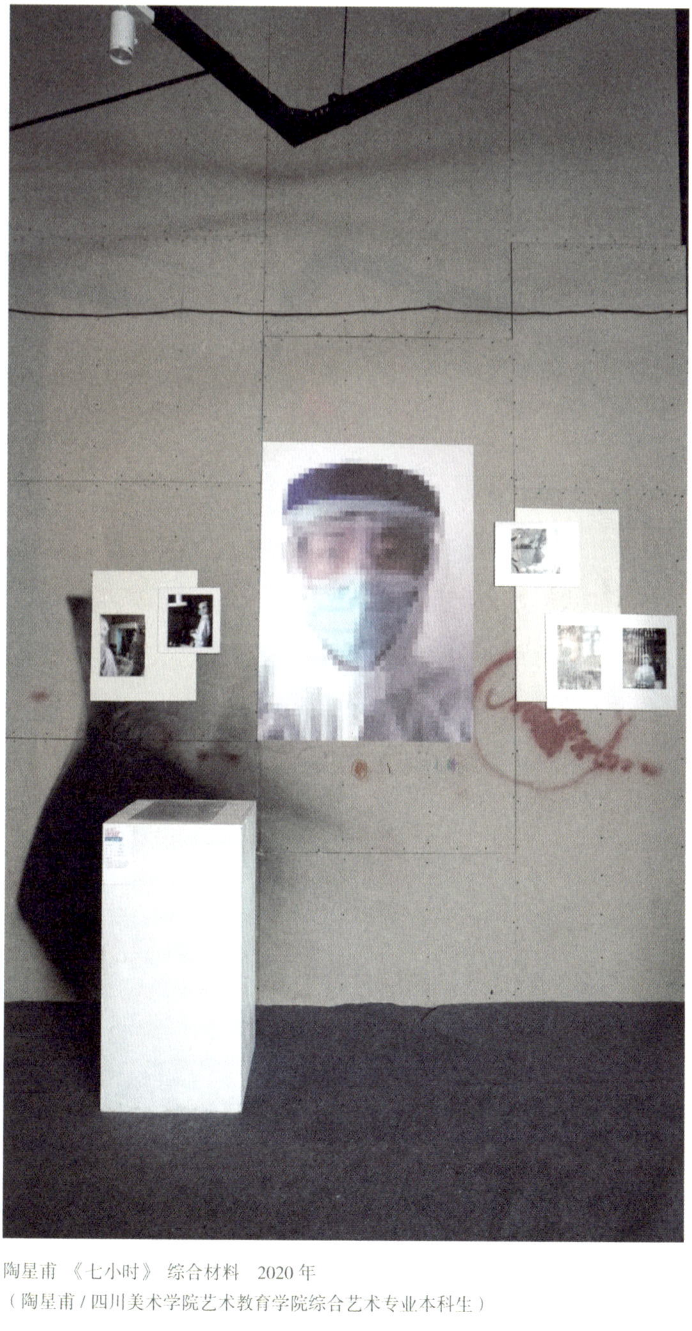

陶星甫 《七小时》 综合材料 2020年
（陶星甫 / 四川美术学院艺术教育学院综合艺术专业本科生）

《七小时》创作手记

陶星甫

《七小时》的出发点不是为了给出某种解决方式（不论可行与否），而仅是些许个人的体验。在艰难的疫情期间我感受到了一些无法被忽视的东西：医生、方舱医院的建设者、军人，都是工作在第一线的人，是距离危险最近的。而作为一个待在家里的普通人，只有禁足这件事带给我最为真切的受灾感觉，远远看着这些战士，隔着屏幕给我的感谢和鼓励，这似乎是理所应当的。但又并非如此，因为媒体把帮助者和受助者一对一关系放大到帮助者和全国人民一对多的程度，就像一滴水落入沙堆，我没有被浸润，只感到一阵潮气。这种隔鞋瘙痒的感受实在令人不痛快，我想亲身感受这份足够浸润人的东西。

“物质影响意识”，身体的感受会带给人更浓烈的情绪，我并不能真正站在方舱医院里和我的战友与患者交流，只能身着其服，模拟身体的这份感觉。七个小时的闷热与窒息感，因为出汗而导致膀胱的反复充盈，这些切实的感受让我感觉离他们更近了一些，但仍有一层迷雾，就像马赛克。

你好，城市！

普耘、李众糠《你好，城市！》新媒体实时互动程序　2020 年
（普耘 / 四川传媒学院教师）
（李众糠 / 职业艺术家）

与自身的对话：我的艺术创作思考

普耘

谈及我的艺术创作，我很紧张，因为我的艺术实践经验和艺术创作能力都不足以拿来谈论分享，斗胆以我的三件作品谈论一下“与自身的对话”为主题，也算是对自己创作的一次梳理。

《海拔 -1947》是我的作品中与自身的相关性较高的一个，我回到出生的村子，以石灰为涂料，画了一条直线，这条直线海拔高度为 1947 米，从北向南穿过村子，也穿过我出生的老宅，产生了一条看似荒诞的白线，而这条白线便是我内心多年的困惑在现实的投射。

我出生在云南，云南复杂的地理环境，特别是垂直式立体气候，造就了特殊多样的文化。我出生的地方海拔 2000 米左右，这一高度在滇中主要聚居着彝族，往下 1000 米左右，主要为汉族居住区域，再往下，随着热量的增加，到了热带河谷，主要为傣族居住区域，现实中的地理环境造成的文化分布还更加复杂。我出生在一个彝族村落，我的父亲是个邮电工作者，在傣族聚居的低坝区工作，两个不同的区域，中间隔着以汉族为主的居住区域。从我的村子到傣族地区，海拔高度下降，热量等级增加，环境、植被、作物、民族文化等差别巨大，这种因高程带来的地理与文化的变化，甚至超过北京和纽约的文化差异，这一说法似乎很夸张，但这是我经历的1980年代的滇中。

我4岁到我父亲工作的地方生活，海拔导致的文化差异让我至今记忆深刻，我很难快速融入另外一种文化，这也使得我越来越自闭。世界有很多分类的方法，在这里“山头”与“坝子”彼此交换与来往，却又相互歧视。我这样外来的便是异类，受到很多异样的眼光，这里的自然环境也和我之前生活的地方完全不一样了。对一个孩子来说跨文化是痛苦的，好不容易有了看世界的基点，又要适应另外一套方式，就语言来说，我只会彝语，要短期学会汉语或傣语几乎不可能，但你必须去学习。类似的迁移之后也发生了很多次，使得我对海拔造成的文化差异很敏感，甚至开始注意到了不同高程上的植被变化。在不同文化间切换对内心造成的影响持续到了现在，当我对这个问题做出回应的时候，我便想到了对我身份的确认，把这条隐性的海拔线画于现实的村庄上，这个高度便是真实的自己，一切从这里开始。

为了画这条线，我需要和在这一高程上的住户沟通、协商，以出生地的老房子为起始，用一条等高线连接居住在同一个高程上的村民，整条白线贯穿18户人家。一根地理意义上的等高线画在现实的村庄上，通过这条线，与村民互动、联系，强调地理上的文化特征与共同体的概念。最终我通过这一平直的线，抵达并穿过连带所有身份、反差都要在其中被弥平的一个理性时刻，我想象着这个时刻可以安置自我和他人，以及共同的记忆。

《海拔-1947》是直接与自身的对话，而很多时候我的艺术创作并不是在自己熟悉的语境里，在这样的创作中寻找与自身的关系，需要一种方法或思维。我的作品《沿途的婚礼》便是如此，这是我在澳门驻留时期的作品，作品关注的是与自身身份有着强烈对话性的澳门土生葡萄牙人。葡萄牙大航海开始至今的各类文化对碰与融合产生了这一群体，其中婚姻是重要的文化纽带，也是社会关系的晴雨表。作品《沿途的婚礼》依据历史资料，文学性地描述葡萄牙向东殖民过程中，沿途与不同文化之间的婚礼，突出女性视角与感受，刻意营造画面感，让观众阅读后描绘出再次想象的画面。通过这一方式，强调土生葡萄牙人所承受的东西方文化对碰的复杂性、时间性、残酷性，而不是只针对殖民结果的讨论。

这样一件作品的设计和我自身有着很大的关系，澳门的饮食文化以葡萄牙饮食文化作为母体，融合了非洲、东亚、南亚、东南亚以及广东等饮食文化，形成澳门独有的饮食文化。我作品的核心是群体迁徙过程中的文化融合，这实际上是与我的民族形成了一种对话。我是聂苏（彝族支系），这个群体在几千年里，经历了风风雨雨，从昆仑山沿着横断山脉向南迁徙，这个过程是漫长的，在很多地方长时间定居，与沿途的其他部族文化无数次融合，形成了今天每个地区不同的聂苏文化。澳门文化形成与聂苏文化形成有很大的对话性。因此，我在思考澳门文化的时候，是对照自身来进行对话性梳理的。正如策展人何俊彦所说："普耘的工作徘徊在远离'中心'的边远地区与高度发展的城市地区之间、文化特殊性与文化扁平性之间。自身的身份与经历为看待发展、权力、资本和文化问题提供了特殊视角，始终保持警醒和反思的态度。他的视觉艺术生产正如知识性生产，也始终贯穿着这一态度。本次驻留他关注的是与自身身份有着强烈对话性的澳门土生葡人，他们与澳门的历史紧密共生，承受着东西方文化对碰的复杂性与残酷性，但我们今天看到的更多是一种结果，对普耘来说，土生葡人是一面看清他自己的镜子。"

"看着你，我看见了自己"，从异文化中，回望自身。

也许不是每件作品的思考都可以轻易与自身形成关系，自身是一个开放的概念，与自身的关系也可以通过思考、搭建而形成对话。《晃动的房子》是我在日本横滨驻留期间的作品，这里有着复杂的历史文化，我在很长一段时间都很难找到突破口，最终回归到与自身相关的对话，但这次对话的是一个场域。

位于亚洲最东端的日本，由于处在欧亚大陆板块与太平洋板块连接处，地质灾害频繁。明治维新以前，和东亚大部分国家一样，处于封闭自给的封建自然经济状态，19 世纪中期被迫打开国门，受到西方文明冲击，开始自上而下的改革运动，成果显著，跻身世界强国，对外扩张战败后再次崛起。然而在国家政治笼罩之下的地区和人民，是频繁变迁的承受者。我的驻留地黄金町与大冈川，就是日本社会的微观现实，这里表现出局部的生动性。在我深入走访中，发现现实中的日本民众与我们想象的有很大不同，哪怕是民主国家，民众也很难获取历史的真相，他们对历史的哀叹与不安令我印象深刻，从"黑船事件"到二战美军占领日本，他们都从被侵略者的角度讲述战争给他们带来的苦难。战后美军的轰炸让他们流离失所，物资匮乏，以致大部分人内心强烈恐惧和不安。回到驻地黄金町，战争对现实的影响，重建家园、环境污染、非法移民、黑社会和青年等社会问题聚集，特别东京奥运会对这一特殊地区去留的影响，民众对此深感忧虑，这些问题既是特定历史条件下的地区问题，也是全球性的问题。在日本，地震、海啸、台风最为严重，人们心中随时有根紧绷的弦，各种预报几乎是每天必了解的内容。特别是台风，频繁且破坏性极大，它直接左右了民众的生活，像一个提前告知就一定会来的恶魔，3・11 地震造成的海啸、核泄漏等带给日本的创伤记忆犹新。

我居住在成都，近十几年地质灾害频繁，带来破坏的同时，也加速了城市化进程。随之而来的地质灾难遗留问题和城市发展伴生问题交织发酵，错综复杂，这些问题没有因为时间而淡化，而是因为时间而逐步呈现出来。灾难似乎逐渐远去，城市化蒸蒸日上，但很多被忽略的细微的个体在洪流中挣扎。

《晃动的房子》源于民众对自然和社会环境的焦虑与不安，他们在承受之后做出了回应。我的作品是在河面上悬吊一组用绳索相互连接的房子和家具，在外力作用下来回晃动。房子是人们身体与内心的栖息地，给人坚固安全的感觉，而晃动摇摆的房子传达出不安全感，晃动是对外界的承受与对抗，房子间相互连接，个体的晃动会牵扯到整体，共同承受外力，好比个体与群体的关系。不同颜色和大小的房子代表黄金町的气质，这里有来自四十多个国家的人聚居，这在大和民族聚居的日本较为少见。房子材质使用木头，木头在对抗台风的时候有很大风险，如同人们在对抗外界，超过承受能力也会崩溃。颜色运用藏族五色经幡的蓝、白、黄、绿、红。

《海拔–1947》是一次自我的对话，对自己成长经历的思考，是向内的；《沿途的婚礼》是与自己族群的对话，对大历史之下的群体文化思考，选取重要节点来表达，这个自身是跨越时间的，回溯式的；《晃动的房子》是与自己长时间生活空间环境的对照，这个自身是扩大了外延的自身，指向特定空间场域。当然不是说创作就一定与自身有关，这只是一种思考方式，但与自身的对话式思考有关，会较为快速地进入一种创作状态，不至于作品太过于概念化，无法着陆。

我与城市

李众糠

我出生以及居住在成都以南约 20 千米的新津郊区。新津被称为成都的南大门，而我便算是生活在大门外吧。从幼儿园、小学到初中，这十来年的学习和生活都在位于县郊的小镇上，几乎没有离开过，最远也是偶尔到 10 千米外的县城去。那时候习惯在农村生活的我，对城市是没有任何感受的，而且也可以说是毫无关系的。早晨走去镇上学校，下午再走回家里，如此往复而已。

直到 2012 年初中毕业，以不好不坏的成绩考上位于县城边缘的一所高中，我终于感觉与城市，至少是县城有了频繁的接触。每周上学或是放学路过县城定是要去县城里那几条步行街逛一逛，各式的商铺和小吃商场，其实能买的并不多。慢腾腾地走在街上感受县城的繁华和喧嚣，见提着菜的阿姨从市场出来往家里走，就仿佛我家在附近，也该回家吃饭了，有那么一刻觉着自己像是城里人一般。晃过神来，突然发现家还很远得赶紧走，莫错过回镇上的公交车。

高中 4 年，县城我也熟悉得很了，很快到了毕业的时候。高考分数不好不坏，填报大学志愿，知名大学是不用考虑的，只想选个成都附近的学校，离家近一些。也许从小家境实在一般并没有出门旅游的经历，对其他城市也不敢向往。几经周折最终所幸被成都的四川音乐学院美术学院录取了，只不过我的校区是位于成都北部的新都，好吧，我还是没有进到城里去。

在大学期间，我每周仍会往返于学校和家里。放学后总是想要回家的，不然在这里做什么呢？学校在成都北面，我家在南面，于是每次往返，我都会乘坐地铁从城市的一头到另一头。4 年来，我几乎已经记得地铁 10 号线以及 3 号线的每个站点的名字，从五津、花桥、双流、太平园……春熙路到石油大学。这些地名我再熟悉不过了，可是 4 年来我却很少从这些站台出去，到地面上，我确定有的站点我一次也没出去过。就像你坐潜水艇穿过大海，可是你没有机会见到它的模样。到此为止，我想我与这座城市的关系应该是种“地下关系”吧。

2020 年，我毕业了。受疫情影响，我几乎整个学期都是在家里待着，因为所学的专业似乎并没有非常对口的工作可以上任，所以我只能眼看着其他专业的同学去应聘，并持续待在家中观望。像我们这样游离在城市之外的年轻人，到了需要工作的年龄，我们都不得不做出选择，是留在城市还是回到家乡。我陆续去拜访了几个打算留在城市工作的同学，就在城市中租房工作而言，情况都不太乐观，城市似乎没有善待我们。我们的对话中透露着某种不安，特别是对于家乡已经回不去的朋友，毫无选择必须在城市中寻找安身立命的地方。可是要想在城市中安生可不是件容易的事，不得不拿着较低的实习生工资在附近租一个简陋的单间或是小套间。然而以成都目前的房价来说，如果工作运气不错的话，省吃俭用十多年兴许才能在三环外凑够首付，这还是比较乐观的估算，但这样算来是绝望的。而长时间的租房生活对我来说是不安的，是游荡的，这样的不安又阻碍着我工作的热情和动力。我开始选择逃避，我打算回到家里去，对我来说可以回到离城市不是特别远的家里是幸运的。这里既不会完全脱离城市的资讯和影响，也不用承担城市的生活压力。毕业后，我便回到家里，从这里观望，重新审视这座城市与我的关系，我试图找到一种适合我与城市的联系。

我常无目的地走在人来人往的街上，可是我们所熟知的、认识的或者有联系的人并不多。这与我熟悉的村落有很大差异。在家乡我熟悉的村落里，我几乎认识在这里生活的所有人。在这样的环境里，很有安全感和归属感。换句话说，我是存在的——这里的人都认识我，都知道我住在这里。我想这是一种相互的存在，即我的存在是建立在他人与我的联系上。在家乡这种关系是比较固定、安稳的，而在城市中这种关系的建立却变得比较困难和不稳定，由此产生隐匿在心底的那种不安。

城市人口的流动性和工作的不稳定，使得人与人的联系难以长久、稳定，家乡的那种存在方式在城市不再适用，而心里的不安也无法消除。

为了找到新的存在方式解决心里的不安，我开始对人与人的关系变化变得敏感。城市中短暂的、快速的联系我并不适应。毕业两个月后我在县城找了一个无关专业的工作，在保险公司当内勤人员。我原本以为这个工作既可以维持我的生活，也可以有比较充沛的精力与时间来供我完成在家的思考和创作。然而，我开始上班后发现这里并不会按规定的时间下班，也没有我想象的那么轻松，因此我几乎失去了继续工作的理由，于是我在工作了一个月后便辞职了。由于工作的性质，我在一个月的时间内与非常多的人产生了联系，包括工作同事和数量庞大的外勤人员，而这些联系在我辞职以后便悉数断掉了。这种联系的变化至今仍令我无法妥当处理，我是否应该将这些联系人从微信好友里删除呢？在城市里，我们好像不得不学会接受这种联系的变迁，于是有人会用几个微信来处理这些联系，这似乎是管理这些联系的好方法。在城市纷繁复杂的人际关系变化中，我们几乎每天都会与陌生人产生联系，也许是快递员、外卖员、在各种场合结识的不同的人。产生的联系是不可预料的，更多是转瞬即逝的。我们享受着城市带来的便利，而这种不可预料的联系正是城市复杂庞大的体现。我认为这些短暂的不可预料的联系是超出个人容纳范围的，这些看似数量庞大的联系中能够稳定和长久的非常少，使得个人的存在难以得到体现，这也许是不安的重要来源。

我开始对这种人与人之间联系的变迁做出回应，试图用计算机程序建立出这种联系的变迁，以便更直接地观察和审视这样的变化，并希望观众参与其中。作品与观众的互动是我一直追求的，我认为观众的参与是开始对话的重要途径。我用摄像头捕捉观众面部图像，再分散抽象成圆点，在城市中随机游荡，当两个人的距离小到一定程度时，便会以连线的方式代表他们之间的联系。圆点移动的随机性导致连线的不可预料或短暂，而这也正是我想表现和回应的。

日新月异的城市不需要过去，沧海桑田的人们不需要记忆

杨然 《日新月异的城市不需要过去，沧海桑田的人们不需要记忆》 影像、文本、综合材料　尺寸可变　2020 年
（杨然 / 四川音乐学院教师）

处理回忆

杨然

有多少人，可以观赏自己的回忆，又有多少人，可以意识到自己正在观赏着回忆？

每一刻，我们都只有一次机会。不论是沉浸在回忆中，还是作为他者，观察此刻的自己。当下，我们对回忆的处理，既是对过去的回应，也是对未来的回应。可以说，每一次回忆，就是一次进入当下的机会，只是，我们该如何进入呢？

回忆，好像从天而降的一滴雨水，从眼中流出，如朝露淌落在花瓣上，若它永不干涸，便只能随河流汇入汪洋……不论我们是无垠的流水，还是岸边观看流水的那个自己，它都永恒地流逝着，让每一刻到来。

然而，每一刻，只能发生在当下，当下才是时间的连接口，此时此刻，正是进入时间的好机会，它灵活，可移动，在这个破口处，我们可以进入时间的闭环内，剪接和生成、填充或清理，也许还可以置放一些酵母，看清它膨胀时的模样……我们处理着这一切，带着肉身的沉重和轻省；不论我们以何种方式去处理回忆，回忆总是指向不断涌动的此刻，它展露着此刻的自己，召唤着河流中的那个自我，不断地到来。

交流写作（Communicate Writing）的艺术项目始于2018年，持续至今。

项目随“流动的原乡”在重庆、成都几次的呈现，使我有机会将原有项目分作两个不同阶段相继展开，均以城市某一处曾经存在或已然存在的空间作为回忆的对象，通过写作的方式捕捉个体回忆。在第一个阶段中，参与者对自身回忆进行动态写作，我们一同处理文字内容，对文本进行反问，像占卜一样尝试透过对文字的拷问，获取对回忆不一样的视角和认识。在“流动的原乡”这一项目的促成下，我将原有的方式进行了转变，将参与者处理个人的方式，转而朝向个体处理集体的方式再进行呈现，最后，自己去处理参与者们共同感知的个人行动，尝试将个体放置在共同回忆的历史中，进行观察。至今，项目还持续着。

每一个生活在城市的人都有属于自己真实的“空间记忆”，每个记忆都显露或者隐藏着特别的事件。文字，是所有人可以连接自己与时间的主要工具。个体的写作，是私密的，同时，也是非我的，特别是第一人称编织的绝对视角的独特性，个体扮演着世界主观中心的角色——这是一种巨大的想象，也是一种事实。整个参与的过程，是参与者的记忆和情感不断被修复、否定、再造的过程，文字的功能已悄然演变。

参与者写作的过程是对自我再解读的过程，从“应当有”的社会伦理角色出发，去召唤“可能存在”的自我。回忆当然早已发生，选择以文字写作的方式来重构回忆，这是因为书写本身具有某种自赋的自由——“虚构”和“真实”的纠缠。

空间是城市人共同的经验与记忆，附着奇异的灵魂。参与者们选择城市中有关自己记忆的某一处作为写作对象，写作 1500 字左右的短文“空间小说”，就像是空间的精神分析一样，参与过程中，基于文本的内容与表达，参与者不断被询问，不断回忆，不断删除和再现某种主客观被处理后的“精神空间”。

我的参与者一共有四位，他们分别辗转于成都、北京两地，各自都有写作的习惯，不论是诗歌、日记、小说还是其他。

曾婕因求学和工作而时常往返于成都，机场和二环高架是她多次往返成都的交通路线，在她的文字中，成都二环的高架是一个外太空的自留地。“在二环路高架清水河入口旁边的第 7 根水泥支柱上有一个离里面 7 米的记号，一本特质备用应急指导手册就被封存在那个黑色块内。一旦环形空间计划被开启，所有水泥支撑柱内安装的火箭发射器被启动，那么长期潜伏在这 2830 根水泥柱内的技术人员就会驾驶着这巨型水泥躯壳的飞行器，升空。”

蔡少阳选取的是北京四环，最终的文本中，他写道：“我的家就在北四环边上，这里离故宫只有十公里，离鸟巢只有五公里，崇祯上吊的景山，忽必烈建成的元大都……”文中，他屡次提到，在经历了成都与北京两座城不同生活方式的洗礼后，体会到城市文化差异给自己生活带来了巨大的撕裂感。他质疑人们对居住的环境是否有真正的了解，即使在漫长的适应期中，他不断地尝试理解一座城市，并期待与它和解。

陈瞰，从北京来到成都，作为一名建筑师，对聚居环境进行着长期的研究，他的写作空间是成都市图书馆，他认为每座城市的图书馆都是自己临时的精神家园，外来者的寄居地，人间中天堂的样子……他从建筑的视角回忆着图书馆的空间规划，用诗歌的方式模拟出对成都这座城市的一种想象。

高瑄，离开成都迁往北京，一个资格外来者，在成都众多的往事中，她选择了曾经住过的“福字街出租房”，将那作为保存上一段感情的秘密载体。

我对参与者的文字中的每一件事、每一处阅读起来异质的感受、每一个出现的人物等，都提出疑问。作为读者，我将可以触及我的敏感处，提出并与参与者共同探讨。有时，我们放弃原有的写作文体，尝试采用虚构的方式去处理一种混沌的感知；有时，我们反复甄别和筛选不同的词汇，尝试寻找新的可能去处理和重构当下的回忆。接着，将修缮后的文本交予参与者朗读，当声音的传递最终被参与者接受和确认后，文本最终定稿。这一过程，我们依赖文字，共同进行着精神分析一样的自我解剖和重塑。最后，我将文本转化为“影像”“出版物”“有声书”呈现在现场。这是第一阶段的工作呈现，这一阶段的作品都是从参与者的个人角度出发，分享极其私密的情感、记忆甚至是臆想般的自语，以个体对自己的回忆建立城市另一种空间。在第二个阶段中，我将参与者原有生成的文本进行再生成，对部分文字进行聚合和拆分，目前，还在继续创作中，遇到了更多的问题，探索着更多的方法，自己也期待着阶段性的生成。

处理回忆，也是处理时间，人类对待时间的方式，尽显了人类自己的想象力。通信技术的快捷，让世界已经变得很小了，人们是否少了更多想象？毕竟，更多的人只需要“事实”。诡谲多变的理性，让回忆的感知常常处于危险之中，是否可以再多一些开放，再多一些奇趣，即使追问和期待总是遭遇绝望，但也从未失语。

蕾小姐给都市女性的一封信

张晋 《蕾小姐给都市女性的一封信》 视频、图片　2020 年
（张晋 / 职业艺术家）

当在地变成形式

张晋

2018 年始，中国大范围内的很多机构和个体都开始加入在地性的实践或者话语讨论，从社会现实和政治语境的层面来看，这是当代艺术里的社会转向（Social Turn），艺术家和非营利机构紧密合作尝试去连接社群，从而重新塑造或者调整公共空间。“当在地变成形式”是我改写自伯尔尼美术馆馆长哈罗德·泽曼（Harald Szeemann）于 1969 年策划的一场经典展览的标题“活在你的头脑中：当态度变成形式（Live in Your Head：When Attitudes Become Form）”。20 世纪 60 年代的欧美正值艺术反形式化、艺术反商业化、艺术去物质化的高潮，很多新前卫艺术家（Neo Avant-gardist）都参加到这个展览里面。而当下中国的在地艺术可能已经变成一种新的“形式”，在极度复杂的社会主义语境之下，去生产自身可能的公共空间以及设定疆界，该“形式”不是现代艺术里的形式主义或者审美自律，而依然是续写新前卫反体制以及要把日常生活纳入艺术之中的概念。

像该展览的副标题“作品—概念—过程—情境—信息”（Works-Concepts- Processes-Situations-Information）暗示的那样，哈罗德·泽曼更注重创作的态度和过程，而材料和媒介的选择实为艺术家态度 / 姿态的延伸。态度（attitude）在韦氏词典中的解释为：身体准备好以特有的方式回应对象、概念或情境的刺激。相比在地性，我更愿意从态度的维度来看待任何一个艺术项目，没有态度的批评是商品，没有态度的在地是洗地，而没有态度的展览只会沦为拍照背景。这样的表述不能被误认为是对当今如火如荼的在地艺术的反对，相反，我常见到不少人对在地性的术语滥用以及对在地艺术系谱的漠视。同时我们需要警惕的是，在地性的范畴本最重要的是公共性的建构，但目前它在多大程度上只是转向成艺术家的自我塑造呢？

先抛开在地性、何为在地这些概念不谈，现在我更加好奇自身和城市的关系。我属于中国城市化进程的一部分，从一个游牧的外地人到一个在成都已定居12年的人，城市塑造了我，而我的部分工作也在微型地塑造着城市。虽然只是一个个微不足道的个体，但我们都正在参与这一段未完成的历史。在这样的脉络和思考之下，2019年末我们做了一个大型展览“寻找家园”，探讨个体感知中的城市是什么，它可能是记忆、是乏味的日常、是被城市压制住的失语、是网红街的成片开发等。在我的作品《如此不同如此平庸》里，向观众展现了一个普通烧菜馆的没落、一个有70年历史的海椒面店铺面临后继无人的岌岌可危、一个美丽女生在成都各大网红地标反讽式地打卡拍照，我们既不哀悼乡愁的失落，也不对新的华丽得有些夸张的城市充满敌意，重要的是我们如何来看待这些司空见惯的现象，尽可能地深入城市的肌理中去，重要的是你自身怎么去看待，重要的是开放的讨论和肉身感知。

从知识重构的核心来说，出行到郊外的大空间和深入城市的小空间在本质上没有什么不同，这样的实践提出来一个很有意思的隐藏关系——城市、空间、艺术家三者的实在交汇。我同艺术家普耘曾聊道：“城市产生空间、空间激发艺术家创作、创作来源城市与空间并回馈到城市。城市不仅仅是艺术展示之处，还是生活与艺术根植的地方，这就产生了本土性，当然希望有一天这种本土性成为一种引以为豪的文化根基和力量。”

从高中住校时我就离开父母独立生活，过去觉得任何一座城市对我来说并不重要，我只是一个旅客，只是因为某个原因在一座城市生活而已。12年前刚来成都时我的行李只是3个旅行箱，觉得自己可以随时拎着这3个箱子去另一座城市，等10年后搬工作室的时候，我打包了30个纸箱，那一刻感觉很强烈。过去在城市里是没有归属感的，现在有了30个纸箱的沉重。重回到在地性的话题，它可能部分就在这30个纸箱里，只要耐心地把一箱一箱重新展开，城市记忆、身份认同、地方感知都会以回忆或者物件的方式存在于我们的生命之内。

有必要谈一谈地方和空间的关系，有了这些基本的立论，会丰富对在地性的多维度描述。关于空间和地方的差异，地理学家段义孚（Yi-Fu Tuan）写道："随着我们越来越认识空间，并赋予它价值，一开始混沌不分的空间就变成了地方。"空间不同于地方之处在于它常常被视为缺乏意义的领域，如果人们尝试将意义投注于城市里的一些空间，然后以某种方式（比如艺术实践）持续令意义发生，空间就会变成地方。在某种意义上，空间会因为地方现实的注入和新到来的观众群体而可能变得跟以前略微不一样。艺术家会经常在地方和空间之间穿梭，比如工作室是一个地方，这里有我的30个箱子，装着我的记忆、在城市奋斗的艰辛、跟恋人漫步的时光、有混不吝的梦想、跟亲密朋友的彻夜长谈，自己通过时间给空荡荡的工作室注入物件和意义，它让自己温暖。美术馆空间就有些不同了，我们去那里看展，去那里做展览，但那里始终是一个流水的筵席，换句话说它是一个公共空间，跟街道一样，供人们停留和车水马龙。在从工作室去往美术馆的路上，是否还有艺术上的"第三空间"呢？答案是肯定的。

"艺术不是设置障碍，而是引起好奇。"一位看过我展览作品的观众同我说。我惊讶于她中肯的总结，在行业里待久了的人反而对艺术是什么的问题很模糊。信息时代背景下，我们越来越像是原子化的孤独的生命个体，互联网和物联网并没有让人与人靠得更近，反而向另一个极端走去。我愈来愈感觉到今天的艺术家需要讲一套大家能听懂的语言，一种可以跟公众交流的语言（网红展览多为拍照背景，不在讨论的范畴），而交流或者沟通原本就是话语公共空间的所在地，通过交流和沟通，原子化的个体方可有渠道进入社会互动之中，这里的个体不仅指的是公众中的一员，还指涉艺术家本人。

于是，我希望可以尝试去做艺术上的第三空间。2017年初，我们一群失意又充满斗志的艺术家自发组织了一个艺术项目叫"100公里"，它是关乎行动（Act）和做（Do It），就跟足球场上罚任意球一样，你就尽管往对手球门方向踢一脚，至于对方是谁，能否穿过人墙入网则管不了。于一些人来说对手是自己，是自身的创作惯性或者陈旧的参照体系；对另一些人来说，对手是艺术体制内的陈词滥调，或者是对工作室生产模式的反叛。

我们大量尝试去改造一些非美术馆空间，它可能是待装修的咖啡间、朋友工作室的会客厅、半开放的公共甬道等，艺术家用自己的方式将城市里的非常规空间改造成临时展厅。艺术家要针对空间的具体情境（比如建筑内外结构、商业周边、空间身份）落实策划方案和协同行动，希望空间的物理或社会特性能与安置其中的作品产生某种呼应，调动一切可能的艺术和社会想象给空间赋予新的意义，尽管是暂时的。因为策展人的缺席，参与的人相互需要做大量的碰撞、协商和规划，留给艺术家施展拳脚的空间很大，这跟参加美术馆或者商业画廊展览时的工作方式有很大的不同。

举一个例子来阐释空间和地方的相遇状态。2018 年初我们策划了一个展览叫“100 公里：窗含西岭居含场”，艺术家李子然和李红宏从重庆的一家废品收购站入手，两位艺术家成天穿梭在废品站收集自己感兴趣的物件，在工作室里尝试用自己的方式将这些物件改造成装置作品，这是前期的工作。之后两人带着自己的作品和需要组装的物件来到成都，我们将一个朋友在市中心的工作室改造成临时展厅，这是另一种方式的观看以及感知。艺术家想传递的信号是现实中生存的人在面对这些情境时的困境，这不只是废品收购站老板面临的问题，也是艺术家自身的困惑。

该展览实际上揭示了一个地方（重庆郊区的废品收购站）和一个临时空间（成都市区一商业工作室的会客厅）的相遇状态，艺术家通过自己的创造力对一些拾得之物或现成品进行重组和改装，然后安置进改造出来的空间，制造一个新的场域，并赋予空间意义。将“地方”的某些社会属性依附到空间之上，住在纽约的很多人会很自豪地称自己为纽约客，但今天在城市里我们面对的情境越来越尴尬，比如生活世界的扁平化、人群的疏离、地方感的失落，那么个体或者集体通过某种方式的努力来重塑城市的社会空间就显得很有必要。当然，我们也不要夸大一次展览对一个空间的影响，但如果把时间轴线拉长，填入空间的内容更丰富、更有品质，那么普耘提到的本土性就会慢慢凸显。

继续回到城市，2020 年我做了一件视频作品《蕾小姐给都市女性的一封信》，作品中的她是我熟悉的陌生人朋友，我希望她可以暂时将自己朋友圈的查看范围设置成全部可见，给我半天的时间，去查看她最近五年所公开的信息，然后我将收集到的素材剪辑成一部视频。今天我们不一定要亲自去拍摄什么，像人类学家项飙描述自己的工作时说的那样：“人类学家的贡献不在于生产知识，而是对知识的重新分配和叙述，甚至是以一种新的模式来把这些差异化的理解连接起来。”越来越精英化的艺术家和美术馆老在提知识生产，我总是怀疑，生产了什么，谁又来消费？在这部视频里面，如何用一种新的感知方式来再创造甚至重构信息，对我来说更加重要。虽然我具备一条猎犬的嗅觉，但事与愿违的是，并没有嗅出某一种特定的味道，却引发了蕾小姐同我对死亡的探讨，比如肉体的死亡，爱情的死亡，在这个后疫情时代显得恰当。视频的结尾我用了乡下亲戚过世时丧葬乐队的锣鼓声，在我看来它不只是亲人的过世，也是时代的一曲哀歌。

哈罗德·泽曼提到的“作品—概念—过程—情境—信息”，在今天依然具有意义，这些“形式”的力量将会孕育出人和城市更细微的共生。仿佛只要再耐心一些，我们的生命会变得丰富起来的。不要害怕，我对自己说。

第六章

弥散的地方

每一个社区都是物理的空间和心理的地方，空间有形而地方无形。地方弥散，无处不在，烟囱、厂房、文化创意工作室乃至每一株花草、每一块地板、每一道斑马线，都氤氲着人的气息。

艺术与地域再生：广州市海珠区小洲村、重庆市北碚区东阳社区调研报告

黄启帆

地域再生不是一个新话题，特别是在艺术介入地域再生方面，国内外都不乏成功案例。每个案例背后的成因都是多种多样的，有政策因素、经济因素、地理因素、历史因素、文化因素等。本研究希望以类型学和地形学为视角，通过文献研究和个案研究的方式，对艺术与地域再生的相互关系进行分析和总结，希望为重庆市北碚区东阳社区未来的地域再生计划提供一些参考。

一、艺术介入地域再生的三种形态

类型学是一种分组归类的方法，在各种现象之间建立有限的联系而有助于论证和探索。我们以类型学为视角，将国内外常见的艺术介入地域再生的形态进行分类。

类型一：空降型，即把环境当作展示艺术品的舞台，通过艺术展将艺术作品直接置入环境之中。空降型的艺术介入地域再生形态主要发生在自然环境条件优越、空间尺度大的地区，如日本的越后妻有大地艺术节、濑户内国际艺术节等。越后妻有位于日本新潟县南部十日町市和津南町等地区，距离东京大约 2 小时的车程。这一地区四季景色优美，人

们一直延续着传统的农业耕作方式，然而随着社会生产方式的转型，越来越多的农村人口离开了土地，人口稀少，老龄化现象严重。被称为“大地艺术节之父”的国际策展大师北川富朗先生于2000年发起“越后妻有大地艺术节”。在这里，艺术不是目的，而只是表达自然、文明和人类关系的一种方法。以“人类属于大自然”为主题，每一届艺术节都有来自世界各地的数百位艺术家以山村和森林为舞台，与农村里的年长者以及来自世界各地的年轻义工共同改造，创造出数百件散落在村庄、田地、空屋、废弃学校里的艺术创作。艺术节创办至今，每届艺术节都会留下一些优秀且易于保存的作品，成为当地环境的组成部分。每一届大地艺术节都有几十万人参观，成功以艺术激活社区。

濑户内国际艺术节创办于2010年，每三年举办一届，是以濑户内海岛屿群为舞台所举办的当代艺术国际艺术节。组委会邀请日本及全球知名策展人、艺术家，以濑户内海各岛为中心展示美术作品，同时结合当地传统技艺、祭典等开展各种剧团、乐团活动。各个项目分布于濑户内海星罗棋布的岛屿之中，这种在自然环境中展示作品的方式，让观者观展与旅游同步进行，新鲜而有趣，濑户内国际艺术节已成全球艺术青年的旅游胜地。

类型二：改造型，即把环境当作艺术品，通过对建筑和环境的改造将工业区变成艺术区。改造型的艺术介入地域再生形态主要发生在交通较为便利、人流易于聚集的地区，如广州的红专厂创意区、珠江琶醍啤酒文化创意艺术区等。红专厂位于广州市天河区珠江新城CBD中轴线的东侧，珠江口西北面，是广州第一家非企业非房地产包装的真正意义的创意区。红专厂沿用建于1956年的中国最大的罐头厂——广州罐头厂，将废弃的生产车间改造成既时尚又能给予无限灵感的创意空间。红专厂散发着城市历史的气息，让城市的记忆得以保留，并成为集设计、艺术、文化及生活于一体的文化产业综合体。（备注：由于市政规划的需要，广州红专厂创意区已不再使用。）

珠江琶醍啤酒文化创意艺术区，是一个以珠江—英博国际啤酒博物馆为依托，在磨碟沙隧道顶部及沿江区域用全新的创意建筑，打造具有现代格调的啤酒文化艺术平台及高端餐饮休闲娱乐地带，将工业年代的货运码头改造成为游艇、观光游船可以停靠的水上交通码头，营造出生态与美态兼容的优质城市公共空间。

类型三：内发型，即在环境中生成艺术。内发型的艺术介入地域再生形态主要发生在生产及生活体系较为完整的地区，如广州市海珠区的小洲艺术村。小洲艺术村位于广州市海珠区的东南部，四面环水，河网纵横，形似小岛，元朝开村，古称“瀛洲”。小洲村历史悠久，有众多不可移动文化遗产，其中天后宫、玉虚宫、古桥、登瀛古码头和岭南水网地带特有的“蚝壳屋”都体现了古时珠江入海口村落因水取材的历史遗证。近年来，大批文艺人士在小洲村聚集，一时兴起“北有 798，南有小洲村”的说法。艺术家们和原村民在此共聚，形成了今日族姓和谐、生机盎然的文艺小洲。

艺术介入小洲村的发展历程大致可以分为四个阶段。阶段一：结缘期，20 世纪 90 年代“岭南画派”的关山月、黎雄才等一批画家受小洲村的自然环境和历史底蕴的吸引，进村建立工作室并发起组建小洲艺术村。阶段二：机遇期，2004 年，与小洲村仅一桥之隔的广州大学城建成，广州美术学院、星海音乐学院的大批艺术家、艺术生选择来到小洲村生活和创作。阶段三：震荡期，2010 年前后，高考画室大量兴起，导致大量传统民居被拆建改造，自然环境、历史古韵遭到破坏，艺术形态也趋于单一化。阶段四：沉淀期，

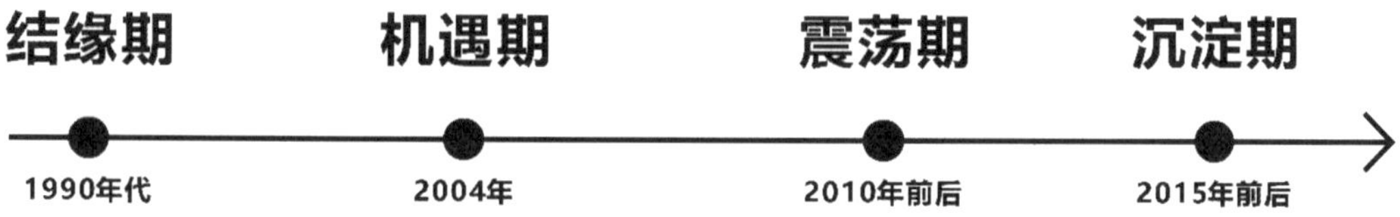

艺术介入小洲村的发展历程四阶段

2015 年前后，由于租金上升，高考画室及其他商业资本大量撤出小洲村，能留下或选择留下的都是与小洲村有深度融合的艺术家或团体，他们让艺术在此扎根并长出新芽。

毕业于广州美术学院油画专业的陈先生在小洲村扎根 14 年，策划艺术展览、创办艺术空间、致力于小洲村的艺术文化传播工作，还积极组织其他驻村艺术家和商人组成网上社区，互通有无，共同制定一套完整的社区规范。

画家叶老师喜欢小洲村的宁静，在这里生活了 14 年。平时在小洲村里搞创作，制作美食，生活和工作融在一起，他和村民也融在一起，这里成了他的家。

徐老师喜欢小洲村的小桥流水和古建筑，在这里生活了 4 年，目前在经营一家汉服体验店，为游客提供汉服租借和摄影服务，希望能更好地传播中国传统文化。

小武喜欢小洲村原始的人文环境，在这里生活了 5 年，5 年来一直在经营一家旧物收藏店，日常工作是收集旧物，然后进行修复和艺术加工，最后再售卖出去。他喜欢这种在

小洲村扎根并持续做一件事情的状态。

考拉姐以前从事广告营销行业，喜欢小洲村的人文景观和市井气氛，在这里生活了 4 年，目前在经营一家咖啡馆，她把咖啡馆当成自己的工作室，在这里招待志同道合的朋友，一起聊天、思考、畅想。

二、基于地形学的对比研究

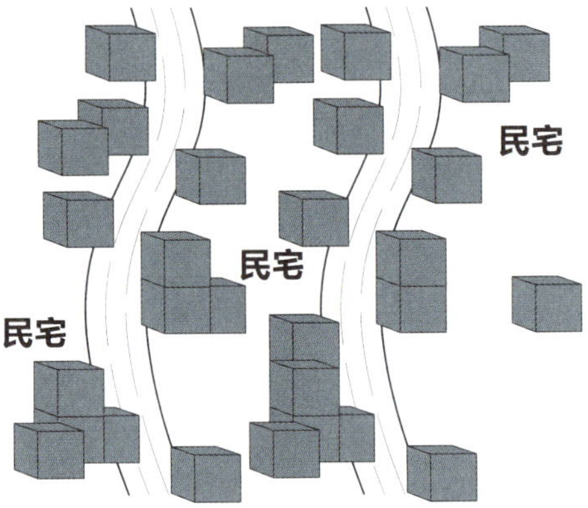

小洲村与水的关系是融合型

小洲村位于珠江三角洲冲积平原上，与广州大学城仅一桥之隔。小洲村周边被万亩果林包围，水系丰沛，水在小洲村的形成和发展过程中起着十分重要的作用，是小洲村岭南水乡环境的母体。小洲村的现状是受商业开发影响，老房子有所减少，但人文景观和历史底蕴仍在。

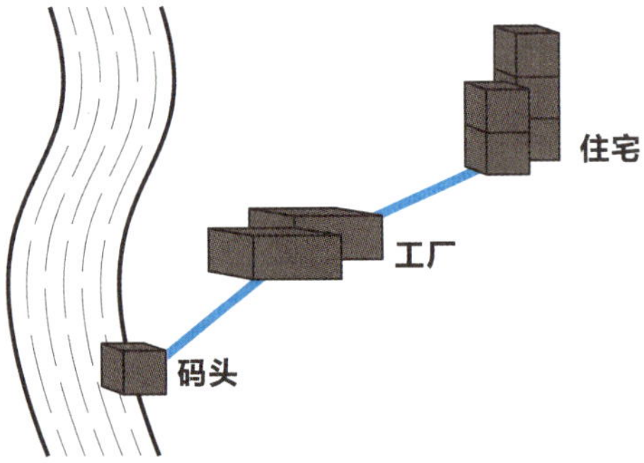

东阳社区与水的关系是连接型

东阳社区位于重庆市北碚区嘉陵江东岸，水路发达，因水而生，属沿江工业带，主要产业有玻璃、制药、煤炭、摩配、仪器仪表、造纸等。东阳社区的现状是由于产业转移、老工厂被废弃，部分人口随之迁移。

小洲村和东阳社区的共同点都是因水而生，但对水的利用情况有所不同。嘉陵江是东阳社区工业生产的重要运输通道，功能较为单一。珠江支流（水系）是小洲村生产（灌溉、运输）和生活（洗衣、游泳、钓鱼、景观）的重要场所，承载多种功能。

小洲村属于中心辐射扩展型空间结构，首先是以华台山为起点向四周扩展，其次是生活（村庄）在中间，生产（果林）在周边。东阳社区属于带状分布型空间结构，首先是工厂沿江分布，其次是从码头到工厂再到工人住宅区形成一条隐形关系带。

小洲村与水的关系是融合型，有多条河涌从村庄流过，河涌与民宅、居民的距离和关系都十分紧密，几乎处在同一平面上，空间尺度相对较小。东阳社区与水的关系是连接型，

小洲村的河涌与民宅、居民的三种空间关系

东阳社区的嘉陵江与码头、工厂、住宅、居民的空间关系

虽然所有工厂都沿嘉陵江分布，但嘉陵江与工厂、居民的联系是靠码头来串联，因此嘉陵江之于东阳社区是一种“点”和“线”的存在，而不是“面”。江面、工厂、住宅垂直错落分布，不在同一平面上，空间尺度相对较大。

结语

小洲村从传统村落发展到与艺术深度融合的艺术村，经历了较长的演变历程。从20世纪90年代与艺术家结缘，到2004年广州大学城建成以后迎来了机遇期并得到一定的发展，再到2010年以后随着商业资本的大量进入，艺术发展经历了一个震荡期，2015年以后商业热潮退却，艺术发展迎来了宝贵的沉淀期。目前，在小洲村，艺术与传统、艺术与生产、艺术与生活深度融合，现阶段需要做的只是保护与优化。东阳社区因水而生，因工业而起，是老牌工业重镇，但由于产业转移、工厂废弃、人口迁移，社区发展受到了较大影响，现阶段需要考虑社区改造与产业活化的问题。经过本次调研和分析，笔者觉得艺术介入地域再生是东阳社区开创新生的一个可行选项。从类型学的视角看，艺术介入地域再生的三种形态（空降型、改造型、内发型）都有可借鉴的地方。从地形学的视角看，东阳社区地理位置及交通条件不利于人流聚集，且原有的生产及生活体系已消失，不太可能建成需要常态化艺术活动支撑的改造型艺术区和内发型艺术区。但是东阳社区具有大尺度空间环境，自然条件也较为优越，因此适合构建空降型艺术区，并开展周期性艺术活动。

（黄启帆 / 博士，广州美术学院讲师）

寻找看不见的社区 寻觅曾经的美好

刘涛

社区是若干社会群体或社会组织聚集在某一个领域里所形成的一个生活上相互关联的大集体，是社会有机体最基本的内容，是宏观社会的缩影。

社区各项功能的完善与发展，是在政府机构的指导和支持下，依靠本社区的力量，改善社区经济、社会、文化状况，解决社区共同问题，提高居民生活水平和促进社会协调发展的过程；是社区居民参与社区营建，共同协作与努力的成果。

而伴随着社会和时代的不断演进，社区发展的差异化也不断显现，呈现出不同的形态。每一个社区都有属于自己的历史和文化，生活在社区中的居民，或是习惯匆匆路过的行人都很难察觉到这一点。因此，很多社区都被大家忽视，看不见了。

在实践中，通过对社区文化的营造开展多元的社区活动，倡导社区居民亲身参与到关注度高的公共性话题当中，能够进一步培养居民与社区之间的良性发展关系。因此，社区营造不仅仅是在营造社区，而且是在营造新的“人”、新的共同体。当下，艺术介入社区，成为当下社区发展的新趋势和新可能。发挥艺术专业特色，实现艺术从业者的社会责任和价值，逐步实践社会普及美育，提升人民群众幸福指数，践行社会主义核心价值观，从而实现文艺为人民服务、为社会主义服务的最终目的。

通过对具体的社区深入走访、调查后，我们“发现”了社区的同与不同，并用艺术的方式呈现它。我们选择重庆市北碚区东阳社区（以下简称东阳）和广东省广州市海珠区小洲村社区（以下简称小洲村）作为艺术介入社区调查与实践的对象。二者分别地处中国西南和华南，正因各自有着不同的历史和文化，导致了它们在现代城市化进程中呈现出不同的形态和发展特点。

为什么会选择这样两个截然不同的社区作为我们艺术介入实践的目标呢？

第一，它们之间有共同的地理属性——都临近河流（水源）。东阳背靠缙云山，依嘉陵江分布；而珠江直流形成潮汐小运河穿越小洲村。临近社区的水源给社区居民提供生活以及经济发展的便利，成为它们共同的特点。

第二，两个社区都有着自己曾经的辉煌，东阳作为20世纪中国特色社会主义建设初期西南工业发展的一个缩影，在那里，十几根巍峨耸立的大烟囱成为它显著的地标，静置着布满油泥的各种机械以及安静的厂房，庞大的社区被一个个工厂分成了若干个部分，还与对岸社区的灯红酒绿形成鲜明对比，独有夜晚的黑与安静是东阳社区特有的社会景观。小洲村身处广州市海珠区近郊，被万亩果园包裹，成为人们心中的世外桃源，早在20世纪六七十年代，岭南各知名艺术大家（关山月等）都选择此处作为他们艺术创作的地点，建立自己的工作室。2000年以后，随着广州大学城建设，广州美术学院新校区的选址也临近小洲村。突如其来的艺考大军造就了小洲村的昔日辉煌，但随着艺考行业的规范和专业化，小洲村也失去了往日的喧闹。

第三，小洲村因艺术介入，成为艺术家、设计师、文艺青年汇聚的地方，加上国家倡导发展文化创意产业，现在的小洲村正在因为文化创意的不断发酵而形成集文化创意产业为主，特色区域风情旅游服务并行的发展态势，成为国内代表性文旅并行发展的项目案例。而东阳社区内工业化的车间也吸引来了以毕业于四川美术学院以及执教于西南大学美术学院的教师为主体的艺术家群体，在东阳建立自己的工作室，再加上北碚区委、区政府积极响应中央及重庆市发展文化创意的号召，出台了相应的鼓励发展文化创意产业的政策，文化创意企业也陆续来到这里，为东阳种下了文化创意的种子，慢慢形成了文化创意产业发展的初步风貌。

来自中国两所主要的高等专业美术院校——四川美术学院和广州美术学院的教师和学生，共同参与到此次艺术介入社区调查和实践中，用艺术的视角发现他们眼中“看得见”的社区。他们深入社区现场，选取一些被遮蔽的、被忽略的、熟视无睹的问题，进行深入的调研。关注具体现实，关心“人的故事”，挖掘生活细节，发现+提炼，形成“社区关键词”，进行艺术转换，以此打通艺术实践与社会认知之间的联系。

在东阳和小洲村，我们所看的空间是有形也是无形的。地方弥散，无处不在，烟囱、厂房、文化创意工作室乃至每一株花草、每一块地板、每一道斑马线，都氤氲着人的气息。这些都成为艺术创作的视觉源泉。

来自广州美术学院的青年教师黄启帆博士做了《艺术与地域再生——广州市海珠区小洲、重庆市北碚区东阳调研报告》，他以类型学和地形学为视角，通过文献研究和个案研究的方式，对艺术与地域再生的相互关系进行分析和总结，希望为重庆市北碚区东阳社区未来的地域再生计划提供一些参考。四川美术学院青年教师刘也博士创作的*Pieces*（碎片），则是通过拍摄东阳社区工厂的不同角落——社区居民知道其存在而又忽视的局部，然后把影像打印在透明亚克力板上，再将其切分成若干的小碎片，最终通过多米诺骨牌的形式加以展示。无序的排列，象征着这个老迈的工业社区看似每个区域紧密相连却又毫不相干的既视感，映射出当今现代化进程中，被忽视、被遗弃的老旧社区与现代化社区之间若即若离的微妙关系。

此外，四川美术学院的学生（研究生和本科生）也自发地参与其中，通过不同的艺术形式，表达了自己对所调查社区的直接感受，视觉化地呈现出来。美术史论研究生张虹和艺术教育学院的袁祖君合作的影像作品——《两个地方》，创作素材来自实地采访东阳社区以及小洲村的村民的底层话语，这些话语在史料及其他文字构建的话语体系中始终处于一种被忽略的状态。这次的艺术创作特意避开了以往正面的、日常生活中可见的事件，转而去寻找在社区背后隐藏着的、不被人注意的，却实实在在存在并影响社区生活的事件，从而建立了与主流叙事不同的、边缘的、碎片式的叙事。视频中将重庆东阳社区与广州小洲村的采访视频交叉播放，意在瓦解一种连贯统一的观看方式，带给观众一种新奇的体验，从而引导观众去思考视频背后两地社区的不同事件。雕塑专业的李玉珠则运用“色彩”来处理物体之间的关系。她对东阳社区的认知就是“梯子”和“玻璃”，运用PC管道搭建一个爬梯的形象，在里面灌注东阳本地生产的安瓿瓶，形成的效果仿佛自然的流水流经了东阳社区工厂的水管，“色彩”“梯子”“安瓿瓶（玻璃）”的材料结合形成了她想给慢慢消逝光彩的东阳社区注入的新的热情和希望，作品《爬梯》就这样产生了。艺术教育学院的孙竟创作的*Kitsch*（刻奇），针对当时东阳社区的居民做了抽样姓名调查，作品记录了100个人的姓名，做成了像车牌的蓝色牌子，并写上“xx在东阳住过”或是“xxx在东阳住着”等，以悬挂的形式呈现出来，让大家知道他们在这片土地上存在过或存在着。同样来自艺术教育学院的康刘星灵、许静怡和李青松，他们创作了《东阳东阳》。名字中第一个“东阳”指作品的第一个部分，用滴胶做载体镶嵌着他们从东阳社区带回来的代表当地的各种物件，有厂区里破碎的电灯泡、玻璃瓶、烧制玻璃剩下的残渣、废弃码头边上的石头和沙砾、厂区工人的手套等。这些都是社区当地居民日常中接触很多的事物，但对他们来说却是代表这个社区的一个个标志，所以他们把它们镶嵌在了滴胶里面，让其他人也能更了解这个社区。第二个“东阳”指另一个部分——文创部分。东阳社区在重庆北碚，它有过辉煌的时期，火车、码头、药厂、烟囱，它是中国工业时期的一个缩影。如今需要大家记住东阳社区这类极具工业气息的存在，并对此进行思考，用文创的方式使其在市面上流传，利用工业的元素结合社区当地的文化元素，表达这个社区呈现出的生命气息。

2020年11月27日，在四川大学美术馆开幕的“共在 共情 共生：中国社区美育行动计划展”，刘也博士作为展览联合策展人，邀请上述全部作品参与展览的第五单元，为中国社区美育的研究和实践提供了一次别样的美育与社区的碰撞。在对艺术为公共社会的美育和市民日常生活的交流服务的探索中，艺术介入只是形式语言和文化经验的某种类型，而在更为富有社会学和政治哲学内涵的公共艺术的文化理念之下，包括当下各类艺术表现形式如何在社会美育和公众自身生活建设中起到更为普遍而积极的交流与学习作用，正是我们在现当代城市文化语境中需要面对的价值问题。

两个不同的社区，因为艺术介入社区的不同实践而产生不同变化。艺术介入社区是改变社区现状与发展的一种方式，为社区差异化的发展提供诸多的可能性。从事文艺创作与研究的我们，从各自不同的视角和感受出发，立足我们针对社区调查的艺术实践，寻找那些大家“看不见”的社区，和大家一起寻觅曾经的美好！

（刘涛/四川美术学院美术馆馆员）

两个地方

张虹、袁祖君 《两个地方》 影像　2020 年
（张虹 / 四川美术学院艺术人文学院艺术学理论研究生）
（袁祖君 / 四川美术学院艺术教育学院）

《两个地方》：关于社区的另一种叙事

张虹、袁祖君

作品《两个地方》在一定程度上，是一部关于两地的口述史创作。口述史是区别于书籍记载的、精英式流传的一种资料论据。也正是这样，这件作品基于两地“看不见”的叙事，构建出了一种区别于传统的、可见的叙事。本文尝试对这一创作进行阐述。

《两个地方》这件作品由实地采访重庆北碚东阳社区以及广州小洲村的村民所得，这些社会底层的话语在史料或者是文字构建的话语体系中始终处于一种被忽略的状态。这次的艺术创作，特意避开了正面的、日常生活中可见的事件，转而去寻找在社区背后隐藏着的、不被人注意的，“看不见”却实实在在存在并影响社区生活的事件，并由此建立起了与主流叙事不同的、边缘的、碎片式的叙事。

一、社区边缘的话语

传统的史料是以纸质书籍的方式流传下来的。在史料的编辑、保存的过程中就面临一个话语权力的问题，即“谁控制过去，谁就控制未来；谁控制现在，谁就控制过去”，那么，处于话语权力底层的人就是一种失语的状态。此次《两个地方》的创作，就是构建一个边缘的话语空间。另外，社区采访的多是一些老人。因此在这样的叙事中，不仅包含了底层话语与精英的对立，还包括了底层边缘人群与底层精英的话语对立，即老年人、儿童与壮年人群的对立。访谈时，一位同伴去买东西，卖东西的婆婆因为不会使用支付宝等新兴支付手段，不断给她儿子打电话以寻求指导。这种现实生活的困境，实实在在地发生在现在社区的边缘人群身上。这些通常被我们忽略的日常生活细节，促使我们不断去探寻、理解这些边缘人的主体特征。

二、“无事件境”

“无事件境”的概念是方慧荣在土改口述史的过程中针对传统农民的日常心理提出来的，是指“一种特殊的事件记忆心理，生活中各种重复事件序列”。这样不断重复的日常生活在心灵中混杂，这样的混杂序列，是区别于严谨逻辑和明确时间的史料记载方式，同样也是区别于史料中重大事件的叙事方式。在访谈过程中，老人们大多聊的是家长里短：路灯坏了一直没有修；上次被几个学生模样的人骗了 60 块钱；邻居家的狗咬了他的狗却一直没有说法……这样的叙事似乎看不出与当地历史的关联意义。这些无序的、碎片化的

一位东阳居民讲述对路灯的不满

一位老人讲述他的东阳故事

叙述，却实在地存在于这些人的身上，可以说，就是这些事件，构成了这些人生命中最鲜活的生活和历史记忆。正是这些看似混乱的记忆，才与东阳社区的历史事件发生了某种特殊的关联，也是那些东阳老人在东阳的真切的生命体验。

三、真实的生命体验

口述史之所以区别于其他的史料记载，就在于它的生命体验。它涉及记忆的主体性以及人们讲述历史事件时的深层生命的结构问题。《两个地方》关于东阳社区的事件叙述，实际上就是东阳老人的生活和历史活动叙述，这就是口述史的独特价值。访谈中看似没有谈到任何关于东阳历史的东西，但实际上无时无刻谈的都是东阳的历史。只不过这样的历史叙述，是来自东阳老人关于东阳深刻的生活体验，承载着生命流逝中对东阳的回忆。

《两个地方》的创作，是基于东阳老人的日常生活和精神体验创作的一部作品，在它背后的叙事特征区别于以往的传统叙事，以作品的可见叙事来刻画东阳不可见的口述史叙事。这种基于本土的、无序的、碎片化的叙事方式，可能会在以后的创作过程中带来更多的启示。

后记

在创作《两个地方》之前，我们还预设了一份采访提纲，但是在采访的过程中放弃了。我们希望能够尽最大的努力不以我们的主观性去干扰对象，最大程度地还原东阳老人的个人主体性特征。主观干扰在口述史的采集创作中是不可避免的，这实际上也是口述史研究的一个独特体现。

另外，由于疫情原因，没能亲自去小洲村实地采访，因此视频由广州美术学院黄启帆老师提供，在此特谢。

附录：东阳社区采访提纲

采访目的：

1. 了解东阳社区群众的日常生活。
2. 了解东阳社区群众对东阳社区的印象及看法。
3. 了解东阳社区群众对社区的未来愿景。

采访要求：

1. 言简意赅。
2. 用词简洁。
3. 引导适当。

采访方法：

随机采访社区群众、社区工作人员。

采访问题：

1. 您是本地人还是外地人？
2. 在当地从事什么工作？
3. 您平时的生活是怎么样的？
4. 您经常接触什么样的人？
5. 您对东阳社区有什么印象深刻的事？
6. 您认为东阳社区发展最大的优势是什么？
7. 您认为东阳社区发展的劣势是什么？
8. 您认为东阳社区需要做出改变吗？您最希望改变哪一方面？

Pieces

刘也　*Pieces*　200cm × 240cm　亚克力摄影　2020 年
（刘也 / 日本武藏野美术大学作品制作领域博士，四川美术学院讲师）

看不见的社区：从 *Pieces* 出发分析社区与城市的关系

刘也

“社区”是在本世纪得到确认的一个概念，中文并无“社区”一词，是从英文 Community 翻译而来。最早提出“社区”概念的是德国社会学家斐迪南·滕尼斯（1855—1936 年）。就社区的一般含义而言，它是指聚居在一定地域中人群的生活共同体。自 1936 年美国芝加哥大学的帕克将社区的基本特点进行概括后，至 1955 年社会学家希勒里则发现，在各种社会学文献中至少出现了 94 种社区定义，到 1984 年我国杨庆坤教授发现社区定义时已增至 140 多种。随着城市的延伸扩展，社区概念在多维度中不断演变，社区与社区的社会关系也不断地更新迭代。如今我们所处的时代，社区已然成为城市中一种稳定的文明形态。

这次中国社区美育计划的项目，我选择了重庆北碚东阳社区作为调研的核心，以老旧社区的人文与自然环境在城市中的关系为线索，探寻在城市变迁过程中，老社区所面临的问题和社区与人之间的微妙关系。

城市是一种文明形态，但绝不是唯一的归宿，也并非必然的。社区不是我们的目的，而是城市中人与人之间建立联系的载体。老旧社区需要与外界对话，而不是一种城市对老旧社区的解决。不能把城市化当作必然的终局，并以城市文明标准定义所有社区的形态，并盲目进行改造老旧社区的尝试。

因此，这次社区项目的初衷，绝对不是一种怀旧情绪，不是让老旧社区与外界隔绝，而是想探讨老旧社区与外界对话的方式。很多老旧社区在城市化进程中被对象化和目的化，最终转型成为我们想让它成为的样子，或者干脆消失殆尽。一座高楼，若你不去介入它，它会逐渐破败倒塌，但它会让我们看到时间的痕迹；一条江河，若你不去介入，即便现在只是默默流淌，它也是时间流逝最好的佐证。这是东阳社区给我的第一印象。

东阳社区位于重庆市北碚区嘉陵江东岸，水路发达，因水而生，属沿江工业带，主要产业有玻璃、制药、煤炭、摩配、仪器仪表、造纸等。如今，在郁郁葱葱的东阳社区依然四处散落着曾经辉煌的各类厂房与员工住宅，虽然已破败不堪，人烟寥寥，但却足以让我浮想联翩。调研期间，我无数次穿梭在社区的厂房楼宇之间，隔江对望，江对岸一派欣欣向荣的朝阳社区与老旧的东阳社区形成鲜明对比。夜幕之时，五彩斑斓的朝阳社区把江面映得通红，转往东阳社区却暗得深沉，寂静无声。这里并没有想要评价什么，而只是视觉

生理上“看不见的社区”（左：北碚东阳社区，右：北碚朝阳社区）

心理上“看不见的社区”

层面最直观的刺激。

“看不见的社区”是我本次项目的主题。此处的“看不见”有两层含义。第一是由外向内，从生理层面，隔岸观望，灯光寥寥，与黑夜同色；从心理层面，没落的残躯，世人早已淡忘。第二是由内向外，当地居民长期生活的环境，习惯转为麻木，社区与居民形成整体，新鲜转为无视。时间的流逝，造就了看不见的社区，我知道，在未来的某个时间，或许这般景象的东阳社区将不复存在，两岸相互映衬的景象也会离我们越来越远，但我想用我的方式留住东阳社区的这一瞬间——最初的印象，让看不见的社区在另一空间维度中可见。

一切都可能被瓦解，都可以替代，可以抽身而出，可以无所谓，可以保持冷静的旁观。我只是观看者、思考者、体验者，不是参与者，更不是负责人。我相信这样的方式能让我更真诚地面对东阳社区与我和外界的关系。

陀思妥耶夫斯基的《地下室手记》中有一句话让我印象深刻：爱的反义词不是恨，而是深思熟虑。在城市文明中，我对东阳社区的真诚有什么价值呢？为什么我想留住此刻的瞬间？这样的社区该以怎样的方式存在于现世间呢？带着一系列的深思，我创作了 *Pieces*（碎片）这件作品。让东阳社区在社区以外的某个与它毫不相干的空间重生，与外界对话。

通过多次到北碚东阳社区实地考察调研，整个老迈的工业化社区的景象一览无余，仿佛进入时空隧道，瞬间把你拉回到 20 世纪 80 年代工业蓬勃发展的场景。通过无人机的拍摄，让我对东阳社区的全貌有了一定了解，看似庞大的社区被一个个工厂和员工住宅区分成了若干个独立的区域，就像躺在绿色大地中星星点点的碎片。于是，我游走在社区的大街小巷、厂房内外，拍摄了东阳社区不同的角落。在这看不见的社区里，我看到了江对岸无法看到的情景，看到了东阳社区居民早已习惯而又麻木忽视的局部。这是时间雕刻的美，是你真诚与之对话后体会到的情感连接。于是，“连接”一词成为我创作这件作品的关键。“连接”该如何表达？何种材料才能构建“连接”？

多米诺骨牌是大家熟知的一种按一定间距排列成行，轻轻碰倒第一枚骨牌，其余的骨牌就会产生连锁反应，依次倒下的游戏。这样的方式我认为是最能准确表达东阳社区看不见与可见之间微妙关系的方式。因此我把拍摄的社区影像打印在透明亚克力上，再将其切分成若干的小碎片，最终通过多米诺骨牌的形式，无序的排列，来象征这个老迈的工业社区看似每个区域紧密相连却又毫不相干的即视感。这些来自东阳社区不同角落的碎片被无序打散后，原有的影像被消解，无法辨认出具象的特征，让人们可以把注意力集中在每一块碎片之间若即若离的联系上。这也映射出当今现代化进程中，被忽视、被遗弃的老旧社区与现代化社区之间若即若离的微妙关系。

社区的存在是一种抉择，城市是这种抉择的背景。在城市的幕布下无数老旧的社区悄然落幕，无数新兴的社区揭开帷幕，时代更迭，变换不止。我们无法阻止时间的进程，但我们可以与不同维度的整体持续连接，滋养，生长，用不同的方式共存于现世。

（刘也 / 日本武藏野美术大学作品制作领域博士，四川美术学院讲师）

kitsch

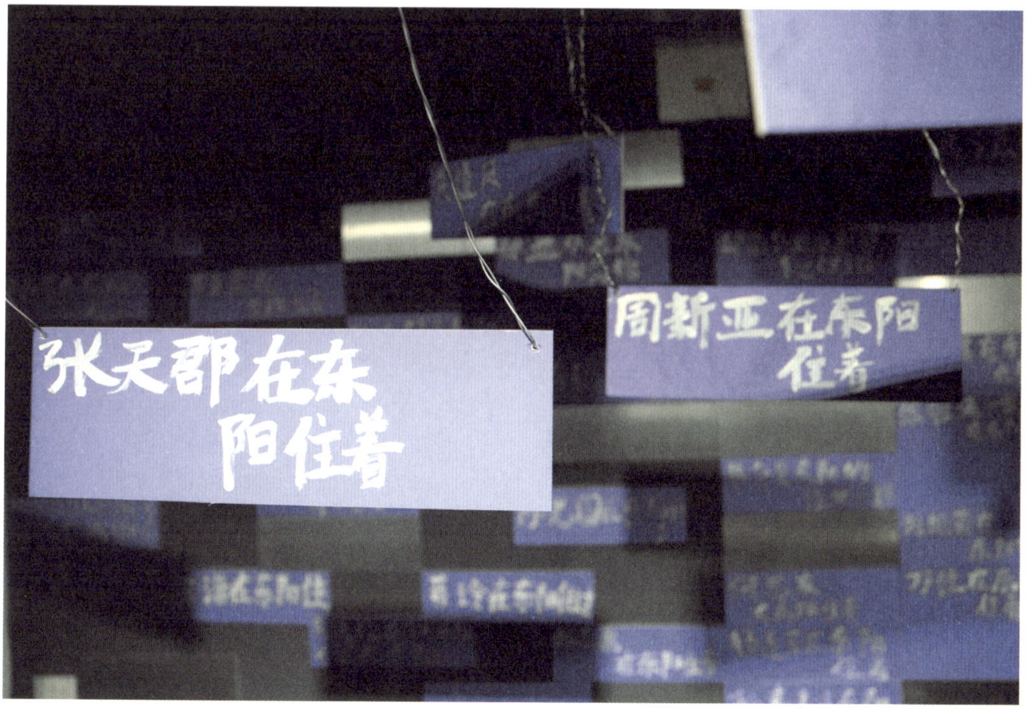

孙竟　*Kitsch*　PVC 板　尺寸可变　2020 年
（孙竟 / 四川美术学院艺术教育学院综合艺术专业本科生）

kitsch 创作手记

孙竞

很荣幸去年中旬应刘也老师的邀请参与了“共在　共情　共生：中国社区美育行动计划”项目，整个项目持续近半年：我与团队前前后后前往北碚东阳村数次，进行了详细而切实的调查研究。在基于详细调研积累了大量在地经验后，我创作了装置作品 *kitsch*（刻奇）。半年经历难能可贵，不仅我个人创作实践得到了锻炼与提升，同时东阳村的社区生态以及人际交往也给我个人更多样与直接的肉身经验。这无论对我日后进行艺术实践还是直面社会，都是弥足珍贵的。下面我将详细地介绍整个创作过程以及对作品的再思考和总结。

一、缘起

当我首次前往北碚东阳村的时候，除了重庆特有的山城地貌与蜿蜒长江给我留下直观印象外，东阳村的破败民居与荒废厂房是我对这片场域更深刻的印象。当你驻足于东阳街道时，眺望江对岸的北碚城区，看到的是一片别样的兴盛而现代化的城市景观。尤其夜色来临，江岸的城区灯光如昼，人来人往，川流不息。而这边的东阳村则死气沉沉，如同空城一般。

是什么原因造成了隔江的两片土地有如此大的差别，对城市化以及城乡差异的思考与探究是我调研的第一个问题。

搜寻东阳历史，我们发现其实它并非一直荒凉如此。抗日战争时期，国民政府迁都重庆，不少著名大学如复旦大学迁于东阳。直到现在，东阳村仍然保留着不少当年遗址。解放后，得益于三线计划，北碚地区迎来了从东部搬迁过来的工业基地，大量轻化工产业工厂落地东阳村，如玻璃厂、制药厂等。这些工厂为日后改革开放、重庆地区的市场经济发展乃至全国的市场经济发展提供了有力推动。

然而为何现在却存在如此明显的城乡鸿沟乃至贫富差距？借由当地村委会的帮助，我得以接触到许多东阳当地人，通过交流得到了许多当地人的一手经验。原来伴随着经济结构转型，东阳村一些富裕人士早已经搬迁至北碚或在北碚安置家业，而那些继续生活在东阳村的人则面对着东阳日益衰败的现实。随着采访人数的增加，我萌发一个念头——不如完完整整地把东阳村的村民姓名记录下来，作为最直观的档案来进行展示，同时也是对东阳记忆的某种重访乃至个人记忆底稿的留存。

二、创作

沿着这个观念深入下去，我开始了作品的实践。我一开始想通过汽车牌照这个形式，将人名记录在汽车牌照上，以此来表达现代性以及因高速发展而带来某种遗忘乃至被抛弃的个体。我想让整个装置动起来，然而更高的技术条件以及成本让人捉襟见肘。经过刘老师的指导，我尝试通过另一种途径——手写名字来完成对东阳档案的个体化建构以及自我书写。

于是我和团队成员再一次前往东阳，尽量记录下来东阳所有人的名字。我通过与当地人的沟通后，获得大量直观经验。而一些独特的个体案例也加深了我对东阳当地人的理解——当我去小卖部买烟，试图通过买东西和老板搭话时，因为机器故障而被老板误会乃至争执了将近十分钟。技术拓展的有限以及当地人的排外怀疑经验，共同造成了东阳社区特有的一面。

但也不乏开明人士：在我与当地人沟通中，我接触到一个东阳本地的民间艺人刘劲博，他的子女早已到重庆市中心工作乃至出国，而他本人仍在东阳村一个人进行着民间手艺，同时他在书法上有颇高造诣，村中人有口皆碑。他对我的创作很感兴趣，他知道徐冰以及蔡国强，我们尝试在未来进行更紧密的合作实践。

之后，经过漫长的书写，我带着这几大摞牌子前往成都布展，我尝试用钢丝来为车牌营造一种更强烈的视觉冲突。某种被固定或者被悬置的档案，似乎成为当下的某种隐喻。

三、总结

完成了这次初步的作品实践后，我开始对整个创作进行总结与思索。我决定将作品取名为一个德语词汇——kitsch。

这个词首次引入中国是因为昆德拉的小说，人们由此了解刻奇这种文化乃至其背后的深刻意义。

如意大利梅卡其教授所言，从讨论刻奇的著作中可以大致总结出如下四条定义：一、刻奇是普遍存在的审美不真实的现象；二、刻奇是坏品位的运用或伪艺术的实现；三、刻奇是一种伪造的逻辑，其中惯例（陈见、平庸）代替了形式与内容之间复杂的联系；四、媚俗是一种艺术动机的实现，其被过高的情感或不充分风格伪造。

刻奇（kitsch）源于德语。德语中有一个相近的动词 verkitschen，意为“低于价值”或“倾销”。路德维希·格施（Ludwig Giesz）给出了三种词源的推导，首先刻奇可以是英文单词 sketch 的缩写，英美游客热衷购买廉价艺术品的习惯可以证明其内在联系。此外，Giesz 追溯到动词 kitschen，它的两个含义是“清扫街上的泥土”和南德的用法“把新家具当古董”。

我们都熟悉对品位和不良品位之间的争论，尤其是在英国启蒙运动时期，例如关于对艺术的浅薄涉猎、感伤主义、丑陋、仿造物和粗俗之物。其中仿造物与 kitschen 联系最为紧密。总而言之，kitschen 含义的形成是一个不断融合的过程，该词汇的历史可能有 150 年。

在 20 世纪 40 年代、50 年代和 60 年代，大众文化开始成为美学的景观。克莱门特·格林伯格（Clement Greenberg）在 1939 年发表的那篇著名的文章中勾勒出先锋派和 kitschen 之间的关系。格林伯格描述刻奇的五个要点非常有名，完美体现了刻奇是劣质产品的化身。我们也可以说是现代意识的不良道德美学。最后一句话写道：“kitschen 假装不要求客户的任何东西，除了他们的钱。因此，刻奇是将客户变成消费者的完美资本主义逻辑。”

而刻奇对于当下，对于我们所直面的社会场域又蕴含何种意义？我们通过刻奇的角度，能否对艺术实践有更创新的思索与改变？这是我这次创作后的一些个人反思。

爬梯

李玉珠 《爬梯》 PC、玻璃 250cm × 40cm 2020 年
（李玉珠 / 四川美术学院造型艺术学院雕塑专业本科生）

《爬梯》创作手记

李玉珠

初次步入东阳是在重庆炎热的夏天。当我来到这一片曾经繁荣的场域，所感受到的是：蓝色的夏天、绿色的江水和树林、灰色的破败柏油马路、金色的阳光、被夏天晒成红色的墙壁，还有大汗淋淋的燥热。

我对当时眼前所见到的关于东阳的一切都感到无比的新奇。它因为繁荣而残破，富有生机的、热烈活力的情景，是我许久未感受过的。东阳如今映入我眼帘的景象，逐渐与我记忆中童年的嬉耍场所产生了时空的交叠。一瞬间，时空仿佛又回到了十几年前，我家隔壁我奔跑过的氮肥厂里，低矮的楼房、盘根的黄桷树、长了苔藓的青砖墙、加工的厂房、高耸的烟囱，事物上落下了夏天的斑驳痕迹，时间在上面一直奔跑，但是仿佛东阳它停在了那个地方，也是一样火热鲜红，就如同玻璃厂房里面的重工机器里早已凝固的玻璃液体，就只是大家掐停了表，它们就停在了那里。

因此，我对东阳的实地走访和考察了解，我感受到的是它炽热火辣的生命力。东阳给我印象最深的一些元素是玻璃、窗框、残破瓷砖、印在墙上的斑驳光影，还有各式各样、各种用途的楼梯。在黄老师的地图分析讲解下，我觉得，“阶梯”元素非常能表达东阳给我的直观感觉。

确实在东阳实地考察的时候，最让我印象深刻的就是整个社区呈现的阶梯状排布，并且有着“山城”的一种聚落特性，临水而建，因水运而繁荣，临着嘉陵江水往山处走，以阶梯式排布形成社区并扩大繁荣。因此，我对关于东阳社区的生态展览主题作品的主要设想就是，运用“阶梯、爬梯”这个形象来主观代表我所看到的东阳社区，而东阳社区生产的玻璃瓶则成为爬梯框架中的填充符号。

就如同我前面关于东阳社区描述的直观色彩感受，最初的爬梯元素创作设想的是运用全透明的 PC 管道，内里填充东阳玻璃厂生产的玻璃来模拟水自下而上引流的一种东阳原生生态环境。随后，我进行了初步的材料探索，问了多家店铺，市面上现有的 PC 管道材料不能实现我的创作想法，只能找到普通规格的全透明管道，而连接接口中需要的三通二通管道，都没有全透明材质的，若有需要，需开模定制。在我与老师沟通阐述我的制作想法后，选择使用较易获取的白色三通管道和 PC 透明管道相连接，然后使用喷漆将各种颜色喷涂在管壁上。这样我便可以将色彩运用在这个“爬梯”之中。在连接处喷涂上自己主观赋予的颜色后，作品的表达语言也更加丰富了。

在梯子的三通管道连接处，我斟酌喷涂红黄蓝绿 4 种颜色，将它本来的白色覆盖。其中选择红黄蓝是因为它们是色彩构成的三原色，能代表自然中的千万种物体，它们将自然显现的色彩变化都融入其中。而绿色就是酷热夏季东阳给我的直接感观的颜色。夏天的东阳山是绿色的，树是绿色的，草是绿色的；嘉陵江是黄色的，道路边的扬尘是黄色的，印在斑驳墙面上的阳光是黄色的，远处天边的倒影是黄色的；高温下我的脸是红色的，手上拿着解渴的农夫山泉矿泉水是红色的；玻璃厂的玻璃瓶拿在手上，感觉是冰冷蓝色的，东阳社区，消了的感觉也是蓝色的。这些简单又直白的感觉纵然映入我眼帘的，就仿佛是一幅童稚的儿童画，它的色彩在我的想象中逐渐变得单纯统一，我就顺着将其概括成为制作《爬梯》的颜色。

在将想法变为现实的过程中，我找到了一种单纯的快乐。关于东阳社区的创作呈现，从夏天一路到了冬天。我在步入秋天的时候拿起喷漆进行喷绘，喷绘的嗞嗞声进入脑子里，又仿佛回到了夏天初遇东阳时树林里蝉鸣的嘈杂——就如同我遇见东阳，东阳就将我带回了童年的氮肥厂一样。记忆与时空，在我脑海里的交叠，发生在我一次又一次制作成品的过程中。我在我的回忆中假想东阳本来的样子。它可能是火热如夏阳的红色，温暖世故如秋风的黄色，它里面流通的“水”，可能是冰冷的蓝色，流经的是东阳的绿色。

而作品的名字，我用了《爬梯》。顾名思义，就是因为我直接选用了爬梯这一个符号元素，最后呈现的也是一个单纯的爬梯的形象。我赋予的情感想法，在于东阳社区这片土地已经由于人口外流而失去了曾经的生机活力，我设想当它未来真的成为一个艺术聚集社区时，志同道合的人在一起其乐融融，在东阳这片土地畅说所想。而关于《爬梯》制作剩下的步骤，我得交给现场。我准备了各色的丙烯马克笔，由大家在上面绘制自己想象的符号，就如同我们感受东阳的此行一般，像我们为东阳注入的新鲜力量一样，将力量注入在这个爬梯的物象上。这个爬梯衔接口上所绘制的各色线条图案，都是绘画的我们触碰东阳社区的行为引申。以上就是我关于“东阳”的设想。

我们目前所看到的，只是这个社区带给我们的直观印象，我知道东阳社区的内在能量一定比我们所看到的和表现出来的更为磅礴，也期待未来能与它有更多的接触。

东阳东阳

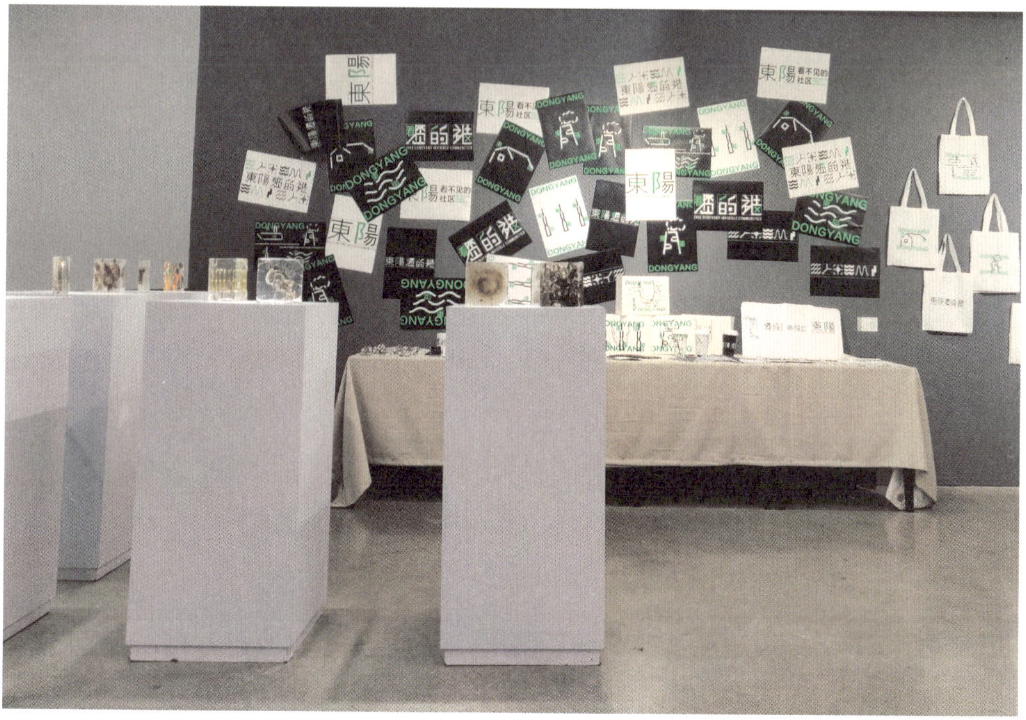

许静宜、康刘星灵、李清淞《东阳东阳》 综合材料、文创设计 尺寸可变 2020 年
（许静宜 / 四川美术学院综合艺术专业本科生）
（康刘星灵 / 四川美术学院综合艺术专业本科生）
（李清淞 / 四川美术学院综合艺术专业本科生）

《东阳东阳》创作手记

康刘星灵、许静怡、李清凇

东阳是重庆市北碚区一个被历史遗留下来的社区，其地处北碚区中部、嘉陵江北岸，南面隔嘉陵江与朝阳社区相望。每当夜幕降临，隔岸的朝阳社区车水马龙、灯火通明，而东阳社区一片黑寂，隔着江的两个社区对比强烈。我们多次采访此地，在这里我们感受到了工业时代被取代后工业社区逐渐衰落的现象。

东阳社区这一边遗留下来的工业文化，烟囱、制药厂、玻璃厂、码头等，可见其曾经的繁华热闹。现在的工厂里面满是灰尘，烟囱被植物埋没，许多房屋坍塌，布满蜘蛛网，像极了无人生存的地区。然而在这个社区依旧有人居住，社区的街道管理员带我们参观了各个工厂、烟囱，并且讲述了一些东阳的历史文化。在工厂里已经有一些艺术家入驻，然而在现如今的社区艺术服务与居民日益增长的需求而言是有一定差距的，我们需要做到对社区服务需求起到作用，又不破坏社区，让居民接受艺术服务。社区文化的生产功能可以提高居民对社区的认同，因此我们从社区故事下手，创作社区文化的作品。

东阳是一个把老重庆的样子保存得非常好的社区，市井文化体现得淋漓尽致，其环境是融于大自然的。曾经的这里可能是自然的主人，现在绿植遍布，植物成为社区的一大部分，我们将自己的艺术作品置于自然中，从而将区域的注意力吸引到日常环境的美和作品所传达的思想上，将作品融于可持续性的自然创作中。一次性的创作，无法为社区艺术服务带来实质性的改变；可持续的艺术创作能使居民对艺术服务产生认同并且参与其中，从而起到重要作用。

可持续性包括对经济发展、社会不平等、文化历史和实践的广泛关注。近年来，越来越多的人与社区内的其他人联系起来，共同解决可持续发展问题。“可持续性”的定义经常受到质疑，因为它有多种含义，几乎可以用来证明任何事情。对农民来说，可持续发展是经济的；对生态学家来说，可持续性就是维持生物多样性。将可持续发展的观念运用到设计艺术中，艺术家用他们的作品来揭示环境正义问题，提高人们对环境不安全和风险的认识，并设想可持续的未来。通过把艺术与环境科学结合，我们能够促进跨学科学习，激发想象，并用新的方式设想我们的未来生活。

对于作品的选择，我们选用文化创意产品制作和滴胶载体镶嵌两种方式来表现“东阳——看不见的社区”这一主题。因为一个社区想要可持续发展离不开消费，恰好文创可以代表这一理念，这些物件对当地人来说可能就是生活的一部分，并不是一个值得探讨的话题。但从旁观者的角度来说这些恰是使我们最有感触的东西。

作品的名称叫《东阳东阳》。第一个“东阳”用滴胶做载体镶嵌着我们从东阳社区带回来的代表当地的各种物件，有厂区里破碎的电灯泡，有代表着东阳社区的标志性物件——玻璃瓶、烧制玻璃剩下的残渣，废弃码头边上收集的石头和沙砾对应了这个码头曾经的繁华与如今的萧条，另外还收集了许多厂区工人的手套等。这都是社区当地居民日常中接触很多的事物，我们将它们永久封存在滴胶里，使人们记住曾经繁盛的工业时代。这里每一个物件对我们来说都是代表这个社区的一个标志。

我们作品的第二个“东阳”是文化创意产品部分，结合当地社区的文化，能有效促进其他人对社区的了解。东阳社区在重庆北碚，它有过辉煌的时期，火车、码头、药厂、烟囱，这是中国工业时期的一个缩影。如今需要我们记住东阳社区这类极具工业气息的存在，引发思考，以文创的方式使其流传在市面上。文创中大量使用工业元素，对应东阳社区的历史文化，简洁并不复杂的字体设计，体现东阳社区相较对面朝阳社区的干净空寂，每一个文字设计上的绿色代表东阳社区现如今被植物包围的现象。在这个人口稀少的社区里，绿色植物的蔓延，也是这个社区生命气息的流露。

我们以这样的方式将我们的艺术作品置于自然中，从而将社区的注意力吸引到日常环境的美和作品所传达的思想上。另一种用来促进环境参与的形式是通过使用一种更面向社区的方法。这种方法有助于促进对话和社会学习。人们也相信，艺术这种通用的语言可以扮演推动者的角色，鼓励来自不同背景的人采取行动，以帮助人们可持续地生活。

在更大的范围下，我们希望这件作品可以作为一种额外的资源，向公众展示将环境主题融入艺术作品中是一种让人们关心和传播环境意识的有益方式。不仅如此，还要从年轻一代开始，从小培养环保意识和同情心。这些人会面临当前的生态问题，这也是我们认为让人们了解什么是环境和生态艺术如此重要的原因。

其实我们做的只是让大家知道这个被现实压制下去的社区，让当地居民意识到社区跟艺术是可以相互结合的，接触社区艺术工作者工作的同时可以接受并参与创造。

我们希望这些作品能够传播出去，让大家看到有这么一个社区，希望更多艺术家能够入驻，给它带来更多活力，带来经济发展，让它可持续发展下去。

追梦人

张杰 《追梦人》 油画　150cm × 130cm　2020 年
（张杰 / 四川美术学院副院长，二级教授）

《追梦人》创作手记

张杰

美术思维与视觉再现应该与时代同行。艺术具有社会性，所有的艺术作品都是人类文明的视觉记忆，每一个世界文明的重要节点，都有相应的视觉表现。通过艺术发展史上的一些重要作品，人们能够认识到人类文明发展的历程。经典的艺术作品，是时代风潮的敏锐回响。优秀的艺术作品，是与时代强音共振的。中华人民共和国成立之后，每一个时期都有代表性作品，这些作品反映出中国的变化，记录时代发展的特征以及人们的生活状况。

曾有很长一段时间，我的眼光从城市转向了自然。然而，进入 21 世纪之后，我再次被中国经济的迅猛发展和城市的不断扩张震惊，遂又从自然风景转向关注城市风景，试图以一种独特的视觉方式来表现中国的城市化进程。

2014 年，我正式从城市主线中开辟出的表现自然的支路上转向了城市主题。我在一次访谈中提到了这次转向："随着时代的变化，艺术家创作的主题和焦点也在不断变化。……最近几年外出少了，在城市的时间更多了，当然也随着自己阅历的增加，我对城市和生活在城市中的人的观察和感受更多了。"

随着对城市的关注，我很自然地开始观察和描绘城市中的人群。最近我特别关注社会普通大众的生存状态，我寻找各种机会，进入那些容易被艺术忽略的角落，比如去关注留守儿童、空巢老人等。城市急速发展，将青壮年劳动力纷纷卷入经济发展的浪潮之中，他们没有多余的精力，也不舍得用可以创造经济价值的精力来陪伴和照管家中的老人。因此，城市里有无以数计的空巢老人处于孤独、困苦和无人照管的状态，无论是物质还是精神，他们都处在社会的边缘和被遗忘的角落。这便是 2017 年前后“空巢记”系列作品诞生的背景。“空巢记”系列作品的画面背景就是前面那些城市改造中空洞的楼群和社区，只不过，它们从主角退场，成为人类生活的庞大的暗影。

2018 年，我以城市打工者的形象，画了一系列农民工群体，取名叫“城市梦”。作为“空巢记”的姊妹篇“城市梦”中的这些打工者或许就是在空巢老人的生活中缺席的子女。城市化进程中有很多的外来人口，他们背着大包小包，通过汽车站、火车站来到城市，他们怀揣着梦想。我关注他们如何创业、如何实现梦想，以及他们的情感和生存状态。在这个系列里，我主要采取了典型概括的手法，在画面中表现了一群群背着行囊的各色打工者。他们背井离乡，行走在最能反映城市规则与秩序的斑马线上。人群熙攘，人们的表情或木然或焦虑。虽然作品题为“梦”，但仿佛这“梦”是打了引号或者问号似的，反映出了城市快速发展背后被忽略、被挤压、被掏空的人群的生活际遇。这些“追梦人”给人一种审视城市化加速发展带来的逼仄空间，不适合人类生存的城市环境的感受。

这些或者以快速发展城市建筑为主体形象，或者以城市中的男女老少为主要形象的作品贯穿了我整个 40 年的创作生涯，包括 1980 年代天真与热情的少女、1990 年代困惑迷惘的青年、2000 年代膨胀的城市经济体、21 世纪以来远离家乡打工的人们，以及留守家乡的空巢老人。时代在变化与发展，我对现实、对时代的观察和思考也将继续下去。我想通过系列作品更细腻地表现出我的思索，更全面地表现现代社会的城市化进程，更丰富地表现生活在其中的人这几十年中所经历的外部世界与精神世界的变化。

40 年的艺术创作让我有很多感慨，要做一个艺术家，要创作伟大的作品，你必须把握时代的脉搏；与时代共生，才可能创作出优秀的作品。真正优秀的作品，是书写历史、表现历史，与时代同行的。

附　录

“共在　共情　共生：中国社区美育行动计划展国际研讨会”海报

『共在　共情　共生：中国社区美育行动计划展国际研讨会』观点摘要

（以发言先后为序）

发言者：魏东（重庆市美术家协会秘书长）

发言题目：社区美育的重要性与美育进行时

观点摘要：社区作为地缘共同体，是美育落到实处的重要载体，社区美育的工作涉及社会生活的方方面面，是一项长期的工作，是跨部门的系统工程。“中国社区美育行动计划”逐年展开，不仅对现实社区进行了全龄、全域的探索，更对网络虚拟社区展开了实践和理论思考。

发言者：焦兴涛（四川美术学院副院长）

发言题目：从参与式艺术的艺术实践到社会美育的社会实践

观点摘要：羊磴艺术合作社的活动由一个自发的自下而上的艺术参与活动，开始变成自上而下的政府推动的美育和乡村振兴的活动。从社会美育的层面，我们承担了更多的社会责任。在强联系的状态下，艺术团体怎样把握自己的角色值得我们思考。

发言者：黄宗贤（四川美术学院艺术人文学院院长）

发言题目： 艺术转向与美育担当

观点摘要： 现代艺术与现代美育运动互为关联，共生共成。中国艺术自五四运动以来发生了重要的空间转向：从山林转向了街头，从雅集转向普罗，从文化转向家国。艺术在社区美育中的可能路径有四种：第一是润泽和谐心灵；第二是对生活表层的美学化；第三是重构文化记忆；第四是通过艺术建构精神场域。

发言者： 何宇（四川大学艺术学院副院长）

发言题目： 艺术介入生活的创作机制

观点摘要： 展览呈现了艺术介入生活的几种创作机制：第一是以艺术的协商机制进入社区美育中，在协商机制中彰显非艺术家的自我价值；第二是在社区研究中体验问题、深化问题；第三是社区美育中的艺术反思机制。

发言者： 李龙（成都市博物馆研究馆员、皮影木偶部主任）

发言题目： 博物馆如何介入社区美育

观点摘要： 社区美育是博物馆的基本职责和价值导向。博物馆实践社会美育和社会教育的要点是将自己定位为一个平台，在实践层面实现三个融合：一是场域融合；二是专业融合；三是语境融合。

发言人： 卢文超（东南大学艺术学院副院长）

发言题目： 超出社区的社区美育

观点摘要： 艺术家应当重点关注艺术作品的物质形式与表达观点之间的平衡，在当代艺术愈发观念化的趋势下，应当注意如何让观念表达更加流畅和契合于物质形式。在当代新的传播语境与传播形式下，社区美育很有可能产生超出社区的影响。艺术介入社区有两个层面的问题：一是何种艺术介入社区；二是艺术介入何种社区。

发言人： 杨一博（四川美术学院艺术人文学院副院长）

发言题目： 社区美育美学理论的缺失和重构的可能性

观点摘要： 20 世纪 50 年代以来，美学和艺术基本分道扬镳。我们可以尝试制造美学理论的芯片，从具体的美学实践生长出理论。

发言人：常培杰（中国人民大学文学院副教授）

发言题目：艺术介入的有效性和现实性

观点摘要：艺术家不能解决社会问题，但可以发现、提出、呈现问题，艺术家的价值主要在艺术转换，将普通事物转换成艺术作品。目前当代艺术最为常见的问题是以支点为原点，将科技、伦理、社会、权利、道德等要素来作为把握、创作艺术作品的元素，这是本末倒置。美育是感性教育，艺术介入社会，要考虑到社区民众的生活感受，也应当为民众提供一种不同于社会现实的、社会现状的艺术样态，对抗让感性不断麻木的生存状况。要激发民众对环境、生活新的理解，艺术家应该给出艺术形态来。

发言人：支宇（四川大学艺术学院教授）

发言题目：抵抗无机、看护偶然

观点摘要：计算机技术在诗歌写作、影视创作、视觉传达中都有巨大而高效的能力，人类的算法时代已经把偶然的东西彻底消隐在感知之外。而美学、艺术是知觉性的，必须要塑造肉身的感官，不管是做博物馆式的当代艺术创作，还是在具体的社区当中，我们都要捍卫有机和偶然性，让所有的主体从一个被算法、技术控制的、知觉无法自由的审美主体，变成有机的、偶然的审美主体。

发言人：闻翔（中国人民大学社会与人口学院副教授、《社会学评论》编辑部主任）

发言题目：从社会学角度观看“中国社区美育行动计划展”

观点摘要：展览中很多作品呈现了鲜明的社会学色彩和眼光，艺术家非常敏感，对社区营造有深度反思，而且或多或少体现出了社会学的想象力。艺术家从工作室走出去，一方面要把社区作为节点来观察和体会，用作品来呈现和反映；另一方面也要用作品介入社会，用艺术的观念、手段、方式来影响和改变社区的形貌、气质。

发言人：赵志红（四川大学艺术学院教授）

发言题目：从设计师角度谈社区美育

观点摘要：设计师在做乡建、社区建设的过程中，首先要有整体观的设计原则，保留社区的原始风貌，避免破碎化、符号化、浅表化的现象，还要注意经济发展和生态承载之间的矛盾。而在某些拥有自己民族符号的社区，设计师应当在设计过程中避免破坏当地文脉。

发言人：冯雪峰（德克萨斯大学东亚研究所研究员、杭州师范大学艺术教育研究院助理研究员）

发言题目：从人类学角度讲艺术教育

观点摘要：艺术是一个创造性、偶然性的过程，艺术家应当使自身在场而与其他人以及非人的参与者有所连接。美育是感官教育，要使我们意识到人与万物是互相牵连的。我们思考未来，不应只去构造一个美好的想象，而要想到最根本的应是如何生存的问题。

发言人：杨光影（四川美术学院实验艺术学院讲师）

发言题目：网络社区的嬗变与艺术传播的新方式

观点摘要：展览越不艺术越有趣，“不艺术”意味着艺术或许有了新的可能。当代社区逐渐变成了一种符号性的交互而不拥有实体，例如抖音这类网络社区。从前参与式艺术是一种介入，而如今介入是不够的，应该是文化、审美、图像、经济的再生产，从而形成美育的虚拟社区感。

发言人：彭彤（四川大学艺术学院教授）

发言题目：全球化时代的社区美育

观点摘要：从 2015 年到 2020 年的六次“触摸经典、发现经典”活动，以学术研究与创作实践的互动、东西方艺术与美学的互鉴、艺术和生活关系的重构为主要探索方向。在这些活动中，除了较为严肃的研讨，也有着较为放松和愉悦的交流。和当地艺术家的交流，还有街头的公共艺术活动，体现了社区美育的宗旨。

发言人：陈刚（西南大学美术学院副院长）

发言题目：从实践角度看社区美育

观点摘要：艺术起源要比艺术教育更早，而美育则要等到艺术被加以总结才能进行。艺术家在社区美育中要掌握艺术和非艺术之间的分寸。在艺术和社会结合的过程中，艺术家不能自说自话。

发言人：艾莲（四川省社科院文学艺术研究所所长）
发言题目：从历史追溯和思考社区美育
观点摘要：对中国现代美育产生最直接影响的是美国哲学家杜威。他非常关注做与受、主体和受众的双向互动。而他的学生李普曼则与他的观点截然不同，坚持精英主义观念。今天的社区美育，不要窄化为社区艺术教育和社区美术教育。希望把社区美育写入“十四五”规划中。

发言人：李想（西南民族大学艺术学院讲师）
发言题目：广福村公共艺术项目介绍
观点摘要：广福村是四川郫县的一个村落，三产发达。西南民大团队思考了如何在物质丰富的条件下提升村民的美育和文化素质。基于项目特点，团队思考、总结了以大学为代表的精英文化如何与乡村大众文化结合以及如何建立艺术民主的问题。

发言人：张学忠（西北师范大学美术学院教授）
发言题目：艺术设计与社区文明祭祀
观点摘要：祭祀风俗的规范和改变是设计师们的责任。西北师大把这个议题带入学校艺术通识教育课程中，从 2015 年开始，已经形成了不同学科学生的九百多套方案，也让学生树立起做艺术工程师的目标。

发言人：郝斌（重庆大学艺术学院讲师）
发言题目：美育・革命——古元 1940—1941 年在延安碾庄的社区美育实践
观点摘要：古元 1940—1941 年在延安碾庄的生活实践和艺术实践，不仅是其个人创作生涯中的重要经历，也构成了革命时代一次极具实验性、启示性的“共在　共情　共生”的乡村社区美育实践。由此不仅构建起艺术与生活的有机结合，也构建起革命与美育之间的有机结合，以实际行动推动边区文艺大众化运动。

发言人： 周晶（四川美术学院副教授）

题目： 正金字塔——从个体、家庭到社会的课程实践

观点摘要： 疫情期间，同学们结合自己的切身体会，在自己生活的故土原乡、家庭包括社区进行创作。在这种情况下，我提出了“正金字塔”的概念，它是一种牢固的、基于经验的操作方式。

发言人： 董宇翔（美国弗吉尼亚联邦大学博士候选人）

题目： 皮村新工人的社会实践

观点摘要： 通过音乐实践，新工人不再只是被描述、被代表或者被参与，而是能够重获文化生产的经济性，建立新工人的集体身份，并传播新工人文化。

发言人： 刘也（四川美术学院讲师）

题目： 看不见的社区

观点摘要： 东阳社区给我的第一感受就是有一种“看不见”。我们通过自己的体验与经验，把这个社区在另外一个空间重现，也许这个地方就变成了一个新的社区，让被忽略的社区、“看不见的社区”可见了。

发言人： 樊若涵（四川美术学院艺术教育学院本科生）
刘翔宇（四川美术学院艺术教育学院本科生）
李佳鑫（四川美术学院艺术教育学院本科生）

题目： 自媒体时代的美育

观点摘要： 自媒体时代营销号视频大量出现，质量良莠不齐，结合我们自身的专业进行创作，我们希望大家对短视频有一种更好的辨别，能识别其中的虚假信息，谨防被欺骗。

发言人： 邵雪艳（四川美术学院中国画与书法学院研究生）

题目： 无法之法——网络社区书法的传播与影响

观点摘要： 网络时代，吼书、射书等视频被疯狂传播，这让我们反思书法艺术与大众的关系，传统书法艺术的精粹究竟是什么，我们该如何有效利用网络传播书法艺术。

发言人： 周彦华（美国亚利桑那大学东亚研究博士候选人）

题目： 社会参与式艺术的社会主义遗产：缘起、传播及其在中国的地方化和当代化

观点摘要： 今天重识社会主义遗产，解构和重构了我们对艺术的“社会参与”的惯常理解。当代社会参与式艺术中的社会主义遗产体现了一种混杂的美学价值。这种参与既不完全是自下而上，也不完全是自上而下。相反，它营造了一种新的社会参与的环境，在这种环境中对抗和共融同在，歧见与共识并存。

发言人： 黄梓颜（四川美术学院艺术教育学院本科生）

题目： 我的记忆载体

观点摘要： 我的作品从自己与家庭成员间的情感出发，再通过作品与社会空间结合，与观者互动。这样的过程使创作更完整，作品的意义也在不断增值。

发言人： 彭玮雯（四川美术学院实验艺术学院研究生）

题目： 微信社区中的家族关系新形态

观点摘要： 从某种意义上，家族微信群成了今天的虚拟家族档案。我们的创作讨论的是微信社区中家族关系的新形态，目的是通过调查制作出具有价值的作品，以增强家庭成员之间的情感联系。

发言人： 杨方伟（四川美术学院讲师）

题目： 流动的原乡与剩余空间重塑

观点摘要： 空间疗愈指艺术作为感性的填充物，填充在一个剩余空间和流动空间之间，弥合了空间产生的断裂。

发言人： 薛璇（新加坡国立大学博士候选人）

题目： 创意场所营造在中国社区的集结与生成

观点摘要： 在创意场所营造中，来自公共、私营、非营利和社区部门的合作伙伴围绕着艺术和文化活动，战略性地塑造一个街区、城镇、城市或地区的物质和社会特征。创意场所营造为公共和私人空间注入活力，使结构和街道景观焕发青春，改善当地的商业活力和公共安全，并使不同的人聚集在一起庆祝、激励和受到启发。

发言人： 武小川（西安美术学院副院长）
任一飞（西安美术学院实验艺术系讲师）
时志华（西安美术学院实验艺术系本科生）

题目： 社区问题的艺术展开样本

观点摘要： 艺术在教育中的力量，其实是一种相互参与渗入，所汇聚的是师生在教育、社会、机制中的多主体能动，成为一种激活、联结，成为围绕"问题"而展开的艺术实践之道，它必然包含了艺术的实现与社会的实现这样的双重诉求，这才是社会性艺术的终极之道。这 7 组项目中所展现的社区问题可以归结为被遮蔽、被忽视或者不可见的社区问题，针对这些社区问题，我们展开研究并进行艺术转换。这些项目还只是抛出了问题，每一个基于此的思考都是项目发展的一部分。

发言人： 熊宇（四川大学美术馆馆长）

题目： 传统博物馆中的艺术实践

观点摘要： 今天在博物馆工作中形成一种由观众进行的新的知识生产。在博物馆场域展开的当代艺术创作，建构了藏品、观众、艺术家之间的开放性对话关系。

发言人： 马子晴（四川美术学院设计学院研究生）

题目： 人设——网络时代身份复杂性的探讨与表达

观点摘要： 在互联网语境下，大多数公众人物的人设，是一种表面的、显露给大众的形象。我们的作品，力图体现出正面与反面、表象与真实的对话。

发言人：王天祥（四川美术学院造型艺术学院副院长）

题目：“艺术·乡村·科技”的交汇：以柳荫计划为例

观点摘要：四川美术学院美术学学科的公共艺术与社会美育方向，探索“以现场带动教学”的培养模式，呈现出在地性、跨学科和国际化的趋势。从艺术本体上，希望探索艺术融入乡村、艺术与科技、走出工作室后艺术的发展性。艺术融入乡村和科技，改变了原有的艺术性质和特征。在作者观上，从单一的作者转向多元的主体。在空间观上，从传统的教室上课、工作室教学转向院坝分享、院坝展览等。在作品观上，从单一的作品转向叠瓦作品，往往一个国际工作坊就是一件公共艺术作品。

发言人：孙竟（四川美术学院艺术教育学院本科生）

题目：流沙的社区与被遗忘的名字

观点摘要：艺术家在进入社区、乡村的时候，往往带着上帝视角。但我们应该意识到我们都是被场域塑造的，是组成某个联合体的一分子。这个联合体是由相互承认的关系所构成的。

发言人：屈波（四川美术学院教授）

题目：网络社区美育：真实、梦想与位置

观点摘要：我们需要通过真实、梦想、位置三个关键词去思考网络社区美育。目前的网络社区性质多元，网民身份多重。网络社区为普通人的文化生产提供了媒介与观众。在网络世界已成为第二现实的当下，可以有两类针对网络社区的艺术创作，一类是参与建构网络社区生活本身，一类是以批判性视角审视网络社区的生活。

发言人：任海（美国亚利桑那大学教授）

题目：面对星球：艺术如何关注人的存在？（*Facing the Planet: The Art of Human-Existential Engagement*）

观点摘要：“人类世”（Anthropocene）最初是由地质学家和地层学家提出的概念，表达的是人类活动对地球造成深刻变化的一个新的地质时期。其目的是讨论人类作为一种地质力量持续不断改变着地球，并对之施以不可逆转的影响。随着地球系统科学（ESS）和环

境人文研究的快速发展，对“人类世”的研究更明确地把“星球”与“全球”区分开来，目的是理解人类与作为星球的地球的关系。在全球世界观的体制下，人与自然的区分是人类发展的基础，人掌控自然，不仅利用自然资源，而且通过对地球资源的开发利用和分配，界定人与人以及非人类的关系。相比之下，在星球的宇宙观下，人可以被看成是地球自然系统的一部分，与非人类的存在物平等和共时。在吸收地球系统科学和环境人文的研究成果的基础之上，本文探讨在从全球到星球的思维转向中，艺术与科学和人文知识相比，如何关注人的存在。

发言人：塞林·布里克（Celyn Bricker，视觉艺术家）
题目：社会实践，作者身份与 AI 艺术
观点摘要：除了制作物理性的作品，我还一直致力于数字技术探索。我总在社区工作，经常和合作者一起创作。我对观众和艺术品之间的平衡感兴趣。

发言人：马雪飞（美国亚利桑那大学东亚研究博士候选人）
题目：非关系的美学：与“女书”相遇的女性与艺术
观点摘要：在后人类中心主义的美学讨论中，“关系”（Relationality）成为我们重新认识自身与它者多重联系的重要词汇。艺术作为生命打开新关系的方式丰富着我们对关系的认识。本文从女性主义视角切入，讨论关系的复杂性与“非关系的美学”（non-relational aesthetics）对关系的介入，并认为非关系的美学为我们在后人类语境下讨论个体与群体关系的互相依存及张力提供了崭新的视角。

发言人：吴红磊（四川美术学院设计学院研究生）
题目：虚拟恋人——疫情背景下激增的网络情感劳动关系
观点摘要：虚拟情感相较于现实情感，更多地抓住了现代部分人的情感空缺，打着情感服务的旗号来获取利益，其往往是以消费者的权益受到伤害而结束。我们想通过这样的一个短视频的拍摄，对虚拟情感服务进行情景式的再现，以此来呼吁观看者远离这种虚拟的情感服务。

发言人：阿克萨·艾瑞芙（Aqsa Arif，SaltSpace 合作组织创始理事 / 委员 / 策展人）

题目：个体的本质

观点摘要：我创造一个空间，希望理解女性本质和个人本质。在观众参与作品的过程中展开叙事。叙事是通过诗歌、空间的构建来讲述的。视频作品、声音、视觉和灯光，使观众沉浸在我为他们创造的状态中，并在空间内创造自己的叙述。

发言人：王子云（清华大学博士研究生）

题目：永恒的逃逸线及其殊途——关于替代空间的历史与时刻

观点摘要：替代空间有一条逃逸的线索。此类空间实践形成了自身的一个语境，公众和艺术家在不断生成一些变化的感受系统。在这个过程中，社会的、感知的、语言的、历史的，甚至包括经济的连接都被再次重新组合在一起。

后记

对“中国社区美育行动计划”而言，2020年是个特别的年份，尽管有新冠肺炎疫情的突袭和反复，但美育活动依然有序展开，展览如期举行，研讨会成功举办。与2019年相比，2020年的“中国社区美育行动计划”呈现出如下的新特点：

一是美育活动除了线下展开的部分，还新增了对线上网络社区美育路径的探索。因为趣缘、亲缘、地缘、学缘等各种缘由建构起来的网络社区随互联网而生，参与其中的中国网民数以亿计，线上生活日益与线下生活交织，线上世界与线下世界有成为一体的趋势。可以说，面向网民展开的美育活动已刻不容缓。本年度的线上美育，青年学子既探讨了如何将线下美育经验向线上迁移的问题，也针对网络社区的独有特征而实施了美育行动，值得细品与分享。

二是展览在四川大学美术馆举行，为成渝双城经济圈文化建设如何协同给出了一个具体有效的方案。成渝双城文化，有共同记忆而各有其自身质感，可互鉴而增益己方的文化经验。两地美协组织，两地大学——四川美术学院、四川大学、西南民族大学主办与参与，成都的博物馆——四川大学博物馆、四川博物院、成都市博物馆协作，本年度的中国社区美育行动计划以成渝双城为场域，试验了如何以新文科建设的理念推动艺术教育的改革，以教育的改革推进艺术的发展。

三是研讨会集结了众多国内外学者和青年学子，展开对社会美育中国经验的总结与反思。研讨会分线下、线上两场，来自西安美术学院、中国人民大学、东南大学、西北师范大学、杭州师范大学、清华大学、美国亚利桑那大学、新加坡国立大学、美国弗吉尼亚联邦大学等机构的学者和成渝双城相关单位的学者与学生，就“社区美育的机制建构”“社区美育的美学向度”“社区美育的社会语境”“社区美育的历史与现状”四个论题展开了深入讨论。

本书是对2020年度“中国社区美育行动计划”的全方位呈现。在编辑过程中，所有参与的艺术家与青年学生都对自己的创作与展开的美育活动进行了翔实的梳理，研究者则进行了细致的文本分析。张念利、钱冲协助我对全书文稿进行了反复修订，广西师范大学出版社的编辑张维维提出了许多建设性的意见并细心编辑了文稿，在此一并申谢。

最后，和2019年一样，我代表所有2020年中国社区美育行动计划的参与者，将本书献给进行中国社区美育探索的先行者与同道，更要献给为本书贡献智慧与经验的普通公众。

屈波